마음, 하나님 설계의 비밀

The
God-Shaped
Heart

하나님
설계의
비밀

마음,

지은이	티머시 R. 제닝스
옮긴이	윤종석
발행인	김혜정
디자인	홍시 송민기
기획위원	김건주
마케팅	윤여근, 정은희
출간일	1쇄 발행 2019년 5월 13일
	4쇄 발행 2023년 11월 7일
발행처	도서출판 CUP
출판신고	제 2017-000056호(2001.06.21.)
주소	(04549) 서울특별시 중구 을지로 148, 803호(을지로3가, 중앙데코플라자)
전화	02) 745-7231
팩스	02) 6455-3114
이메일	cupmanse@gmail.com
홈페이지	www.cupbooks.com
ISBN	978-89-88042-96-0 03230 Printed in Korea

* 파손된 책은 구입하신 서점에서 교환해 드리며 책값은 뒤표지에 있습니다.

The God-Shaped
Heart

마음의 기제를 알면 해결책이 보인다!

뇌가 하드웨어라면 마음은 핵심정체를 형성하는 소프트웨어다

마음,

하나님
설계의
비밀

미국 소비자연구위원회가 선정한

**최고의 정신과 의사,
티머시 R. 제닝스가 밝히는
마음에 관한 진실**

의학박사 티머시 R 제닝스 지음 | 윤종석 옮김

CUP

THE
GOD-SHAPED
HEART

How correctly understanding
God's Love transforms us

Timothy R. Jennings, MD

사랑의 하나님 나라가 진척되게 하소서!

To the advancement
of God's Kingdom of love!

제닝스 박사는 예수를 통한 하나님의 사랑이 어떻게 마음과 사고를 변화시키는지를 멋지게 예증한다. 늘 그렇듯이 복잡한 개념도 그의 손에 들리면 놀랍도록 실제적이고 이해하기 쉬워진다. 희망에 찬 이 책은 하나님에 대한, 그리고 깨어진 세상을 치유하여 회복하시는 그분의 일에 대한 가장 중요한 개념들을 명확히 밝혀 줄 것이다.

— **의학박사 브래드 콜**(Brad Cole), 로마린다대학교 신경학 부교수

하나님의 설계대로 우리는 그분의 사랑의 법에 따라 가장 고차원의 결정들로 삶을 헤쳐 나가야 한다. 그런데 무조건 더 열심히 매달리는 정도로 안주할 때가 많다. 그게 통할 리가 없다. 제닝스 박사는 탄탄한 학식과 감동적 사례로 우리 마음을 변화시켜, 사랑으로 살아가고, 치유하며, 성공할 수 있도록 영감을 주기에 적극 추천한다.

— **철학박사 존 타운센드**(John Townsend),《NO라고 말할 줄 아는 그리스도인》
(좋은씨앗) 저자, 타운센드 리더십 상담 연구소 설립자

제닝스의 저작에서 변화를 맛본 이들에게는 이 책도 목마른 영혼을 해갈시켜 주는 샘이 될 것이다. 그가 신앙 공동체에 내놓는 이 요긴한 선물은 박식하면서도 이해하기 쉬우며, 무엇보다 사고를 새롭게 하는 데 유익하다. 예리하면서도 친절하고, 실제적이고 관대하게, 인간을 위한 하나님의 설계와 우리를 향한 하나님의 열망으로 우리를 이끌어 주는 길잡이다. 하나님의 선하심과 아름다움의 세계를 동경하는 이들은 이 책에서 그 열망을 이룰 수 있다.

— 의학박사 **커트 톰슨**(Curt Thompson), *Anatomy of the Soul*(영혼의 해부),
The Soul of Shame(수치의 영혼) 저자

세상은 사랑을 위해 설계되었다. 사랑이신 하나님의 형상대로 지어졌다. 제닝스 박사의 신간은 그 사랑이 어떤 모습이어야 하는지를 보여 준다. 하나님과 자신과 이웃을 사랑하게 해 주는 탁월한 안내서다.

— **캐롤라인 리프**(Caroline Leaf) 박사, 인지신경과학자, 《뇌의 스위치를 켜라》(순
전한나드) 저자, 강사, TV 프로그램 "닥터 리프 쇼" 진행자

두려움과 형벌을 강조하는 기독교에 마음의 상처를 입은 사람이라면 누구에게나 딱 맞는 책이다. 이 책이 촉구하는 대로 우리는 율법과 반사반응과 특히 낮은 단계의 도덕 발달에서 벗어나, 복합적이고 성숙하고 책임감 있고 긍휼에 찬 믿음으로 자라가야 한다. 신학적, 성경적으로 탄탄하며 신경과학과 인간발달의 깊은 통찰을 통합했다. 이런 풍성하고 성숙한 믿음으로 우리를 인도하는 제닝스의 남다른 자격은 무엇보다도 그가 경험으로 말한다는 데 있다. 그는 평생 정신과 의사로 일하며 사람들을 치유로 이끌었다. 제닝스는 당신의 생각뿐 아니라 마음마저 변화시킬 것이다.

— **데릭 플러드**(Derek Flood), *Disarming Scripture*(성경의 무장해제) 저자

감
사
의
말

내 아내 크리스티(Christie)에게 감사한다.
아내는 한결같이 하나님의 사랑을 비추는 불빛이며,
이 책을 쓰는 내내 인내로 성원해 주었다.
또한 많은 친구와 지지자들에게 감사한다.
그들은 나를 위해 기도하며 사랑과 격려를 아끼지 않았고,
이 책을 써 달라고 많이 요청해 주었다.
그들의 기다림에 감사한다!

차
례

The God-Shaped
Heart

01

기독교의 마음병

⠂ 뭔가 잘못되었다

사람은 외모를 보거니와
나 여호와는 중심(마음)을 보느니라.

— 사무엘상 16:7

♥   여인은 겁에 질려 있다. 입에 모래가 들러붙어 있고, 뺨에도 흙먼지에 막혀 흐르지 못한 눈물로 눈가가 연신 따끔거린다. 울퉁불퉁한 길을 질질 끌려오느라 무릎에서 피가 나는데, 그녀는 간신히 몸을 가린 찢어진 천 자락만 꼭 움켜쥐고 있다. 피할 곳을 애타게 찾아보지만, 사방으로 꽉 막힌 증오의 벽뿐이다. 사람들의 악의가 고조되는 게 느껴진다. 그들은 그녀의 피에 굶주려 있다. 억눌려 있던 야만성의 댐이 그녀에게로 터지기 직전이다.

자신이 죽어 마땅함을 그녀도 안다. 이런 짓을 하다 잡히면 당연히 사형에 처함을 어려서부터 배웠다. 이런 자신이 싫다. 어릴 때 삼촌이 그녀의 순결을 빼앗고는 오히려 아이에게 악하고 더럽다며 욕을 퍼부었다. 그런 욕이 머릿속에 재생되면서 끊임없이 자기혐오의 불협화음을 일으켰다. 한편으로 훌훌 벗어나고 싶다. 죽으면 오랜 세월의 죄책감과 수치심과 불안과 거부당할 두려움과 끝없는 외로움에서 마침내 해방되지 않겠는가. 얼마나 외로웠던가. 거쳐 간 남자는 누구보다 많았으나 그녀는 늘 혼자였고 사랑받지 못했고 쓸모없는 존재였다. 삶은 고달팠다. 그러니 차라리 이게 나을지도 모른다. 이게 그녀처럼 부정한 사람을 향한 하나님의 뜻일지도 모른다. 합당한 대가는 죽음뿐이리라. 그냥 당하자. 싸울 필요가 없잖은가? 그녀는 바닥에 잔뜩 웅크린 채 돌 세례를 기다린다.

그러나 돌은 끝내 날아오지 않는다. 조금 전까지만 해도 살의에 찬 군중의 야비한 조롱밖에 들리지 않았는데 어느새 침묵뿐이다. 감히 눈을 떠 보니 샌들 차림의 발이 시야에 들어온다. 벌벌 떨며 고개를 든 그녀는 정말 꿈인 줄만 알았다. 세상에서 가장 자비로운 얼굴이 그녀를 보며 미소를 짓고 있다.

어떻게 미소를 지을 수 있을까? 하지만 분명히 미소였고 그 속에 평안과 긍휼과 그녀를 향한 진정한 관심이 보인다. 이윽고 눈이 마주치자 그녀는 그 강렬한 눈빛이 자신을 꿰뚫어 보고 있음을 즉각 알아차린다. 그가 본 것은 군중의 구경거리였던 반라의 몸도 아니고, 겁에 질려 죄책감과 수치심 속에 뒹구는 여자도 아니다. 그는 한 인간을 본다! 배신과 착취와 오해와 모욕에 시달려 멍든 어린 소녀를 본다. 오랜 세월 잘못된 선택과 깨어진 약속과 자기혐오 속에 숨어 있던 그녀의 내면에서 사랑받고 온전해지기를 간절히 바라는 한 소녀를 본다. 그는 **그녀를** 본다!

숨을 죽인 그녀에게 그는 고발하던 자들이 어디 있느냐고 묻는다. 여인은 이 깨질 듯한 순간을 깨뜨리지 않으려고 들릴락 말락 한 소리로 그들이 갔다고 답한다. 그러자 믿을 수 없는 일이 벌어져 그녀의 세계가 흔들리고 왜곡된 자아상이 산산이 부서지고 현실관이 뒤바뀐다. 그가 아주 잔잔한 음악처럼 긍휼과 자비에 찬 목소리로 "나도 너를 정죄하지 아니하노니"라고 말한 것이다. 정죄하지 않다니 어떻게 그럴 수 있는가? 그녀가 어떤 존재이며 무슨 짓을 저질렀는지 그도 안다. 율법에 어떻게 적혀 있고 교사들과 제사장들이 뭐라고 말하는지 그녀도 안다. 만장일치로 정죄당해 마땅하다는데 이 사람만은 아니라며 이렇게 말한다. "나는 너를 정죄하지 않는다! 나는 너를 사랑하며 네가 온전해지기를 원한다. 이제 가서 더 나은 삶을 살라. 하나님이 설계하신 삶과 관계에 조화되게 살라!"

평생 억눌려 있던 수치심이 터지면서 뺨에 눈물이 주르르 흐른다. 조금 전에 겁에 질려 흘렸던 죄책감과 두려움의 눈물이 아니라 기쁨과 안도의 눈물, 사랑과 감사의 눈물이다. 여인은 과거의 모든 행동에도 불구하고 **사랑받았다.** 행위 때문이 아니라 하나님의 자녀라는 존재 자체로 인해 사랑받았다!

사랑에는 위력이 있다. 그 위력이 사람을 변화시키고, 상한 마음을 치유하고, 삶을 바꾸어 놓는다. 하나님은 사랑이시며, 그분의 계획은 우리 마음속에 사랑을 부어 각자를 치유하고 변화시켜 그분이 설계하신 본연의 인간으로 회복하시는 것이다(롬 5:5). 그런데 안타깝게도 이 사랑을 막는 게 있다. 거기에 가로막혀 여태까지 너무도 많은 선량한 그리스도인이 그 변화의 위력을 경험하지 못했다.

뭔가 잘못되었다

문제를 제일 먼저 알아낸 적이 있는가? 뭔가 잘못되었음을 주변 사람들이 보기 전에 당신이 먼저 알았던 적이 있는가? 아무런 위험도 없다고 상사나 다른 전문가가 이미 판정한 상태에서 당신이 위험을 밝혀내느라 애먹은 적이 있는가?

레지던트 2년 차 때 보았던 한 환자가 나를 그런 곤경에 빠뜨렸다. 젊은 남자가 정신과의 우리 팀에 입원했는데 이상한 특이 증세를 보였다. 병력을 자세히 파악했으나 행동이 영 어긋나 보였다. 물론 그는 눈빛이 이상했고 생각이 뒤죽박죽 끊겼다. 그의 아내에 따르면 감정 기복도 심해서 분노와 공격성을 표출하곤 했다. 침실에서 잤는데 깨어 보면 거실일 때가 많았고, 그런데도 본인은 그렇게 옮겨 간 기억이 전혀 없었다. 그간의 진단 결과 뭐라고 딱히 꼬집어 말할 수는 없어도 뇌 신경에 문제가 있다는 미세한 조짐이 보였다. 그래서 나는 뇌 MRI(자기공명영상)를 주문했다.

문제는 그가 이미 신경과 과장의 검진을 받았고 뇌 EEG(뇌파검사)와 CT(컴퓨터단층촬영)도 거쳤으며, 병원의 수석 신경과 의사로부터 신경에 문제가 없다는 판정을 받은 것이다. 당시에는 MRI가 신기술이라 비용이 많이 들어 신경과 과장의 승인이 필요했다. 내가 환자를 위해 요청한 MRI는 거부되었다. 이미 진찰한 신경과 의사가 MRI의 당위성을 인정하지 않았기 때문이다. 게다가 레지던트 2년 차인 내 평가와 진단은 신경과 과장만큼 정확하고 믿을 만하다고 여겨지지 않았다.

어찌할 것인가? 이 젊은 환자는 내 담당인데 나는 그의 문제가 정신과 쪽이 아니라 신경 계통이라는 확신이 들었다. 하지만 내 말은 진지하게 받아들여지지 않았다. 내 지도 교수도 확실한 진단의 필요성을 지지하며 신경과 과장에게 MRI를 요청했으나 과장은 요지부동이었다. 결국, 모두가 곤경에 빠졌다. 나는 굽히지 않고 계속 MRI를 고집했고, 지도 교수는 어찌해야 할지 고심했다. 그녀는 신경과 의사를 믿을 것인가, 아니면 나를 믿을 것인가? 내게 이 문제에서 손을 떼라고 할 것인가, 아니면 직통으로 병원장을 상대해 자칫 과장의 심기를 거스를 것인가?

나는 워낙 확신이 깊은 데다 환자를 잘되게 하려는 우려도 컸기에 계속 요청을 밀고 나갔고, 그리하여 지도 교수도 환자의 신경에 정말 문제가 있음을 확신하기에 이르렀다. 결국, 그녀가 원장을 찾아갔고 원장은 MRI를 처방했다. 그 결과 환자의 뇌 양쪽에 거대한 종양이 퍼져 있음이 밝혀졌다. MRI 결과에 근거해 이전의 CT 검사까지 재확인해 보니, 그때도 종양이 보였으나 너무 커서 방사선 전문의와 신경과 의사가 둘 다 놓쳤다. 환자는 즉시 정신과에서 신경외과의 암 병동으로 옮겨졌다.

당신도 그런 상황에 부닥친 적이 있는가? 당신의 확신과 달리 윗사람이 문제를 보지 못했는가? 당신이 공식 발표한 이견과 새로운 증거를 지도자가 아예 들여다볼 마음조차 없었는가? 내가 믿기로 기독교 내에도 이런 일이 비일비재하다. 나는 기독교가 뭔가 잘못되었다고 본다. 그런데 많은 지도자가 현 상태를 옹호한다.

다수의 연구를 통해 밝혀졌듯이 여자를 상대로 한 가정폭력은 기독교 가정이라 해서 비기독교 가정과 조금도 다를 바 없다. 남편이 아내에게 학대당하는 비율은 반대의 경우보다 3분의 1 정도로 낮지만, 실

제로 그런 학대가 발생할 위험은 아내가 비기독교인일 때보다 기독교
인일 때 오히려 더 높다.[1]

기독교는 뭔가 잘못되었다. 미국은 인구의 70~82%[2]가 자칭 기독교
인이지만, 십대 임신과 낙태 비율이 세상 모든 서구화된 국가 중 가장
높다. 미국에서 20세가 되기 전에 임신하는 십대 소녀는 34%에 달한
다. 이는 (기독교 인구가 전체의 3% 미만인) 일본의 10배, 프랑스와 독일의
4배, 영국의 거의 2배에 해당한다.[3]

기독교는 뭔가 잘못되었다. 미국 역학 조사를 보면 술 관련 장애의
유병률이 전체 인구의 8.5%인데,[4] 바나(Barna) 그룹에 따르면 젊은 기
독교인의 28%가 술 문제로 고전한다고 답했다.[5] 기독교인과 전체 인
구의 염려와 불안 수준을 비교한 다른 연구도 결과는 다를 바 없다.[6]

기독교적 성품의 추세를 비교 연구한 결과, 2차대전 이후 세대마다
성품이 더 부패해졌다. 가장 위대한 세대(2차대전 세대), 침묵의 세대, 베
이비붐 세대, X세대, 밀레니엄 세대를 비교해 보니 우려스러운 추세
가 드러났다. 가장 위대한 세대부터 밀레니엄 세대까지 불륜은 3%에
서 21%로, 거짓말이나 사기는 3%에서 22%로, 직무 유기는 30%에서
56%로 증가했다.[7] 인구의 높은 비율이 자칭 기독교인임을 고려할 때
기독교는 틀림없이 뭔가 잘못되었다.

프루븐 멘(Proven Men) 사역기관과 바나 그룹이 전국적으로 실시
한 조사에 따르면 포르노 사용에 기독교인과 비기독교인의 차이는 없
다. 미국 남성의 64%는 매달 포르노를 보며 기독교인 비율도 똑같다.
매달 한 번 이상 포르노를 보는 남자를 연령대별로 보면 18~30세는
79%, 31~49세는 67%, 50~68세는 50%다. 기혼 남성의 55%, 미혼 남

성의 70%가 매달 포르노를 본다.[8]

기독교는 뭔가 잘못되었다. 아동을 성희롱한 목사나 신부를 해당 종교 기관에서 은폐했다는 개탄할 뉴스를 우리도 다 들어 보았다. 기독교는 아동 학대를 줄이는 데 아무런 영향을 미치지 못하는 것 같다. 다양한 연구에서 보듯이 여성의 25~35%와 남성의 15~20%가 20세 이전에 성희롱을 당하는데, 그 비율은 기독교 가정도 전체 인구의 경우와 똑같다.[9]

기독교는 뭔가 잘못되었다. 예수는 자신을 따르는 무리가 사랑과 사명과 목적과 메시지에서 하나로 연합하도록 기도하셨고(요 17:20~23), 사도 바울도 그리스도를 따르는 이들이 머리 되신 예수 아래 통일될 것으로 예측했다(엡 1:10). 그럼에도《세계 기독교 백과사전》에 따르면 기독교는 3만3천 개 이상의 집단으로 갈라져 분열했고 늘 자기들끼리 싸우느라 바쁘다.[10]

그 중에는 교리와 의식과 성경 해석을 두고 싸우는 집단도 많지만, 기독교의 가장 비참한 문제는 하나님에 관한 왜곡된 관점이다.

왜곡된 관점

마라(Mara)는 우울하고 불안해 내 상담실을 찾아왔다. 빨래는 쌓여 있고 부엌은 엉망이었다. 집 청소도 안 한 지 몇 주 되었고 샤워도 하기 싫었다. 사는 게 말이 아니었다. 마라의 딸이 세 살 때 암에 걸렸는데 다행히 화학치료에 차도를 보였다. 그런데 화학치료의 후유증으로 자꾸 발작을 일으키더니 급기야 아홉 살에 암이 재발했다.

마라는 괴로운 눈빛으로 나를 보며 물었다. "내가 뭘 어쨌다고 하나님이 벌을 내리시나요? 왜 우리 딸한테 암을 주신 거죠?" 매사를 이런 관점에서 보는 사람은 비단 마라만이 아니다.

친구 소개로 나를 찾아온 네이트(Nate)는 교통사고로 아들을 잃고 비탄에 잠겨 있었다. 그는 "하나님이 왜 우리 아들을 빼앗아 가시는지" 이해할 수 없었다.

섀넌(Sharon)은 하나님이 남편의 외도를 그냥 두시는 이유가 궁금했다. "내가 기도했는데도 하나님은 가만히 계셨어요. 나한테 왜 이러시는 거죠?"

예수는 하나님에 대해 "나를 본 자는 아버지를 보았거늘"(요 14:9)이라고 말씀하셨다. 그런데도 하나님이 암을 주시고, 교통사고로 자녀를 죽게 하시고, 남편을 외도에 빠뜨리신다고 믿는 그리스도인들이 있다. 의심의 여지 없이 기독교가 뭔가 지독하게 잘못되었다는 증거다.

하나님은 말세에 기독교가 뭔가 잘못될 것을 미리 아시고 이렇게 경고하셨다.

> "너는 이것을 알라. 말세에 고통하는 때가 이르러 사람들이 자기를 사랑하며 돈을 사랑하며 자랑하며 교만하며 비방하며 부모를 거역하며 감사하지 아니하며 거룩하지 아니하며 무정하며 원통함을 풀지 아니하며 모함하며 절제하지 못하며 사나우며 선한 것을 좋아하지 아니하며 배신하며 조급하며 자만하며 쾌락을 사랑하기를 하나님 사랑하는 것보다 더하며 **경건의 모양은 있으나 경건의 능력은 부인하니**"(딤후 3:1~5)

이 딱한 사람들은 경건의 모양만 있고 자유와 이겨낼 능력이 없어 세상의 온갖 문제에서 헤어나지 못한다. 바울이 말하는 그들은 무신론자가 아니다. 말로는 하나님을 믿는다면서도 삶에 승리할 능력이 없는 부류다.

예수를 구주로 고백하며 그리스도처럼 살고자 애쓰고 성령의 내주하심을 주장하는 사람이라면 아내를 학대하고 자녀를 성희롱하고 남편을 공격하고 염려와 중독에 빠지고 포르노를 보는 일이 예수 그리스도를 영접하지 않은 사람보다 마땅히 적어야 하지 않겠는가? 사실 예수를 닮은 사람이 가족을 학대한다는 게 말이나 되는가? 오히려 가족을 대할 때 그리스도께서 교회를 대하시듯 하며 가족을 위해 희생해야 하지 않겠는가(엡 5:25)?

자기 몸이 성령의 성전이라고 고백하는 사람이라면 그렇지 않은 사람보다 혼전 성관계가 적어야 하지 않겠는가?

지각에 뛰어난 평강을 누린다는 사람이라면 하나님의 평강에 동참하지 않는 사람보다 실제로 불안이 덜해야 하지 않겠는가?

세상에 대하여 죽고 육신을 십자가에 못 박고 그리스도의 마음을 품고 하나님의 법인 새 언약이 심령에 새겨진 사람이라면 자아에 대해 죽지 않은 사람보다 포르노 사이트에 접속하는 일이 뜸해야 하지 않겠는가?

성령으로 거듭난 사람에게 하나님의 아들의 형상을 본받기를 기대하는 게 무리인가(롬 8:29)?

분명히 기독교는 뭔가 잘못되었다. 이제 처방과 해법을 찾아야 한다. 기독교에 소생의 능력을 불어넣어야 한다. 그래야 예수를 따르는 이들이 더는 세상을 본받지 않고 생각을 "새롭게 함으로 변화를 받"을 수 있다(롬 12:2).

기독교를 흠잡으려는 게 이 책의 목적은 아니다. 앞서 말한 그 뇌종양 환자를 내가 흠잡으려던 게 아니듯이 말이다. 그러나 환자를 잘되게 하려는 우려에서 문제를 정확히 파악해야만 치료할 수 있었듯이 그리스도 안의 형제자매를 향한 내 우려도 깊다. 내가 보기에 그들은 제 몫의 자유를 누리지 못한 채 고전할 때가 너무 많다. 이 책의 취지는 사고의 전염병과 왜곡된 신념을 파악해 제거하도록 돕는 데 있다. 그런 변질된 관점이 너무도 많은 선량한 그리스도인의 마음속에 이미 뿌리내려 그들을 두려움과 중독과 폭력의 노예로 삼았다. 나아가 이 책의 취지는 삶을 변화시켜 해방을 가져다줄 하나님의 진리와 사랑의 위력에 사람들을 접속시키는 데 있다. 하나님의 약속 — 마음이 새롭게 되어 진정한 평안과 자유를 누린다는 — 을 경험하도록 돕고, 또 하나님의 아들딸로서 장성한 분량에까지 자라도록 돕기 위해서다. 그리스도께서 "나타나시면 우리가 그와 같을 줄을 아는 것은 그의 참모습 그대로 볼 것이기 때문"이다(요일 3:2)

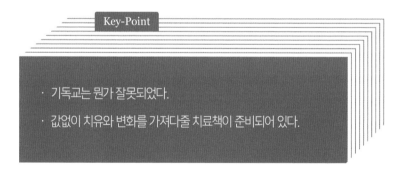

Key-Point

· 기독교는 뭔가 잘못되었다.
· 값없이 치유와 변화를 가져다줄 치료책이 준비되어 있다.

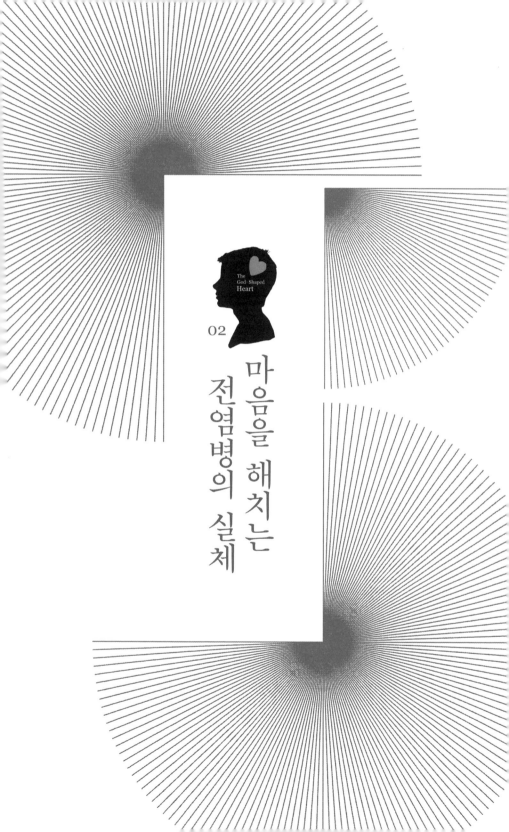

The
God-Shaped
Heart

02

마음을 해치는
전염병의 실체

의사라면 누구나 말하듯이
치료로 가는 가장 중요한 단계는 올바른 진단이다.
진단이 정확하면 병이 나을 가망도 한결 높아진다.
반대로 진단이 부실하면
아무리 의사의 실력이 뛰어나도 대개 결과도 나쁘다.

— 앤드루 웨일(Andrew Weil)

♥　　　고혈압은 조용한 살인자로 불려 왔다. 오늘날 이견이 없거니
와 고혈압은 심장병, 뇌졸중, 신부전, 심장마비 등 수많은 질환의 원인
이며 그냥 두면 결국 죽음을 앞당긴다. 그러나 의학계도 이 사실을 몰
랐던 때가 있었다. 심지어 일부 의사는 고혈압이 날조된 질환이며 치
료가 전혀 필요 없다고 주장하기까지 했다.

　　　혈압이 높은 사람의 가장 큰 위험은 그의 고혈압이 밝혀지는 데 있다.

그러면 어떤 바보가 반드시 혈압을 떨어뜨리려 들 테니 말이다.

J. H. 헤이(J. H. Hay), 1931년[1]

고혈압은 중요한 보상 기제일 수 있으며, 설령 확실한 통제법이 있다 해도 손을 대서는 안 된다.

폴 더들리 화이트(Paul Dudley White), 1937년[2]

이렇게 생각한 의사가 많다 보니 종종 비참한 결과가 나왔다. 실제 사례인 프랭크(Frank)를 생각해 보라.

프랭크가 고혈압 진단을 받은 때는 54세인 1937년이었다. 혈압이 162/98이었는데 당시 의료진은 이를 "경증 고혈압"으로 보고 아무런 치료도 하지 않았다.

1940년에 혈압이 180/88을 거쳐 이듬해에 다시 188/105로 올라갔다. 페노바르비탈과 마사지 치료가 시작되었고 흡연과 일도 줄이게 했다. 하지만 상태는 호전되지 않았다.

1944년에 180-230/110-140의 혈압을 보이며 경미한 뇌졸중이 몇 번 있었고 심장마비의 전형적 증세도 뒤따랐다. 저염식에 수치료(水治療)를 곁들여 약간 차도를 보였다.

그러나 1945년 2월에 혈압이 260/145으로 뛰었고 4월 12일에는 300/190까지 치솟으면서 심한 두통을 호소했다. 의식을 잃은 그는 그날 63세를 일기로 사망했다. 프랭크는 제32대 미국 대통령 프랭클린 델러노 루스벨트(Franklin Delano Roosevelt)로 더 잘 알려져 있다.

마음 쟁탈전

　문제를 진단하지 못하면 참담한 결과를 낳을 수 있다. 문제를 밝혀내서 치료해야 할 전문가가 문제의 존재 자체를 부정하면 사태는 훨씬 심각해진다. 내가 보기에 오늘날 기독교 내에 비슷한 상황이 벌어지고 있다. 사고의 한 전염병이 이미 기독교계에 하도 깊이 뿌리내려 많은 사람이 이를 정통으로 받아들인다. 하지만 그 병은 조용히 허다한 생명을 죽이고 있다.

　이 사고의 전염병은 마음을 부패하고 망하게 하는 지름길이다. 이 병이 하나님의 치유력을 막아 마음이 변화되지 못하게 한다. 변화는커녕 오히려 마음을 더 완고해지게 한다. 이 하나의 왜곡이 각양각색의 개념으로 변이를 일으켜, 많은 이들이 그리스도께서 주시려는 사랑을 경험하지 못하고 고전한다. 어떻게 그런지 살펴보기 전에 우선 마음이 무엇인지부터 정확히 밝힐 필요가 있다.

　여기서 말하는 **마음**은 혈액을 뿜어내 순환시키는 흉부의 기관도 아니고 뇌도 아니다. 성경 용어로 마음은 자아의 응어리, 심연의 내밀한 자아를 가리킨다. 개성의 핵심 요소인 각 사람의 참 갈망과 애정과 동경과 신념과 정체가 머무는 곳이다. 마음은 이 모든 요소로 이루어져 나를 나 되게 하는 성품이다.

　그래서 마음(참 자아, 개성, 성품)은 우리 삶의 모든 면에 개입된다. 생각은 참 자아의 표출이다. 마음속의 내 실체가 생각으로 흘러나온다.

- 그들이 속으로 이렇게 생각하는 줄을 예수께서 곧 중심에 아시고

이르시되 "어찌하여 이것을 마음에 생각하느냐"(막 2:8).

- 마음에 가득한 것을 입으로 말함이라(마 12:34).

생각은 마음의 표출일 뿐 아니라 마음에 영향을 미쳐 참 자아를 변화시키기도 한다. 즉 생각에 따라 내가 누구이며 어떤 사람이 되어 가는지가 달라진다.

- 대저 그 마음의 생각이 어떠하면 그 위인도 그러한즉(잠 23:7).

아담 이후로 인류의 마음(자의식)은 타락해 이기적이고 두려움에 가득 차 있다.

- 여호와께서 사람의 죄악이 세상에 가득함과 그의 마음으로 생각하는 모든 계획이 항상 악할 뿐임을 보시고(창 6:5).
- 만물보다 거짓되고 심히 부패한 것은 마음이라. 누가 능히 이를 알리요(렘 17:9).

하나님이 계획하신 구원은 마음을 치유하고 성품을 새롭게 한다. 존재의 심연 속에 그분의 온전하심을 회복한다. 하나님이 성령을 통해서 주시는 변화인 중생(重生)은 마음속에 이루어진다. 존재의 심연에서 세상적 가치관과 욕심과 동기와 신념과 애착을 도려내고 우리 성품을 하나님과 천국에 조화되게 빚는다.

- 그러므로 너희는 마음에 할례를 행하고 다시는 목을 곧게 하지 말라(신 10:16).
- 오직 이면적 유대인이 유대인이며 할례는 마음에 할지니 영에 있고 율법 조문에 있지 아니한 것이라(롬 2:29).
- 너는 마음을 다하고 뜻을 다하고 힘을 다하여 네 하나님 여호와를 사랑하라. 오늘 내가 네게 명하는 이 말씀을 너는 마음에 새기고(신 6:5~6).
- 또 새 영을 너희 속에 두고 새 마음을 너희에게 주되 너희 육신에서 굳은 마음을 제거하고 부드러운 마음을 줄 것이며(겔 36:26).
- 인자와 진리가 네게서 떠나지 말게 하고 그것을 네 목에 매며 네 마음 판에 새기라(잠 3:3).

뇌가 곧 마음과 성품은 아니지만 뇌는 마음(성품)이 작동하는 터전이다. 마음과 성품은 컴퓨터의 소프트웨어와 비슷해 하드웨어를 기반으로 작동한다.

이렇듯 생각은 마음에 이르는 관문이고, 심연의 존재로 들어가는 통로이며, 내밀한 자아를 표현하는 길이다. 그래서 우리가 품는 생각에는 위력이 있다. 생각의 내용이 신체적, 심리적, 관계적, 영적으로 우리를 변화시킨다. 좋은 쪽으로든 나쁜 쪽으로든 신념은 우리를 바꾸어 놓는다. 마음의 생각이 어떠하면 그 위인도 그러하다는 성경의 가르침과 같다(예: 잠 23:7).

2011년에 예일대학교에서 실시되어 〈건강 심리학〉지에 발표된 한 도발적인 연구를 통해, 생리 기능까지 바꾸어 놓는 신념의 위력이 예증되었다. 46명의 참여자에게 2주 간격으로 두 가지 음료를 마시게 한 뒤 신체 반응을 측정하는 연구였다. 참여자들에게 첫 음료는 620*cal*에 지방과 당분이 잔뜩 들어 있고, 둘째 음료는 140*cal*에 영양분이 풍부하다는 설명이 주어졌다. 이어 각 음료에 대한 체내 그렐린 수치를 측정했다. 그렐린은 공복일 때 위에서 분비되는 호르몬으로, 배불리 먹으면 그 분비가 줄어들어 혈액 내 그렐린 수치가 떨어진다. 이렇게 줄어든 수치가 뇌에 접수되면서 식욕과 공복감이 줄어든다.

연구 결과 과연 620*cal*의 유해 음료를 마셨을 때는 그렐린 수치가 떨어졌고 140*cal*의 건강 음료를 마셨을 때는 그렇지 않았다. 하지만 사실은 두 번 다 380*cal*의 같은 음료가 주어졌다![3] 몸의 반응과 그에 따른 포만감을 결정한 요인은 열량 섭취량이 아니었다. 참여자 자신이 무엇을 마신다고 **믿느냐에** 따라 결과가 달라졌다. 결국, 마음의 문제였다. 음료의 내용을 듣기만 한 게 아니라 그대로 믿었을 때 변화가 나타났다. 사고의 위력은 우리의 신념, 즉 내밀한 자의식에 영향을 미치고, 그 신념은 다시 우리를 변화시키는 힘이 있다. 마음(성품, 깊은 신념, 핵심 자의식)은 실제로 우리 뇌를 바꾸어 놓는 능력이 있다.

사고와 마음과 뇌 — 어떻게 다른가?

사고와 마음과 뇌는 각각 어떻게 다른가? 이 세 단어는 혼용될 때가 많지만 서로 같지 않다. 뇌는 컴퓨터의 하드웨어, 즉 기계에 해당한다. 신경세포, 신경교, 신경전달물질 등 물리적으로 만질 수 있는 중추 신경계의 모든 요소다. 사고는 컴퓨터의 소프트웨어, 운영체계, 프로그램에 해당한다. 예컨대 이 책의 독자들은 각자의 모국어라는 "소프트웨어 패키지"를 지니고 있다. 그런데 모국어는 DNA의 일부가 아니다. 신경외과 의사가 두개골을 열어도 뇌 속 어딘가에 만질 수 있는 "모국어"는 없다. 영어를 쓰는 부모에게서 태어난 미국인이 출생 직후 프랑스어를 쓰는 가정에 입양되어 프랑스에 산다면 그 아이는 자라면서 프랑스어라는 "소프트웨어 패키지"를 갖추게 된다. 언어를 배우는 능력은 DNA에 프로그램되어 있지만, 특정 언어의 습득은 생물학적으로 결정되는 게 아니라 출생 후에 업로드된다.

당신이 모국어로 (읽기와 쓰기가 아니라) 말하기를 어떻게 배웠는지 잠시 생각해 보라. 아이들은 자신의 생활환경 속에 쓰이는 언어로 저절로 말하게 마련이다. 사실 그 언어의 습득을 피할 수 없다. 영어를 쓰는 가정에서 자라는 아이가 독일어를 습득할 수는 없다. 환경은 소프트웨어가 생성되어 뇌라는 하드웨어에 업로드되는 장이다. 그런데 언어 같은 소프트웨어는 워낙 우리의 일부가 되어 버리기 때문에 일부러 다른 언어를 배우지 않는 한 그것 없이는 아예 사고 자체가 불가능하다.

아침에 일어나 "오늘 나는 모국어로 생각해야지"라고 혼잣말한 적이 있는가? 이중언어자가 아닌 이상 언어 사용은 우리의 선택이 아니다. 언어는 늘 제자리에서 작동하고 있을 뿐이다. 당신도 나처럼 하나의 언어밖에 할 줄 모른다면 당신이 경험하는 모든 삶은 그 언어를 통해 여과된다. 눈으로 지각되는 식물에 줄기와 초록색 잎이 있고 가지에 사과가 달려 있다면, 당신이 본 것은 **나무**이지 바움(나무의 독일어)이 아니다. 생각해 보라. 모국어는 DNA나 뇌 구조의 일부가 아닌데도 워낙 당신과 혼연일체이다 보니 모든 게 이를 통해 걸러진다. 하지만 이 언어 구사에 반응하는 일은 뇌의 역할이다. 뇌는 또 언어라는 소프트웨어의 업로드와 유지에 쓰일 하드웨어 기반을 생성한다.

사고 속에 이런 식으로 업로드되는 소프트웨어가 비단 언어뿐이겠는가? 영적 관점, 가치관, 도덕 관념, 이성(異性)을 대하는 태도, 타문화와 타인종에 대한 신념, 주변 세상을 이해하는 방식 등도 다 똑같은 식으로 업로드된다. 당신에게 사슴은 미소를 자아내는 귀여운 동물로 보이는가, 아니면 식재료로 보이는가? 이는 당신의 소프트웨어가 데이터를 처리하는 방식에 달려 있다.

사고는 마음보다 넓고 포괄적이다. 다시 말해서 마음은 사고의 일부(분과)이고 소프트웨어의 일부다. 예컨대 모국어는 뇌의 일부가 아니라 사고의 일부지만, 마음(개성)이 그 소프트웨어 기능에 접근해 활용한다. 하지만 언어가 마음(성품)의 일부는 아니다. 두려움이나 용기, 친절이나 매정함, 이기심이나 사랑, 정직성이나 속임수 따위가 모국어에 따라 정해지는 건 아니다. 마음은 우리의 성품, 참 정체, 내밀한 자아다. 마음은 생물학적으로 결정되거나 유전자로 프로그램되는 게 아니라 삶의 경험과 본인의 선택을 통해 발달된다. 그래서 마음(성품)은 소프트웨어의 일부다. 모든 소프트웨어를 다 합한 게 사고라면, 마음은 우리의 핵심 정체(성품)를 형성하는 부분에만 해당한다.

매장에서 구입하는 컴퓨터는 서툴고 조잡하지만, 우리 뇌는 사고의 선택과 마음의 갈망에 따라 적응하고 변신하도록 설계된 신묘한 기계다. 장기를 두거나 고대 상형문자를 해독하거나 대수학을 하거나 특정

인과 사랑에 빠지도록 뇌가 사전 설계된 건 아니다. 그러나 그런 활동을 하기로 정하면 뇌에서 새로운 구성요소(신경세포)와 새로운 회로가 자체 생성되고, 덕분에 우리는 해당 기능을 배워 숙달되거나 특정인과 친해질 수 있다. 음악의 거장은 어려서부터 특정한 운동 기능을 쓰기 시작하여 수많은 시간을 들여 그 기술을 연습한다. 그리하여 마침내 해당 악기의 달인이 된다. 뇌 영상 연구에서 으레 확인되듯이 그런 선택을 통해 특정한 운동 기능, 청각 기능, 공간시각 기능에 해당하는 뇌 부위가 음악을 하지 않는 사람의 경우보다 더 크게 발달된다.[4] 소프트웨어(사고)가 하드웨어(뇌)를 바꾸어 놓는 것이다! 이는 뇌의 정상적 생리다. 우리 인간이 그렇게 설계되어 있다. 그래서 건강한 신념체계를 형성하는 게 그토록 중대사다. 우리의 신념은 정말 중요하다.

무엇을 믿기로 선택할지는 각자의 **자유**지만 모든 신념이 똑같이 건강한 건 아니다. 이전에 내가 보았던 한 환자는 담배를 피울수록 폐 기능이 더 좋아진다고 믿었다. 그렇게 믿는 거야 본인의 자유지만, 그 신념은 흡연이 폐에 해롭다는 신념만큼 건강하지 못하다. 안타깝게도 많은 사람이 혼동하거니와, 영적 신념을 각자의 자유재량에 맡겨야 한다는 도덕 원리는 모든 영적 신념이 똑같이 건강하다는 그릇된 사상과는 다르다. 어떤 영적 신념은 건강하기는커녕 오히려 해롭기 그지없다!

미시간대학교 연구진은 충격적 사건의 여파 속에서 기도가 대응, 정신건강과 적응, 전반적 행복에 미치는 영향을 조사했다. 연구 결과 2001년 9월 11일 뉴욕 세계무역센터의 테러 공격에서 살아남은 생존자 중 꾸준히 기도한 사람들은 1년 후 심리적 적응 상태가 더 양호했다. 그러나 같은 연구진이 코소보와 보스니아 출신의 무슬림 난민을 조사한 연구에서는 기도라고 다 똑같이 건강한 건 아님이 밝혀졌다. 무슬림 난민의 60%가 외상후 스트레스 장애를 보였는데, 그 중 77%는 원수에게 복수해 달라는 식의 부정적 내용으로 기도했다. 그런데 심리적 행복과 희망과 낙관의 수준은 용서와 은혜를 베푸는 등 긍정적으로 기도한 무슬림 난민들이 더 높게 나타났다.[5]

후성유전학과 뇌

뇌는 DNA 유전자의 발현 방식에 따라 자체 조정이 가능하다. 유전자의 발현은 물질(음식, 약물, 독소), 사상, 관계 등 환경적 경험으로 인해 달라진다. 이를 후성유전적 수정(修正)이라 한다.

인체의 모든 세포는 (드물게 유전자나 염색체에 장애가 있는 경우를 제외하고는) 염색체가 똑같다. 그런데 뼈세포와 심장세포와 망막세포와 피부세포가 각기 다르다. 어떻게 그럴 수 있을까? 각종 세포마다 유전자 위에 새겨진 정보가 달라서 특정 유전자의 활성화 여부를 지시한다. 이런 일련의 정보를 후성유전학(epigenetics)이라 한다(직역하면 "게놈 위에"라는 뜻이다. epi는 "~의 위에" 또는 "덧붙여"의 의미를 가진다). 물려받은 유전자 자체는 달라질 수 없지만, 유전자 위에 새겨진 정보는 우리가 변화시킬 수 있다. 그러면 유전자의 발현 방식이 달라진다. 즉 유전자 구성상 가능한 한계 내에서나마 소프트웨어가 하드웨어를 바꾸어 놓는 것이다. X염색체에 있는 디스트로핀 유전자에 선천적 결함이 있는 사람은 X염색체와 관련된 희소한 퇴행성 장애인 근위축증에 걸린다. 아무리 신념이나 생각을 바꾸어도 이 결손 유전자를 고칠 수는 없다. 소프트웨어 때문에 하드웨어가 변하는 일은 이렇듯 물려받은 게놈의 가용 자원이라는 한계 내에서만 가능하다.

변화의 정도에 일정한 한계가 있지만, 그래도 변화의 가능성은 어마어마하다. 근래의 여러 연구에서 밝혀졌듯이 주의력결핍과잉행동장애(ADHD)가 있는 아이가 마음 챙김 명상에 참여하면 ADHD 증상이 줄고 주의력과 집중력이 개선된다.[6] 이 개선은 오류 비율을 낮추고 처리의 정확성을 높여주는 뇌 구조 및 회로 연결과 상관관계가 있다.[7] 선입견, 신념, 가치관 등 우리의 사고는 입력되는 데이터를 여과해 결과적으로 자신이 누구이며 어떤 사람으로 되어 가는지를 바꾸어 놓는다.

지각과 사고

결정을 내리는 건 뇌가 아니라 사고다. 뇌는 이미 설계된 대로만 반응한다. 예술작품을 볼 때 뇌는 형체와 색상과 질감과 규격을 처리할 뿐이고, 의미의 해석은 사고의 몫이다. 그래서 같은 그림이나 조각을 보아도 사람마다 완전히 다르게 볼 수 있다. 쾅 소리가 들리면 뇌의 경보 회로가 발동해 사람을 깜짝 놀라게 한다. 하지만 사건을 해석해 의미를 결론짓는 건 사고다. 그 소리는 자동차 엔진에서 났을 수도 있고 총성이었을 수도 있다. 사고가 어떻게 해석하느냐에 따라 우리는 차분해질 수도 있고 더 불안해질 수도 있다.

백내장으로 각막이 흐려진 사람을 생각해 보라(백내장은 시각기관 중에서 뇌와 가장 먼 부위인 수정체가 혼탁해지는 결함이다). 100m쯤 떨어진 곳에 개가 있는데 백내장 때문에 사자로 지각되어 "사자다"라고 외친다면, 이 사람의 사고에 이상이 있는가? 시각기관의 내부로 더 들어가 색소성망막염 때문에 역시 개가 사자로 지각된다면 사고에 문제가 있는가? 시각 신호를 눈에서 뇌로 전달하는 신경조직에 염증이 생기는 시신경염 때문에 개를 보고 "사자"라고 외친다면 사고에 문제가 있는가? 뇌 후두피질에 종양이 있어 개가 사자로 지각된다면 사고에 문제가 있는가?

사고는 뇌에서 전달되는 정보에 의존한다. 물리적 결함 때문에 뇌 기능이 저해되거나 사고에 전달되는 정보의 질이 떨어지면, 그만큼 사고에서 도출되는 결론의 정확성도 떨어진다. 그 결과 연쇄적으로 복잡한 문제가 뒤따른다. 시력이 나빠서 사자가 덤비는 줄로 알고 목이 터져라 외치며 달아난다면 그 사람의 정신건강에 문제가 있는가? 아니다. 이것은 지각의 문제일 뿐이다.

소프트웨어가 아무리 좋아도 하드드라이브가 손상된 컴퓨터는 기능 장애를 일으킨다. 마찬가지로 신체 질환으로 뇌가 손상되면 사고의 효율성이 떨어진다. 그러면 사고에서 부정확한 신념이 형성되고, 이는 다시 특정한 뇌 회로를 활성화하여 뇌를 더 바꾸어 놓는다. 알츠하이머병, 조현병, 조울증 같은 질환이 뇌인성 장애의 예다. 문제의 원인이 하드웨어에 있다는 뜻이다. 하지만 그 결과로 그릇된 신념과 왜곡된 사고가 형성되어 소프트웨어가 변질될 수 있다. 머릿속의 신념과 생각과 선택에 따라 뇌가 변할 수 있다 보니, 잘못된 신념도 뇌에 반작용을 일으켜 뇌의 부정적 변화를 더 부추긴다. 거기서 연쇄적으로 부정적 강화가 발생할 수 있는데, 이는 정신질환에 이르는 한 경로다. 이런 쌍방적 강화의 단적인 예가 강박장애(OCD)다. 우선 뇌인성 문제가 신호의 정상적 처리를 방해해 두려움과 절박감을 고조시키고, 그 결과 부정확한 신념이 형성된다. 그 신념은 다시 뇌의 스트레스 회로를 활성화해 불안과 두려움을 가중시킨다. 역기능의 악순환이다. 그래서 뇌 문제와 사고방식 양쪽 다에 개입하는 게 강박장애(OCD)의 가장 효과적인 치료법으로 입증되었다. 즉 투약과 정신치료를 병행해야 한다.

반대로 소프트웨어가 바이러스에 감염된 컴퓨터는 하드웨어가 아무리 최신이어도 제 기능을 다 할 수 없다. 마찬가지로 뇌가 건강한 사람도 사고가 소프트웨어 바이러스—건강하지 못한 왜곡된 신념체계—로 손상되어 있으면 제구실을 할 수 없다. 왜곡이 마음(성품)에까지 미치면 피해는 극에 달한다. 친구가 사고로 죽었다는 헛소문을 믿으면 스트레스 회로의 활성화와 염증 연쇄반응으로 생각이 부정적이고 괴로워진다. 사고에 거짓이 감염되는 것이다. 그러나 자아에 대한 거짓을 믿으면—예컨대 학대 피해자는 자신이 못생겼고 흉하고 쓸모없고 못났다고 믿을 때가 많다—결과가 훨씬 참담하다. 사고(주변 세상에 대한 신념)만 아니라 핵심 자아(마음)까지 손상되기 때문이다. 나아가 손상된 사고는 뇌와 몸에 부정적 변화를 일으킬 수 있고 실제로 그렇다. 건강하지 못한 사고방식은 뇌의 스트레스 회로를 활성화해 염증 연쇄반응을 일으킨다. 이를 그냥 두면 인슐린 수용체가 망가져 제2형 당뇨병, 심장발작, 뇌졸중, 비만, 콜레스테롤 과잉, 우울증, 치매 등 건강이 나빠질 위험이 커진다.

영적 전투

인간의 정신이라는 컴퓨터가 효율적이려면 세 가지가 필요하다. 손상되지 않은 하드웨어(뇌), 바이러스에 감염되지 않은 소프트웨어(사고, 여기에 건강한 원리로 운영되는 건강한 자의식, 즉 건강한 마음도 포함된다), 확실한 에너지원(건강한 몸의 혈액 공급)이다. 셋 중 둘만 있으면 컴퓨터(사람)가 기능을 다 하지 못한다. 세 가지가 다 있어야 운영체계가 이루어진다.

이것을 알면 영적 전투를 더 잘 이해할 수 있다. 영적 전투란 핵심 운영체계인 마음을 지배하려는 싸움이다!

> 우리가 육신으로 행하나 육신에 따라 **싸우지** 아니하노니 우리의 싸우는 무기는 육신에 속한 것이 아니요 오직 어떤 견고한 진도 무너뜨리는 하나님의 능력이라. 모든 **이론을** 무너뜨리며 하나님 **아는** 것을 대적하여 **높아진** 것을 다 무너뜨리고 모든 **생각을** 사로잡아 그리스도에게 복종하게 하니(고후 10:3~5).

이론과 앎과 높아짐과 생각을 놓고 싸울 때 그 전투지는 어디일까? 사고 속이다. 그리스도와 사탄의 전투는 하나님의 지성적 피조물의 사고 속에 벌어지는 싸움이며, 그 얻고자 하는 바는 곧 우리 **마음**이다. 누구를 신뢰하여 우리 마음을 바칠 것인가? 그래서 사탄의 별명은 거짓의 아비다(요 8:44). 거짓된 사상으로 우리의 사고(소프트웨어)를 감염시켜 사고 기능을 변질시키고 그리하여 마음의 치유를 방해하려 들기 때문이다. 이런 거짓된 생각을 컴퓨터 용어로 바이러스라 한다.

바이러스와 사고

우선 인간에게 침입할 수 있는 하드웨어 바이러스가 있다. 지카 바이러스, HIV(인간면역결핍바이러스), 간염 바이러스(A형, B형, C형), 감기 바이러스, 독감 바이러스 등 의료계에서 늘 말하는 물리적 바이러스다. 물리적 바이러스는 몸과 뇌(하드웨어)를 훼손하므로 투약처럼 하드웨어(몸)에 개입하는 해법이 필요하다. 인간의 뇌는 실제의 물리적 바이러스뿐 아니라 건강하지 못한 습성(흡연, 음주, 해로운 식단, 영양실조, 외상 등)을 통해서도 손상될 수 있다. 그래서 성숙한 사람은 성경의 가르침대로 성령의 성전인 몸을 잘 돌보아야 한다. 몸을 다치면 뇌가 손상되어 사고 기능이 저하되고, 그 결과 성품을 새롭게 하기가 더 어려워지기 때문이다.

소프트웨어 바이러스는 HIV나 간염 바이러스처럼 물리적인 게 아니라 개념, 사상, 사고방식이다. 그게 사고를 오염시키고, 두려움과 의심과 이기심을 조장해 마음을 병들게 하고, 기능을 저해한다. 이런 바이러스는 거짓, 왜곡, 허위로 더 잘 알려져 있다. 거짓말을 믿어 발생할 수 있는 피해를 잠시 생각해 보라. 고의의 거짓말이든, 본의 아니게 잘못 듣고 오해한 거짓말이든, 정말 사실이라고 믿는 사람의 말이든 관계없다. 거짓이 깊이 배어들수록 피해도 커진다.

2016년 1월 31일 저녁 캘리포니아주 모로베이의 버거킹 매장 지배인에게 비상 전화가 걸려왔다. 모로베이 소방서라고 밝힌 발신자가 명령조의 놀란 목소리로 설명한 바에 따르면, 위험한 메탄가스가 새서 버거킹 매장에 치사량 수준으로 차오르고 있으므로 즉시 행동을 취해야 한다고 했다. 그러면서 식당 창문을 전부 깨서 유독가스를 밖으로 내보내도록 지시했다. 덜컥 겁이 난 지배인은 즉시 직원들을 시켜 창문을 깨게 했으나 창문이 좀처럼 깨지지 않았다. 그는 용맹스럽게 차를 몰고 판유리로 돌진했고, 직원들도 결국 나머지 창문을 다 깨뜨려 아찔한 폭발로부터 건물을 구해 냈다.

안심한 지배인은 소방서에 전화하여 자랑스레 성과를 보고했으나 그런 비상 전화를 건 사람이 없다는 청천벽력 같은 대답만 돌아왔다! 누군가 공무원을 사칭해 장난 전화를 걸었던 것이다. 지배인과 직원들이 매장에 끼친 피해 액수는 3만5천 달러가 넘었다. 이 모두가 거짓말 하나 때문이었다.[8]

다섯 살 난 당신 딸을 당신 동생이 성희롱했다고 누가 거짓말을 한다고 하자. 이 말을 믿으면 어떻게 될까? 이 거짓을 믿어 발생할 모든 피해, 고통, 고생, 상심, 갈등을 생각해 보라. 우선 당신의 스트레스 회로가 활성화되어 심박수와 혈압이 올라갈 것이다. 몸의 면역체계가 염증 연쇄반응을 일으켜 잠을 잘 자지 못하고 식욕이 떨어질 것이다. 심하면 욕지기와 구토를 유발할 수도 있다. 분노와 두려움과 기타 부정적 감정이 생겨나 내면의 갈등도 많아질 것이다. 말로나 법으로나 혹 주먹으로 동생을 공격하고 싶을 수 있다. 이 거짓말 때문에 당신의 마음이 증오와 복수심에 찌들고 완고해질 수 있다. 게다가 당신이 취할지도 모를 행동까지 생각해 보라. 경찰에 신고하거나 소송을 걸거나 동생을 체포되게 하거나 더 심한 일도 할 수 있다. 집안의 갈등도 생각해 보라. 당신의 딸은 또 어떤가? 딸은 조사와 질의와 치료를 받게 될 것이다. 거짓을 믿으면 그 결과는 참담하다!

무엇을 믿느냐에 따라 우리는 신체적, 관계적, 심리적, 영적으로 달라진다. 사탄은 거짓의 아비이며(요 8:44), 우리는 하나님을 어떤 분으로 믿을 것이냐를 두고 싸우는 중이다(고후 10:3~5). 그런 관점에서 볼 때 여태까지 기독교를 변질키셨고 또 우리를 막아 하나님의 사랑을 경험하지 못하게 한 가장 해로운 거짓말은 무엇인가? 이 하나의 거짓말이 무수히 많은 사람을 두려움과 폭력과 중독의 악순환에 가두어 왔다. 답은 바로 하나님의 법을 어떻게 이해하느냐에 있다. 이는 하나님이 권력을 어떻게 쓰시며 결국 어떤 존재이신지를 이해하는 데 직접적 영향을 미친다.

교활한 전염병

법이라는 단어를 들으면 무엇이 떠오르는가? 수천 명의 사람에게 그 질문을 해 보았는데 거의 모두가 "규칙, 규정, 법령"이라 답한다. 그러면서 제한 속도, 세법 등 인간이 만든 규정을 언급한다. 이어 하나님의 (율)법에 대해서도 물으면 비슷하게 "하나님의 규칙, 하나님의 규정, 하나님의 법령"이라는 답이 대부분이다.

그러나 질문을 이렇게 바꾸면 답이 완전히 달라진다. "중력 법칙, 건강 법칙, 물리 법칙이란 말을 들으면 무슨 생각이 드는가?" 갑자기 하나님의 법 또한 전혀 새로운 개념으로 다가온다.

하나님은 우주를 설계하고 지으신 창조주다. 우주의 구조는 그분의 법 위에 세워졌고 작동한다. 인간은 공간, 시간, 생명의 본질, 건강한 관계의 요건 등을 창조할 수 없다. 인간은 규칙과 규정을 만들고 하나님은 실재를 만드신다. 하나님의 길이 우리의 길보다 높다(사 55:9).

우주를 지으실 때 하나님은 모든 실재가 그분과 조화롭게 작동하도록 지으셨다. 하나님은 사랑이시며 그분의 설계(법)는 그 사랑이란 속성의 표현이다(요일 4:8). 하나님의 법은 생명이 작동하는 원리다. 그래서 바울은 "창세로부터 그의 보이지 아니하는 것들 곧 그의 영원하신 능력과 신성이 그가 만드신 만물에 분명히 보여 알려졌나니 그러므로 그들이 핑계하지 못할지니라"(롬 1:20)라고 명확히 말했다.

성경 저자들은 창조주 하나님이 우주를 그분과 조화롭게 작동하도록 지으셨음을 알았다. 그분이 만드신 실재는 그분 자신과 모순되지 않는다. 그래서 하나님이 설계하신 (율)법은 그분의 속성인 사랑의 표출이다.

- 사랑은 이웃에게 악을 행하지 아니하나니 그러므로 사랑은 율법의 완성이니라(롬 13:10).
- 온 율법은 "네 이웃 사랑하기를 네 자신 같이 하라" 하신 한 말씀에서 이루어졌나니(갈 5:14).

예수의 말씀처럼 모든 율법은 하나님을 향한 사랑과 동료 인간을 향한 사랑으로 압축된다(마 22:37~40). 이 사랑은 감상이나 감정이 아니라 실제로 작동해 효력을 낸다. 사랑은 원소나 부호나 원리 자체이며 모든 실재는 그 위에 지어졌다. 이는 예로부터 이미 알려진 지혜다. "공의와 인자[사랑]를 따라 구하는 자는 생명[을] … 얻느니라"(잠 21:21). 생명을 얻는 이유는 생명이 사랑의 원리로만 작동하도록 설계되었기 때문이다. 마치 사막에 있는 사람에게 "물을 찾으면 생명을 얻는다"라고 말해 주는 것과 같다. 그렇다면 사랑의 삶은 어떻게 작동하는가?

기능상 바울은 이 법을 "자기 것을 구하지 않는"(NASB) 또는 "자기의 유익을 구하지 아니하"는 사랑이라 표현했다(고전 13:5). 이는 사랑이 베풂의 법칙을 따라 작용한다는 뜻이다. 사랑은 이기적이지 않고 이타적이다.

이 법칙이 실행되는 단적인 예는 호흡이다. 숨을 내쉴 때마다 우리는 식물에 이산화탄소(CO_2)를 **주고** 식물은 우리에게 산소를 **돌려준다.** 실제로 생명은 이 법칙 위에 세워져 있다. 살려면 숨을 쉬어야 한다. 이게 하나님이 설계하신 삶이다. 즉 거저 베푸는 영구적 선순환이다. 사랑의 하나님이 실재의 피륙 속에 이 사랑의 법을 짜 넣으셨다!

하지만 당신은 여전히 자유로운 존재다. 원한다면 이 법을 어겨 베풂의 순환을 끊을 수 있다. 머리에 비닐봉지를 뒤집어쓰고 체내의 CO_2를 이기적으로 혼자 독점하면 된다. 다만 이 법칙을 위반하면 그 역행적 선택의 결과 또는 삯은 죽음이다(요일 3:4, 롬 6:23). 이 설계, 즉 베풂의 법칙은 모든 생명계의 기초다. 물의 순환, 수분(受粉), 구연산회로, 질소순환(식물이 자라고 섭취되어 토비로 돌아감), 자연의 이치, 생태계 등 모든 살아 있는 것은 말 그대로 베푼다. 베풀지 않으면 다 죽는다!

아침에 일어나 "아, 오늘도 숨을 쉬어야 되는구나"라고 혼잣말한 적이 있는가? 호흡해야 한다는 사실이 한 번이라도 스트레스로 느껴질 때가 있는가? 아니다. 폐 질환이 있지 않고서야 생각조차 하지 않는 문제다. 폐가 성하지 못해야만 숨쉬기가 힘들어진다. 너무 힘들면 인공호흡기가 필요할 수도 있다.

우리 마음은 영적으로 병들어 있어 사랑을 하나님의 인공호흡기에 의존하고 있다. 이대로는 잘 사랑하기가 힘들어 외부의 도움이 필요하다. 그러나 우리 안에 하나님의 뜻이 이루어져 그분의 계획대로 다 치유되고 회복되면, 그때는 남을 사랑하기가 호흡만큼이나 쉬워진다! 하나님은 우리를 사랑의 도관으로 지으셨다. 인간은 하나님의 법의 보유고이자 전시실로 지음 받았다. 사랑의 법은 살아 있기 때문이다. 돌판에 새겨서는 다 이해할 수 없고, 생명체 안에서 작용할 때에만 제대로 보인다. 사랑할 때 우리는 하나님의 속성 중 무한한 일면을 경험한다. 사랑에 관한 한 우리의 성장 역량은 무한하다.

당신이 배우자를 사랑하는 마음이 얼마나 되는지 생각해 보라. **마음을 다해** 사랑하지 않는가? 그렇다면 첫아이를 사랑하는 마음은 얼마나 되는가? 둘째, 셋째, 넷째 아이를 향한 사랑은 어떤가? 부모형제를 향해서는 어떤가? 마음을 다하여 각 사람을 사랑한다면 어느 하나를 향한 사랑 때문에 다른 사람을 향한 사랑이 줄어드는가? 그렇지 않다. 우리의 사랑은 무한히 넓어지고 커질 수 있다. 사랑할수록 더 많이 사랑할 수 있다!

하나님은 친히 설계하신 사랑의 법을 우리 안에 회복하려 하신다. 고장 난 우리 내면을 고쳐 두려움과 이기심으로부터 해방하시고 그분과의 조화를 되찾게 하신다. 창조세계를 온전히 회복하시기 위해서다.

사랑의 법은 규칙이 아니라 실재의 피륙 속에 짜인 설계 원리다. 그분이 설계하신 그런 순리나 **자연법**이 많다. 그 중 다수를 이 책 전반에 걸쳐 살펴볼 것이다.

역사의 증거

하나님의 법은 설계 원리이며 생명은 그 원리대로 지어졌고 작동한다. 그 사실을 알면, 이 원리를 벗어나서는 목숨을 부지할 수 없음도 알게 된다. 또 하나님의 법을 이탈하면 설계자께서 그 이탈자(죄인)를 치유하셔서 본래의 설계와 조화되도록 회복하셔야만 함도 알게 된다. 그분이 가만히 계시면 죽음이 뒤따르기 때문이다. 사도 교회는 하나님의 법을 그렇게 이해했다. 그런 그들이 실제로 어떻게 살았는지 보라. 그들은 공동체로 살면서 소유물을 나누어 남을 도왔고 매사의 결과를 하나님께 맡겼다. 그들은 로마(국가 권력)에 물리적으로 대항하지 않았고, 믿는 바가 달랐던 여타 종교 집단을 향해서도 마찬가지였다. 모든 사람을 사랑한 그들은 로마의 경기장에서 하나님을 찬송하고 노래하며 순교자로 죽어 갔다. 그런데 복음이 불과 한 세대 만에 당시 알려진 온 세계로 퍼져 나갔다.

그러던 기독교가 뭔가 달라졌다. 무엇이 변했을까? 하나님의 법을 보는 그리스도인들의 관점이 달라졌고, 그리하여 그분 자신을 보는 관점까지 변했다. 1세기에 시작된 이런 변질이 콘스탄티누스의 개종을 기화로 기독교를 지배하기 시작했다. **자연법**(사랑의 법)인 하나님의 법이 이제 인간이 만든 법과 사실상 전혀 다르지 않게 이해되었다. 형벌을 위협해 강제로 시행하는 **실정법**으로 둔갑한 것이다.

유세비우스(Eusebius)는 콘스탄티누스 재위 기간에 살았던 최초의 교회 역사가다. S. L. 그린슬레이드(S. L. Greenslade)는 하나님의 법을 보는 기독교의 달라진 관점을 《교회와 국가: 콘스탄티누스부터 테오도시우스까지》라는 책에 이렇게 약술했다.

> 과장된 찬사로 마무리되는 유세비우스의 역사서에는 자제의 기미도 없고, 박해의 복을 그리워하는 회한도 없고, 교회를 지배하는 제국에 대한 예언자적 두려움도 없다. 그의 마음은 하나님과 콘스탄티누스를 향한 감사로 충만하다. 감정만 들뜬 것도 아니다. 그는 기독교 황제에 대한 이론이나 신학까지 준비해 놓았다. 종교와 정치가 서로 부합한다고 본 것이다. … **로마 제국의 왕조는 하늘 왕국의 닮음꼴로 이 땅에 임했다.**[9]

"하나님의 어린 양"은 자신을 대적하는 이들에게 강압적 힘을 휘두르기는커녕 오히려 배신자의 발을 씻어 주시고 자신을 죽인 사람들을 용서하셨다. 이런 온유하신 예수를 따르던 무리가 불과 몇백 년 만에 그분을 이교 권력을 닮은 신으로 둔갑시켜 숭배하다니 기가 막힐 노릇이다. 자신들이 믿는다고 고백하는 구주를 그런 권력이 살해했는데도 말이다.

오늘날까지도 기독교는 하나님과 그분의 법을 보는 이 교활하고 해로운 관점에서 벗어나지 못하고 있다. 토마스 린제이(Thomas Lindsay)는 《종교개혁사》(한국장로교출판사 역간)에 하나님의 법에 대한 그리스도인들의 시각이 달라졌음을 예증했을 뿐 아니라 서구 기독교 전체가 아직도 이 해로운 실정법 개념으로 병들어 있음을 지적했다.

> 서구 교회를 구축한 위인들은 거의 전원 교육받은 로마 변호사였다. 터툴리안(Tertullian)과 키프리안(Cyprian)과 어거스틴(Augustine)과 그레고리 대제(Gregory the Great, 그의 저작은 라틴 교부들과 스콜라 학자들 사이의 가교 역할을 한다)는 다 애초에 로마 변호사로 양성되었다. 그 교육이 신학과 교회에 대한 그들의 모든 사고를 형성하고 빚어냈다. 그들은 본능적으로 모든 의문을 충실한 로마 변호사답게 다루었다. 매사에 정확한 정의(定義)를 도출하려는 변호사의 갈망이 있었다. 권위에 순종하게 만드는 게 자신의 기본 직무라는 변호사의 사상이 있었다. 그 권위는 외부의 제도일 수도 있었고, 영적 진리를 대하는 올바른 사고방식에 대한 정확한 정의일 수도 있었다. **서구 기독교의 어느 분파도 이들 첫 몇 세기 교회의 로마 변호사들이 건 주문에서 여태 헤어나지 못하고 있다.**[10]

하나님의 자연법이 피조물의 실정법과 얼마나 판이한지 생각해 보라. 인간 정부는 흡연을 합법화할 수는 있어도 법으로 흡연을 건강에 좋게 만들 수는 없다! 피조물은 하나님의 법을 바꿀 수 없다. 하나님의 법은 생명의 존재 요건 자체이기 때문이다. 그런데 안타깝게도 그리스도인들의 사고 속에 하나님의 법에 대한 **개념**이 바뀌었다. 이 변화가 워낙 정통처럼 속속들이 배어들어 웬만한 사람은 의문조차 품지 않는다.

역사에서 확증되듯이 **자연법**이 **실정법**으로 대체되면 참담한 결과가 초래된다. 기독교는 본래 공동체로 살다가 순교자로 죽은 온유한 신자들이었으나 이제 폭력적인 사람들로 변했다. 그들은 십자가 문장(紋章)의 옷차림으로 십자군 행렬에 나섰고, 사제의 지시로 종교재판을 시행했고, 신앙이 다르다는 이유로 사람을 화형에 처했다. 이 모두가 예수의 이름으로 자행된 일이다.

과연 기독교는 뭔가 잘못되었다. 실재란 하나님의 설계 원리인 사랑의 법대로 작동하도록 지어졌건만, 이제 그 법은 타락한 인간의 법 개념에 밀려나고 말았다. 그리하여 하나님은 형벌을 가하는 독재자로 잘못 대변되어 왔다. 다른 무엇보다도 이 개념이야말로 기독교가 무기력해진 근본 원인이다. 마음의 진정한 치유와 변화는 하나님의 능력으로만 가능한데, 기독교는 그 능력을 활용할 줄을 모른다.

이 책에 쭉 보겠지만 그 하나의 개념이 어느 교단을 막론하고 기독교의 모든 면에 침투해 하나님과 그분의 방법에 대한 우리의 관점을 뒤틀어 놓았다. 그 바람에 우리는 딴 길로 빠져 그분을 위한 사명을 수행하지 못할 때가 너무 많다. 그래서 이 책에 우리를 해방해 줄 진리도 함께 제시할 것이다. 그 진리가 우리 마음과 생각을 열어 하나님의 사랑의 위력을 제대로 경험하게 해 준다. 그러면 우리는 그분이 설계하신 본연의 모습으로 변화될 수 있다. 예수 안에 계시된 온전한 사랑으로 되돌아가는 것이다.

· 사고의 한 전염병이 기독교 내에 워낙 깊이 뿌리내려 많은 사람
이 이를 정통으로 받아들인다. 하지만 이 전염병은 말없이 수많
은 생명을 죽인다.

· 이 사고의 전염병이란 무엇인가? **자연법**(사랑의 법)인 하나님의
법을 인간이 만든 법과 사실상 전혀 다르지 않게, 즉 형벌을 위협해
강제로 시행하는 **실정법**으로 보는 개념이다.

· 하나님의 사랑의 법은 베풂의 원리이며 바로 그 위에 생명이 지
어졌다.

· 하나님의 사랑의 법은 살아 있으므로 생명체 안에 작용할 때에
만 이를 온전히 알 수 있다.

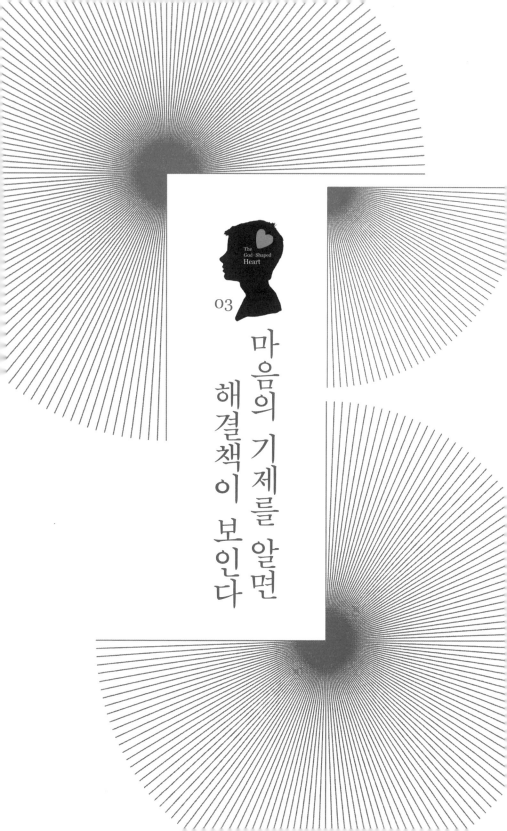

03

The
God-Shaped
Heart

마음의 기제를 알면
해결책이 보인다

우리는 인간의 법에는 용감히 맞설 수 있으나
자연법에는 저항할 수 없다.

— 쥘 베른(Jules Verne)

♥　　　꼭 증기목욕탕에 들어가 있는 기분이었다. 공기는 텁텁하고
무덥고 습했다. 기온은 아침 6시에 벌써 32도가 넘었다. 해가 하늘로
떠오른 뒤에는 더 고온으로 치솟아 견딜 수 없을 정도였다. 1987년 여
름에 나는 루이지애나주 포트 폴크에서 육군 장교 기초훈련을 받았
다. 훈련의 일환으로 기본 지표항법을 익혀야 했다. 정해진 시간 동안
지도와 나침반만으로 길을 찾아 미지의 지형을 통과해 지정된 장소에
도착해야 했다. 37도를 웃도는 고온다습한 황야를 가로질러 아주 먼
길을 걸어야 했다. 그것도 전투복과 배낭과 화기로 완전군장을 한 상
태로 말이다.

몇 시간째 무더위 속에 있다 보니 몸이 이상해졌다. 교관들은 우리

에게 일정한 시간 간격으로 물을 마시라고 지시했다. 루이지애나의 폭염과 탈수증의 위험을 주의하라며 자칫 열사병으로 목숨을 잃을 수도 있다고 경고했다. 그런데 내 몸 상태가 이상했다. 더운데 땀이 멎었다. 지쳐서 어지럽고 시야가 흐릿하고 속이 메슥거렸다. 문득 큰일 났다는 생각이 들었다. 소모성열사병 증세였다. 몇 분 내로 조치하지 않으면 열사병으로 죽을 수도 있었다.

마침 관목이 보이기에 그 가지의 그늘 속으로 기어들어 갔다. 배낭 속의 각설탕을 물에 타서 묽은 설탕물을 만들었다. 수분을 신속히 공급해 주는 그 물로 서서히 탈수증에서 벗어났다.

그런데 그 일은 나에게 왜 벌어졌던 걸까? 왜 노곤하고 구역질이 나고 시야가 뿌예졌을까? 하나님이 하신 일일까? 하늘에서 천사가 파송되어 내게 현기증과 기타 증상을 유발했던 걸까?

기초훈련 교관들은 우리에게 물을 꾸준히 마시라고 말했는데 나는 길 찾기에 여념이 없어 물을 충분히 마시지 못했다. 명령에 **불복한** 것이다. 그래서 나는 불순종의 대가로 벌을 받은 걸까?

이 예가 터무니없어 보일지 모른다. **자연법**(이 경우 건강 법칙)과 **실정법** 사이의 긴장을 보여 주는 사례치고는 극단적이고 현실성이 없어 보일 수 있다. 그러나 하나님이 설계하신 법을 인간의 시행법으로 대체한 결과, 고금의 수많은 사람이 정신적 고통과 심리적 압박과 영적 혹사를 당해 왔다. 건강 문제를 분노한 신의 형벌로 보는 엉뚱한 결론 때문이다.

예수 당시의 유대인 종교 지도층은 나병을 하나님의 저주와 형벌로 보고 나환자를 비난했다. 1346년에서 1353년까지 7년간 흑사병이라는 선(腺)페스트에 7천5백만~2억 명이 목숨을 잃었다. 지금은 대다수 학자가 벼룩을 통해 전염되는 흑사병균이란 박테리아를 그 몹쓸 병의 원인으로 보지만, 당시의 대중은 종교 지도층의 말대로 이를 분노한 신의 형벌이라 믿었다. 지금도 나는 하나님이 왜 자신이나 사랑하는 이에게 암이나 조현병이나 기타 난치병을 주시는지 모르겠다는 환자를 수시로 접한다.

하나님의 법은 **자연법**이다. 건강 법칙도 그 부류에 속한다. 1987년 여름 내가 당한 일은 순전히 건강 법칙을 어긴 탓이었다. 하나님의 법을 거스르면 해로운 결과가 따른다. 그런데 안타깝게도 하나님의 법을 **자연법**으로 보지 않는 사람도 있다. 아이들은 삶이 설계된 이치와 건강의 원리를 모른다. 그래서 대개 장성할 때까지 부모가 규칙을 정해주어 아이를 보호해야 한다. 그런데 잘 장성하지 못하는 사람이 너무 많다. 아예 젖먹이 단계에 머무는 게 더 좋다는 이들도 있다.

젖먹이 단계에 고착된 상태

2012년 5월 20일자 〈타임〉지는 세 살배기 아들에게 젖을 물린 제이미 린 그러밋(Jamie Lynne Grumet)의 표지 사진으로 전국을 충격에 빠뜨렸다. 인터넷과 라디오와 텔레비전은 분노와 충격과 혐오 반응으로 시끄러웠고, 지지하는 입장은 소수에 그쳤다. 그 사진이 왜 그렇게 세상을 떠들썩하게 했을까? 무엇이 그런 격한 반응을 유발했을까? CBS 뉴스 기사에 인용된 바비 밀러(Bobbi Miller)의 말 속에 핵심이 압축된 것

같다. "소도 때가 되면 새끼의 젖을 뗀다."[1]

모유 수유에 대한 격노가 아니었다. 모유 수유의 유익이라면 거의 누구나 인정하고 지지한다. 충격과 반감의 초점은 바로 이유기를 모른 다는 데 있었다.

히브리서 저자도 영적인 젖을 떼지 못하는 그리스도인들에게 똑같 은 반감을 표한다. 젖먹이로 남으면 의로워질 수 없다고까지 말한다. 성숙한 그리스도인으로 장성할 수 없다는 말이다.

> 멜기세덱에 관하여는 우리가 할 말이 많으나 너희가 듣는 것이 둔하 므로 설명하기 어려우니라. 때가 오래 되었으므로 너희가 마땅히 선 생이 되었을 터인데 너희가 다시 하나님의 말씀의 초보에 대하여 누 구에게서 가르침을 받아야 할 처지이니 단단한 음식은 못 먹고 젖이 나 먹어야 할 자가 되었도다. 이는 **젖을 먹는 자마다 어린 아이니 의 의 말씀을 경험하지 못한 자요** 단단한 음식은 장성한 자의 것이니 그 들은 지각을 사용함으로 연단을 받아 선악을 분별하는 자들이니라
>
> (히 5:11~14).

하나님은 우리를 성숙하게 발육하고 장성하도록 부르신다. 그러려 면 선악을 분별하는 능력을 **연단해야** 한다. 비판적 논리력을 기르려면 심사숙고하여 선택해야 한다. 삶은 선택의 연속이다. 콜라인가 다이어 트 콜라인가? 커피인가 디카페인 커피인가? 그냥 물을 마셔야 할까? 그 중 무엇을 선택하며, 왜 그것인가? 데이트를 신청할 것인가 말 것인 가? 수락할 것인가 말 것인가? 교회에 가볼 것인가? 선교 여행을 떠날

것인가? 십일조는 세전으로 할 것인가 세후로 할 것인가? 선택할 일은 끝없이 많은데, 어느 쪽이 최선인지 어떻게 아는가?

선택은 스트레스가 될 수 있으며, 사람마다 제 나름의 결정 방식이 있다. 그런데 일관되게 남보다 좋은 결정을 내리는 이들을 본 적이 있는가? 왜 그럴까? 대안을 평가해 결론에 이르는 방식 중에도 더 건강하고 성숙한 방식이 있기 때문이다.

당신은 어떤 방식으로 선악을 분별하는가? 옳고 그름의 도덕적 결정을 어떻게 내리는가? 부모, 교사, 정치 지도자, 목사, 신부 같은 권위 있는 인물이나 신이 시키는 대로 하는가? 동료 간의 합의, 정해진 규칙, 기존 법체계 등에 의존하는가? 보상이 제일 크거나 고통이 제일 적을 듯한 쪽을 택하는가? 아니면 그냥 요행을 바라며 동전을 던지는가?

에릭의 연이은 난감한 결정

2010년 6월 16일 수요일 저녁, 에릭(Eric)이 집에 있을 때 아내 에일린(Aline)이 뇌졸중을 일으킨 듯 보였다. 에일린은 간호사로, 에릭은 응급구조대원으로 둘 다 채터누가의 얼랭어 병원에서 일했다. 그 지역의 뇌졸중 전문병원인 얼랭어까지 신속히 가기만 하면 누구나 회복 가능성이 매우 크다는 걸 에릭은 잘 알고 있었다.

에일린의 고개가 밑으로 처지고 팔도 마비되었다. 집에서 병원까지는 약 11 km 거리였는데, 에릭은 한시가 급한지라 구급차가 오기를 기다리기보다 직접 차를 몰고 가기로 했다.

에릭은 아내를 들쳐 안고 집 밖으로 달려나가 차에 실었다. 급히 병원으로 가는데 제한속도 55km라는 표지판이 보였다. 늦은 시간이라 교통량은 별로 없었다. 어찌할 것인가? 법규를 어길 것인가, 아니면 표지판의 법정 속도를 지킬 것인가? 어느 쪽이 **올바른** 행동인가?

에릭은 과속을 택했다. 그런데 사거리에서 빨간불에 걸렸다. 이제 어찌할 것인가? 신호등이 녹색으로 바뀌기를 기다릴 것인가, 아니면 속도를 늦추고 양쪽을 살핀 뒤 다른 차가 없을 때 비상등을 켜고 경적을 울리며 법을 어긴 채 빨간불에 지나갈 것인가? 무엇이 **올바른** 결정인가?

에릭은 두 번이나 빨간불에 지나가는 쪽을 택했다. 그런데 이를 본 경찰이 경광등을 켜고 사이렌을 울리며 뒤에서 다가왔다. 어찌할 것인가? 병원까지는 이제 절반도 남지 않았는데, 여기서 차를 세우고 굳이 시간을 들여 사정을 설명할 것인가? 아니면 경찰이 세울 때는 정차해야 한다는 법규를 무시한 채 계속 달릴 것인가? 어느 쪽이 **올바른** 행동인가?

에릭은 계속 달렸다. 병원에 도착한 그는 차에서 튀어나와 반대쪽으로 달려가서 아내를 들쳐 안았다. 경찰은 그에게 정지하라고 외쳤고 실제로 그를 제압하려고 다가왔다. 어찌할 것인가? 경찰의 지시대로 정지할 것인가, 아니면 아내를 안은 채로 내처 병원으로 들어갈 것인가? 무엇이 **올바른** 행동인가? 에릭은 경찰을 어깨로 밀치며 응급실로 달려갔다.

에릭은 체포되어 경관 폭행, 치안 문란 행위, 중과실 치상, 2건의 교통신호 위반, 차량등록 기한만료 등의 혐의를 적용받았다.[2]

아내의 생명이 오고가는 이 순간에 에릭의 선택은 잘한 것일까 잘못한 것일까? 그것을 어떻게 아는가? 우리 삶에는 옳고그름의 선택이 필요한 미묘한 순간이 많다. 당신의 선택을 돕기 위한 도덕적 결정의 7단계를 소개한다.

도덕적 결정의 7단계

옳고 그름을 이해하는 능력인 도덕 발달에는 여러 단계가 있다. 로런스 콜버그(Lawrence Kohlberg) 박사는 6단계를 규정한 선구적 연구로 인정받았다.[3] 나는 하나님의 말씀에서 얻은 통찰로 그의 이론을 수정 보완하여, 거기에 일곱째 단계를 추가하고 성경의 사례를 제시해 왔다. 옳고 그름을 이해하는 능력의 7가지 발달 단계를 성경의 증거와 연계하여 살펴보면 다음과 같다.

1단계 **상벌** 옳은 일인지 그른 일인지를 가르는 가장 기초적인 단계는 내게 돌아올 게 상이냐 벌이냐는 것이다.

어린아이에게는 이 기능 단계가 정상이며, 학습의 출발점으로 필요하다. 그러나 성인이 이 단계에서 살아간다면 뭔가 대단히 잘못된 것이다. 이는 노예의 사고방식이다. 생각하지도 말고 알려 하지도 말라. 주인이 시키는 대로만 해서 채찍을 면하라. 인간을 가스실에 넣은 나치 군대가 이 단계였다. 그들은 왜 그랬을까? 불응하면 벌을 받기 때문이었다. 지시대로 하는 게 그들에게는 옳은 일이었다. 이집트에서 노예로 살던 고대 이스라엘도 이 단계였다. 벌을 면하려고 주인이 시키는 대로 했다.

1단계에서는 통치자가 적에게 권력과 복수를 과시해 자신의 통치권을 세운다. 벌로 위협하고 상으로 희망을 주는 게 그의 통치 수단이다. 벌하지 않는 자비는 1단계 사고방식에서 도덕성이 아니라 나약하다는 증거로 통한다. 이 단계의 사람들은 자비의 하나님을 유약한 신으로 본다. 신이라면 마땅히 권력을 행사하며 적을 괴롭히고 죽여야 한다는 게 그들의 주장이다.

하나님은 사람을 각자의 눈높이에서 만나 주신다. 그래서 고대 이스라엘과 이집트 민족을 대하실 때 그분은 자신의 통치 자격을 보이시고자 우선 이집트 신들을 벌하셨고, 막강하고 장엄한 기적으로 이집트 신들이 아예 신이 아님을 입증하셨다. "주는 너희의 하나님 여호와이신 줄을 알게 하려 하심이니라"(신 29:6).

1단계의 결정은 지극히 원시적이라서 아예 뇌가 필요 없다. 사고는 완전히 배제된다. 동물과 식물과 세균도 고통의 자극을 피하고 보상의 자극 쪽으로 자란다. 하나님의 형상대로 창조된 인간에게는 이 기능 단계가 합당하지 못하다. 사실 우리를 "이성 없는 짐승"(벧후 2:12)으로 전락시켜 1단계에서 움직이게 하려는 게 사탄의 목표다.

2단계 교환 가치　2단계의 도덕은 답례식의 옳고 그름이다. 내 쪽에서 뭔가를 해 주면 합당한 합의된 대가를 돌려받는다. 서로 등을 긁어 주는 거래의 사고방식이다.

정상적 발달 단계에서 아이는 대개 자기 뜻을 관철할 힘이 없으므로 금세 거래하는 법을 배운다. 이는 어린아이가 거쳐가는 건강하고 긍정적인 성장 과정이다.

그러나 성인에게는 여전히 미성숙한 기능 단계다. 고대 이스라엘이 시내 산에서 그 상태였다. 율법이 처음 낭독되었을 때 그들은 이에는 이, 눈에는 눈이라는 사고방식으로(출 21:24) 이렇게 말했다. "여호와께서 명령하신 대로 우리가 다 행하리이다"(출 19:8).

2단계에서 복수는 도덕적 의무다. 인과응보의 단계이기 때문이다. 악을 행하는 사람은 똑같은 양의 고통과 고생을 돌려받아야 한다. 고통과 고생을 돌려주지 않으면 부도덕한 처사로 통한다. 지금도 이 단계에서 결정을 내리는 사람이 너무 많다.

옳고 그름을 이해하는 이 단계는 기복 신앙에도 나타난다. 올바른 의식을 행하고 올바른 교회에 다니고 30일간 매일 올바른 기도를 드리면 하나님이 거래 조건대로 건강과 재물과 성공을 주신다는 식이다. 하나님과의 관계는 순전히 사업상의 거래다. 제대로 하면 하나님께 복을 받지만 제대로 하지 못하면 복이 없다.

2단계의 발달에 필요한 정신적 의식은 최소한에 그친다. 원숭이와 돌고래와 개가 이 단계에서 움직여 재주를 부리고 먹이를 얻는다. 다시 말하지만, 이는 어린아이에게는 괜찮지만, 하나님의 형상대로 창조된 장성한 인간에게는 합당하지 못하다.

3단계 **사회적 동조**   이 단계에서 옳고 그름은 공동체의 합의로 결정된다. "남들도 다 그런다"는 아이의 말이 좋은 예다. 주변에서 찬성하면 옳다고 인정된다. 개인의 복수는 허용되지 않는다. 용서도 좋지만 집단의 징계가 정의로 통한다. 집단의 징계가 없으면 사회 질서가 무너진다.

왕을 요구하던 고대 이스라엘이 이 단계였다. 다른 나라도 다 왕이 있으니 그게 옳을 수밖에 없고, 그래서 그들도 왕을 원했다. 또 합의된 규범에 동조하지 않는 사람을 그들이 단체로 벌하던 데서도 같은 예를 볼 수 있다. 근래에도 소속 종교나 계급을 벗어나 결혼하는 딸을 가족들이 돌로 쳐 죽이는 사례가 뉴스에 보도되곤 하는데, 이는 이 기능 단계가 오늘날에도 건재하다는 증거다.[4]

3단계의 결정에도 사고나 논리가 요구되지 않는다. 고차원의 대뇌피질 활동이 별로 개입되지 않는다. 많은 군생 동물이 그런 식으로 기능한다. 벼랑으로 떨어지는 한이 있어도 무리가 떼 지어 그쪽으로 가면 그게 옳은 길이다.

무리나 집단이나 유행하는 문화를 따라 살면 정서적으로 안정감을 얻을 수 있다. 그러나 하나님의 아들딸다운 인간으로 빚어질 수는 없다.

4단계 법과 질서 4단계에서 옳고 그름을 결정하는 기준은 성문법, 공정한 판사, 규정된 형벌에 있다. 개인은 선출직이나 임명직 실권자에게 판단을 이양한다. 선한 일에 적절한 보수나 보상이 따르고 규정 위반에 합당한 벌이 가해지면 그게 곧 정의다. 권위 있는 인물에게 의문이 제기되는 일은 거의 없다. "그 사람은 대통령, 판사, 목사, 교황이니 옳을 수밖에 없다."

초등학생이 이 단계에서 움직인다. 아이들에게는 규칙이 안전하고 당연하고 편안하게 느껴진다. 서로 규칙 위반을 참지 못해 공정함을 요구하다 보니 고자질이 난무하는데, 여기서 공정함이란 대개 모종의 처벌이다. 이 단계의 사고방식은 흑백논리라서 사람들이 여러 단체나 파벌로 갈라진다. 파벌마다 몇 가지 핵심 규칙이 있어, 그 규칙에 동의하지 않는 남들을 비하하고 비난한다.

예수 당시 옛 이스라엘이 이 단계였다. 바리새인들은 "우리에게 율법이 있다!"라고 외치며, 안식일에 병을 고치시는 예수를 돌로 치려고 했다. 그 당시 유대인들은 분리주의자라서 자기네 규칙과 의식을 지키지 않는 이들을 용납하지 않았다.

성문법, 법정, 검사, 판사, 배심원, 형 집행을 중심으로 돌아가는 현대 세계도 다분히 이 단계다. 권위는 제도화된 법에서 일탈하는 이들을 처벌하는 강압적 공권력에 있다. 경찰과 법 집행자는 대중을 감시하고 법 위반을 수색해 법대로 처벌해야 할 의무가 있다.

이는 사고가 등장해야 할 첫 단계나, 아직은 최소한의 생각에 그친다. 규칙의 기초적 주입과 암기로 충분하다. 배후의 이치는 몰라도 되고 규칙을 알고 지키기만 하면 된다.

5단계 타인을 향한 사랑 5단계의 도덕은 의를 결정짓는 요인이 남에게 가장 유익한 행동임을 안다. 규칙과 무관하게 인간 고유의 가치가 있음을 안다. 불의란 객관적으로 남에게 해를 끼치는 행동이다.

5단계에서 옳음의 기준은 규칙 목록이 아니라 실제로 타인에게 유익하고 이로운 행동이다. 개인은 양도할 수 없는 권리를 지닌 자유로운 도덕적 행위자이며 자기 모습 그대로 존중된다. 설령 흑인차별법이 존재한다 해도 5단계 기능에서는 흑인이 가치를 인정받고 대등하게 취급된다. 어떤 행동이 타인에게 가장 유익한지는 상황에 따라 달라서, 그에 따라 옳음이 결정된다.

자녀를 사랑하는 부모는 어떤 상황에서는 아이를 끌어안고 입 맞추며 칭찬해 주지만, 다른 상황에서는 그만하라고 소리쳐 명령할 수도 있다. 말을 듣지 않으면 징계하겠다고 경고하면서 말이다. 사랑하는 사람을 보호하고 치유하고 애써 잘되게 해 주는 동기는 사랑이지만, 주어진 순간에 그 사랑이 어떤 행동으로 나타날지는 상황에 따라 달라진다.

예수가 나환자를 만지시고, 여자에게 말을 거시고, 세리와 어울리시고, 안식일에 병을 고치시고, 성전의 돈 상을 엎으신 행위도 이 기능 단계의 예다. 그런 사랑의 행위는 유대인 지도층의 율법에 어긋났다. 4단계 이하에서 움직이던 바리새인들은 자기네 규칙을 어기시는 그분을 돌로 치려고 했다.

예수는 여러 비유를 통해서도 이 기능 단계를 예시해 주셨다. 비유 속의 선한 사마리아인은 개인 재산을 들여 타인을 돕느라 사회 관습과 종교법을 무시했다. 또 다른 이야기 속의 탕자는 집을 떠나 유산을 탕진했음에도 불구하고 집안의 제자리로 다시 받아들여졌다.

6단계 순리에 따르는 삶   6단계의 결정은 삶이 설계 원리나 **자연법**대로 작용하도록 짜여 있음을 알고 지혜롭게 거기에 조화되는 생활을 선택한다. 어떤 특정한 행동을 취하는 이유는 그래야 한다는 규칙 때문이 아니라 그렇게 해야 실제로 통함을 알기 때문이다.

성숙한 개인은 정부가 대마초 같은 약물을 합법화할 수는 있어도 법으로 이를 건강에 좋게 만들 수는 없다는 인식이 있다. 그래서 사고가 6단계인 사람은 설령 합법이라 해도 굳이 그런 약물을 사용하지 않는다. 건강 법칙에 어긋나 몸과 뇌를 해치기 때문이다.

성숙한 개인이 예컨대 간음하거나 앙심을 품거나 탈세하지 않는 이유는 이처럼 순리대로 살기 때문이다. 우리의 사고는 설계대로 작동하도록 지어졌는데, 이런 행동은 다 그 설계에 어긋남을 그들은 안다. 그런 행동은 신경회로를 교란해 죄책감과 수치심을 유발하며, 성품을 버려 놓고 평안을 앗아간다. 그뿐 아니라 두려움의 회로를 활성화함으로 염증 연쇄반응을 일으켜 뇌와 몸을 해친다. 결국 본인에게 고통과 고생이 따른다.

예수는 하나님의 순리와 조화되게 사셨고, 모든 행동을 통해 하나님의 성품인 사랑을 드러내셨다. 오순절 이후 사도들도 자기보다 하나님과 남을 더 사랑하려는 동기로 그분의 설계와 조화되게 살았다. 이 단계대로 이해하면, 하나님이 뭔가를 옳다고 말씀하심은 그게 정말 옳고 이치에 닿기 때문이다. 단순히 그분이 말씀하셨다는 이유로 옳은 게 아니다.

7단계 하나님 마음에 합한 사람 7단계의 사람은 하나님과 남을 사랑하고 그분이 설계하신 삶의 순리를 이해할 뿐 아니라 하나님의 목적을 알고 지혜롭게 그 목적에 협력하여 자신의 역할을 다한다. 요한복음 15장 15절에 예수는 제자들에게 이렇게 말씀하셨다. "이제부터는 너희를 종이라 하지 아니하리니 종은 주인이 하는 것을 알지 못함이라. 너희를 친구라 하였노니 내가 내 아버지께 들은 것을 다 너희에게 알게 하였음이라."

7단계에서 살아가는 사람은 하나님의 속성인 참사랑, 그분이 설계하신 삶의 본질, 악의 기원, 죄의 본질, 사탄의 무기, 인류를 창조하신 본연의 목적, 타락하여 죄에 빠진 인류, 인류사를 통한 하나님의 일, 십자가의 목적, 마침내 죄 없이 깨끗해질 우주 등을 안다.

예수가 이 단계에서 사셨고, 그분의 재림 때 변화될 준비가 된 그분의 신부도 마찬가지다. 다시 오실 그리스도를 맞이할 준비가 된 사람이 성경에는 이마에 하나님의 인(印)을 받은 사람(계 7:1~3), 죽기까지 자기 생명을 아끼지 않는 사람(계 12:11)으로 표현되어 있다. 그들이 세상을 살아가는 목적은 자기를 내세우는 게 아니라 사랑의 하나님 나라를 진척시키고 그분의 방법으로 그분의 뜻을 이루는 데 있다.

성경의 가르침대로 사랑은 하나님이 설계하신 삶의 원리다. 삶은 타인 중심으로 베푸는 그 원리 위에 지어졌다. 남을 사랑하면 절제와 겸손 같은 가치가 길러지고 돈을 쓸 때도 지혜로운 청지기가 된다. 이런 가치를 실천하면, 주로 자랑하고 과시할 목적으로 값비싼 보석이나 고가의 자동차나 기타 물건을 구입할 일이 없어진다. 7단계에 이른 사람은 이런 가치와 조화되게 살기가 전혀 어렵지 않다. 반면에 4단계 이하에 머무는 사람은 예컨대 교회에 걸맞은 옷차림에 대한 규칙을 율법처럼 정하면서도 고가의 자동차에는 아예 무감각할 수 있다. 후자는 목록에 없기 때문이다.

모세오경에 시시콜콜한 지시사항까지 다 나오는 이유는 4단계 이하의 사람들을 상대해야 했기 때문이다. 현재의 중앙정부와 지방정부가 거의 모든 상황에 해당하는 법을 제정해 놓듯이 고대 이스라엘에도 거의 모든 상황을 망라하는 행동규범이 있었다. 그러나 5단계 이상으로 성숙한 사람에게는 법이 다음 두 가지로 압축될 수 있다. "네 마음을 다하고 목숨을 다하고 뜻을 다하여 주 너의 하나님을 사랑하라' 하셨으니 이것이 크고 첫째 되는 계명이요 둘째도 그와 같으니 '네 이웃을 네 자신 같이 사랑하라' 하셨으니 **이 두 계명이 온 율법과 선지자의 강령이니라**"(마 22:37~40).

상대를 사랑하면 그를 살해하거나 그의 소유를 훔치거나 탐내지 않는다. 5단계 이상에서 살면 규칙이 더는 필요 없다. 규칙이 잘못되어서가 아니라 사랑의 법이 우리 마음에 기록되어 있어(히 8:10) 차라리 죽을지언정 남을 이용하지 않기 때문이다.

바로 이게 인류를 향한 하나님의 목표다. 즉 하나님은 우리 안에 그분의 사랑의 법을 회복하려 하신다. 우리를 의롭게 재창조해 자아보다 하나님과 남을 더 사랑하게 하려 하신다. 그리스도 안에 장성하고, 경건함에 자라 가고, 그리스도의 마음을 받고, 신의 성품에 참여한다는 게 다 그런 의미다. 그런데 이런 성장이 막혀 있는 사람이 많다. 왜 그럴까? 하나님의 법이 사실상 인간의 법—실정법—과 같다는 잘못된 생각에 감염되면 성장이 4단계에서 멈추기 때문이다. 그 결과 영혼은 제대로 발육하지 못한다. 하나님 자녀의 장성한 분량에까지 자라지 못한다. 성장 장애는 서글픈 현상이다. 음식을 소화하지 못해 서서히 말라 죽는 자녀를 지켜보아야 한다면 이보다 더 끔찍한 경험은 없다. 그런데 우리는 그리스도 안에 새로 태어난(거듭난) 아기가 성장하지 않을 때도 똑같이 기겁하는가?

샌디 숙모

성장 장애를 말하려니 나의 숙모 샌디(Sandy)가 생각난다. 아주 특별

했던 그 숙모가 그립다. 숙모는 내가 태어날 때 15세였지만 아이와 같았다. 태어날 때 무산소증으로 뇌 손상을 입어 늘 아이였다. 조카인 내 형제자매는 다 성장하고 발육해 재능이 자랐지만 샌디 숙모는 그렇지 못했다. 몸만 자랐을 뿐 정신은 성장하지 못했다.

조카들은 독립해 결혼하고 가정과 직업을 일구며 자율적으로 살았지만 샌디는 그렇지 못했고 감시와 명령과 지시가 필요했다. 샌디를 자신과 남으로부터 보호하려면 늘 잘못을 꾸짖어야 했다. 고의로 잘못해서가 아니라 현명한 결정을 내릴 능력이 부족했기 때문이다. 그래서 누군가 사고를 대신해 주어야 했다.

샌디는 자기 이름 외에는 읽고 쓸 줄을 몰랐다. 제대로 된 식사를 계획하거나 청구서를 지불하거나 쇼핑을 하러 가거나 차를 운전하지도 못했다. 문제도 풀 수 없었고 상징과 비유와 은유에서 자꾸 헷갈렸다.

늘 미소를 자아내던 숙모가 그립다. 하지만 다들 알았듯이 숙모는 "정상"이 아니었다. 하나님이 설계하신 인간 본연의 모습이 아니었다.

그리스도 안의 성장도 인간이 장성해 가는 과정에 견줄 수 있다. 우리는 세상에 태어나 심신이 성장하듯이 그리스도 안에 다시 태어나 영적으로 자라야 한다. 나의 숙모처럼 뇌 손상으로 성장이 저해된 이들에게 하나님은 "죽을 것이 죽지 아니함을 입을"(고전 15:53) 그날에 새로운 뇌를 주실 것을 약속하신다. 숙모의 인지 능력은 성장하지 못했으나 사랑하는 능력은 자랐다. 샌디는 예수와 사람들을 사랑하며 5단계에서 살았다. 숙모가 부활하여 새 생명을 받을 그날이 고대된다. 그날 숙모는 자신을 기다리고 있는 모든 발견의 기쁨을 새로운 뇌로 누릴 것이다.

그리스도 안에서 장성하지 못하면 우리도 늘 감시를 받아야 한다. 바르게 행하라는 외부의 경고가 필요하다. 우리를 믿을 수 없기 때문이다. 그런 우리는 경건의 모양만 있을 뿐 죄성을 이길 능력이 없다!

믿을 수 없는 사람에는 대체로 두 부류가 있다. 하나는 강간, 테러, 반사회성 인격장애의 주체처럼 악을 선택하는 사람이다. 이런 사람은 심중에 남을 이용하고 해치려는 악한 의도가 있다. 그래서 믿을 수 없다. 하지만 믿을 수 없는 사람의 대다수는 여기에 해당하지 않는다. 나의 숙모도 그런 경우가 아니었고, 히브리서에 말하는 바도 그게 주는 아니다. 믿을 수 없는 사람의 둘째 부류는 미성숙 때문이다. 현명하게 결정하여 자율적으로 행동할 능력이 없기 때문이다. 이런 철없는 사람을 믿을 수는 없다.

당신이 교회 회계로서 월요일 아침에 현금 5천 달러를 은행에 입금해야 한다고 가정해 보라. 상습 절도범에게는 절대로 입금을 부탁하지 않을 것이다. 그는 첫째 부류의 믿을 수 없는 사람이다. 당신의 일곱 살 난 아들이 그 일을 자청한다면 아들에게 5천 달러를 맡기겠는가? 왜 아닌가? 아들의 의도가 악해서가 아니라 미성숙 때문이다. 어린 아들은 아직 단속과 지시와 감시와 보호가 필요하다.

많은 그리스도인이 마음은 선량하나 일곱 살 아이와 같다. 의도도 좋고, 잘하려는 마음도 있으며, 자신이 일을 그르치면 속상해한다. 그러나 그들은 성숙하지 못했다. 장성하지 못하여 아기로 남아 있다. 여태 젖먹이라서 단단한 음식을 먹지 못하니 아직은 그들을 믿을 수 없다. 히브리서에 보듯이 "의의 말씀을 경험하지 못한 자"다(히 5:13). 하나님은 우리가 장성한 분량에까지 자라서 그리스도의 생각을 기르고,

사랑의 새 마음을 품고, 성령의 열매를 맺기를 원하신다. 그 열매의 마지막은 절제다. 역량이 되는데도 장성하지 않는 사람은 의로워지지 못한다. 치유되지 못하고 그리스도를 닮은 모습으로 회복되지 못한다. 성장 장애가 있는 사람은 자기밖에 몰라서 사랑하지 않고 두려움에 이끌린다!

노력의 법칙

능력이 되는데도 성장하지 않기로 **선택하는** 사람은 성장 능력이 없던 나의 숙모와는 다르다. 많은 사람의 영적 발육 부진은 순전히 하나님이 주신 논리력과 사고력을 구사하지 않기 때문이다. 그래서 사랑하지 못한다.

마태복음 25장 14~30절에 기록된 예수의 달란트 비유에 그런 부류가 언급된다. 이 이야기를 읽고 표면적으로 생각하면 주제가 돈, 투자, 윗사람을 향한 본분이라는 결론도 가능하다. 물론 그것도 이 비유에서 도출될 만한 적절한 교훈이지만, 그분이 가르치시려는 더 깊은 실체가 있다.

예수는 빛이시며 모든 사람에게 빛을 주신다. 그래서 우리를 성숙으로 이끌어 실재를 바로 보게 하신다. 달란트 비유의 더 깊은 교훈은 노력의 법칙을 밝히신 데 있다. 이 또한 하나님이 설계하신 **자연법**이다. 하나님은 창조주시며 우주와 실재는 그분의 법인 각종 원리 위에 세워져 있다. 노력의 법칙도 그 중 하나인데 간단히 말하면 **노력해야**

힘이 생겨난다는 원리다. 강해지고 싶으면 그 부분을 구사해야 한다. 알다시피 쓰지 않으면 없어진다. 근육이든 능력이든 달란트든 구사하지 않으면 서서히 퇴화한다.

비유 속의 주인은 창조주 하나님을, 종들은 인간을, 달란트는 태어날 때부터 우리에게 맡겨진 재능을 상징한다. 사람에 따라 열 달란트, 다섯 달란트, 한 달란트를 받았다.

재능은 구사할수록 더 연마된다. 음악에 재능이 있는 사람이 개인지도를 받으며 연습하고, 운동선수가 훈련하고, 수학자가 고등교육을 받으며 사고에 도전을 가하고, 각종 장인과 예술가가 솜씨를 익히면, 모두 더 알차고 유능한 달인이 된다. 타고난 재능을 썩혀 두면 시간이 가면서 있던 재능마저 잃는다. 그러나 노력하는 사람은 재능을 계발할 뿐 아니라 이전에 없던 새로운 기술까지 터득한다.

노력의 법칙이 어찌나 자명하던지 교황부터 소설가까지 다양한 사람들이 그 실체를 인정했다.

> 삶은 온통 분투를 요구한다. 모든 게 주어진 사람은 게으르고 이기적이며 삶의 진정한 가치에 둔감해진다. 우리는 노력과 수고를 늘 피하려 하지만 그것이야말로 오늘의 우리를 있게 하는 주성분이다.
> 교황 바오로 6세[5]

> 재능 자체는 식용 소금보다 값싸다. 재능이 있는 사람과 성공한 사람의 차이는 많은 노력에 있다. 스티븐 킹(Stephen King)[6]

이게 하나님의 설계다. 삶은 그렇게 작용하도록 지어졌다. 이를 일 컬어 뇌의 신경가소성이라 한다. 즉 뇌는 자주 쓸수록 자체 구조를 바 꾸는 능력이 있다. 신경회로는 쓸수록 확장된다. 새로운 신경세포를 만들어 내고 다른 신경세포를 끌어들인다. 재능을 활용할수록 신경망 이 계속 더 복잡해진다. 쓰지 않는 회로는 끝내 개발되지 않거나 도로 위축되어 마침내 소멸한다. 이렇듯 재능을 쓰지 않으면 결국 잃는다.

4단계 이하에 머무는 이들은 이를 하나님의 벌로 보겠지만, 그건 그 렇지 않다. 묵혀 둔 재능을 앗아가려는 실권자의 처벌도 아니다. 재능 을 묵혀 두는 데 대한 필연적 결과일 뿐이다. 6~7단계에 이른 이들은 하나님의 설계를 알기에 이런 상실이 자신의 선택에 따른 당연한 결 과임을 안다.

자연법의 이치상 발달 단계를 건너뛸 수는 없다. 기던 아기가 곧바 로 달릴 수는 없고 먼저 걷기부터 배워야 한다. 마찬가지로 도덕성의 단계별 성장도 점진적이다. 한 단계를 알고 실천해야 다음 단계로 넘 어갈 준비가 된다. 노력해야 힘이 생겨난다. 그래서 우리는 "환난 중에 도 즐거워하나니 이는 환난은 인내를, 인내는 연단을, 연단은 소망을 이루는 줄 앎"이다(롬 5:3~4). 역기를 드는 사람은 잘 알듯이 먼저 5kg 추를 들어야 근력이 생겨 점차 10kg과 15kg과 그 이상도 들 수 있다. 처음부터 100kg을 들 수는 없다. 마찬가지로 영적으로 성숙하려면 먼 저 기본 단계를 익혀야 한다. 그래야 인내가 생겨 높은 단계의 지식과 이해와 실천에서도 차근차근 자라 갈 수 있다.

단계를 건너뛰면 정말 위험하다. 7단계에서 살라고 촉구하는 말을 4단계 이하인 사람이 들을 수 있다. 7단계는 목적이 이끄는 삶인데, 미성숙한 사람에게는 그 삶이 오히려 위험하다. 상벌 단계에서 또는 눈에는 눈의 사고방식으로 살아가는 사람이 7단계로 건너뛰려 하면 대개 미성숙한 사고 때문에 자신의 목적을 잘못 해석한다. 그래서 하나님의 이름으로 사람을 화형에 처하고, 낙태 시술 의사에게 총을 쏘고, 시위할 때 혐오스러운 표지판을 들고, 자살폭탄 테러범이 된다. 하나님을 위하여 목적 있게 살고 싶은데 아직 그분의 성품과 방법에 대한 이해가 성숙하지 못한 4단계 이하의 사람은 대개 하나님의 대의를 그르치는 최악의 적이 된다. 순리(5단계 이상)가 빠진 목적은 파멸을 부른다. 성숙해지려면 **실정법** 개념을 버리고 **자연법**으로 돌아가야 한다. 그래야만 하나님의 참된 동역자가 되어 그분의 목적을 이룰 수 있다.

　안타깝게도 성장과 발육이 부진한 그리스도인이 많다. 영적 성장과 발육이 정상적인 상태는 무엇이며 영적 성장 장애를 유발하는 요인은 무엇인지 다음 장에서 살펴볼 것이다.

Key-Point

· 도덕을 이해하는 데는 여러 단계가 있다.
· 그 단계별 성장은 점진적이다. 하나님은 우리를 불러 성숙하게 자라가게 하신다.
· 성장하려면 노력해야 한다. 스스로 사고해야 한다.
· 하나님의 목적을 이루려면 그분의 방법과 원리를 알고 실천해야만 한다.

The
God-Shaped
Heart

04

영적 성장 장애

내가 어렸을 때에는 말하는 것이 어린 아이와 같고
깨닫는 것이 어린 아이와 같고
생각하는 것이 어린 아이와 같다가
장성한 사람이 되어서는 어린 아이의 일을 버렸노라.

— 바울, 고린도 교회에 보낸 편지

♥   당신은 이를 닦는가? 왜 닦는가? 정상적 발달의 한 예로 양치질을 생각해 보자. 그 일이 옳거나 그른 이유를 단계별로 각각 생각해 보자.

1단계 상벌   이를 닦지 않는 게 잘못인 이유는 부모가 화내며 아이를 벌하기 때문이다. 양치질이 옳은 이유는 아이가 칭찬받기 때문이다.

2단계 교환 가치   아이는 "잠잘 때 동화책을 읽어 주면 이를 닦을게요"라고 말하고, 부모는 "이를 닦으면 잠잘 때 동화책을 읽어 줄게"라고 말한다. 양치질하면 동화를 듣지만, 양치질을 하지 않으면 동화도 없다.

3단계 **사회적 동조** 이를 닦지 않는 게 잘못인 이유는 학교에서 놀림 받기 때문이다. 남에게 받아들여지려면 이를 닦는 게 옳다.

4단계 **법과 질서** 조건과 결과를 성문화한 가족 간의 행동 계약서가 있다. 이를 닦지 않으면 특권을 잃는다(예컨대 하루 동안 휴대전화를 쓸 수 없다). 양치질하면 특권이 유지된다.

5단계 **타인을 향한 사랑** 옳고 그름의 기준은 타인을 배려하는 마음에 있다. 성숙한 자녀는 치과에 다니며 치료비를 쓰는 게 부모에게 불편과 큰 경제적 부담을 끼치는 일임을 알기에 부모의 짐을 덜어 주려 한다. 그래서 양치질을 한다.

6단계 **순리에 따르는 삶** 에너지를 들이지 않으면 열역학 제2법칙대로 질서가 무너진다. 6단계의 사람은 이 법칙의 명칭은 모를지라도 그 순리를 안다. 그래서 설계된 삶의 이치에 조화되게 살고자 양치질을 한다.

7단계 **하나님 마음에 합한 사람** 이 단계의 사람은 타인을 사랑하고 열역학 법칙을 알 뿐 아니라 자신이 하나님의 형상대로 지어졌으며 몸이 성령의 성전임도 안다. 양치질하지 않으면 충치가 생기고 감염과 발병 위험이 커져 결국 자신의 삶을 향한 하나님의 목적을 이룰 역량이 떨어진다. 그래서 그는 선한 청지기로서 이를 닦는다. 건강을 지켜 하나님의 일에 최대한 유용해지고, 남에게 충실한 증인이 되고, 하나님과 동료 인간에게 사랑을 실천하기 위해서다.

보다시피 일곱 단계 모두 양치질을 하지만 그 **이유는** 시간이 가면서 달라진다. **믿을 수 있는 대상은 5단계 이상의 사람뿐이다.** 4단계 이하의 사람은 외부의 단속과 감시와 경고와 강제 시행이 있어야만 그 행동을 지속한다. 이런 규칙까지도 **실정법**으로 보는 그들은 더 고차원의 이유가 없다 보니 윗사람의 압력이 없으면 그 행동을 그만둔다. 그뿐 아니라 규칙을 어기는 이들을 잘 용납하지도 못한다. "나는 이를 닦아야 하는데 아무개는 닦지 않는 건 불공평하다." 이런 식으로 초점이 지극히 자기중심이다. 사고가 4단계 이하인 사람은 하나님의 **자연법**을 모른 채 규칙에만 치중하기 때문에 규칙 위반에 대해서는 어김없이 처벌을 주장한다. 실제로 "인과응보"로 인한 남의 고생이나 심지어 죽음을 보며 쾌감을 느끼는 사람도 많다.

4단계 이하에서 살아가는 사람에게는 하나님의 법이 아직 마음에 새겨지지 않고 성품 속에 녹아들지 않았다. 반면에 5단계 이상의 사람은 옳고 그름의 문제에서도 이기적 성향에서 이타적 성향으로 옮겨 갔다. 그들이 보는 옳고 그름은 더는 강제 시행에 동조해야 하는 규칙 목록이 아니라 스스로 원해서 삶의 기준으로 삼은 내적 가치와 행동 원리다. 규칙을 어기는 사람을 보면 그들은 상대를 향한 사랑으로 마음이 아프다. 위반자의 양심이 무디어지고 성품이 망가져 결국-그리스도께로 돌아와 치유되지 않는 한-영혼이 파멸할 것을 알기 때문이다.

자애로운 부모처럼 하나님도 발달 단계와 관계없이 모든 자녀에게

다가가신다. 사람을 각자의 눈높이에서 만나 주신다. 인류 역사 속에서 그분은 자녀의 수준에 맞는 어조로 말씀해 오셨다. 사랑의 부모라면 누구나 공감하듯이 그분도 오해의 소지를 무릅쓰고 다양한 발달 단계의 자녀에게 다가가셨다.

세발자전거와 자동차

당신이 현관에 앉아 있는데 세 살배기 딸이 세발자전거를 타고 도로의 마주 오는 트럭 쪽으로 쏜살같이 달려간다면 어떻게 하겠는가? 그냥 느긋하게 보고만 있겠는가? 큰길로 나가서는 안 된다는 규칙을 이미 주었고 순종을 바라고 있으니 그걸로 안심하겠는가? 아이가 깔깔대며 막무가내로 도로에 점점 다가가면 어떻게 하겠는가? 살살 가만가만 말하겠는가, 아니면 냅다 소리를 지르겠는가? 고무바퀴가 콘크리트 노면에 쓸리는 소리가 너무 커서 당신의 말이 아이에게 들리지 않는다면, 더 크게 외치지 않겠는가? 그날따라 딸의 독립심이 유난해서 시키는 대로 멈추지 않고 계속 전진한다면 그때는 어쩌겠는가? "거기 서지 않으면 맴매한다"라고 경고하지 않겠는가? 아이가 멈춘다면 매를 들겠는가? 멈추지 않고 가다가 트럭에 치인다면 불순종에 대한 "인과응보"로 체벌을 하겠는가?

옆집에 당신이 소리 질러 경고하는 말만 들리고 무슨 일인지는 보이지 않는다면 어떻게 하겠는가? 오해의 소지가 두려워 언성을 낮추겠는가?

큰길로 나가서는 안 된다고 애초에 아이에게 규칙을 정해 준 이유는 무엇인가? 윗자리에 군림하여 지배하고 통제하기 위해서인가? 아니면 아직 발달 단계가 낮아서 위험도 모르고 자신을 안전하게 지킬 수도 없는 사랑하는 딸을 보호하기 위해서인가?

딸이 불순종해 그대로 큰길로 나갔다가 트럭에 치여 작은 몸이 만신창이가 되도록 다친다면, 문제는 무엇인가? 아이가 규칙을 어긴 게 문제인가? 규칙을 어겼으니 응분의 벌을 받아야 하는가? 아니면 딸의 행동이 건강 법칙에 어긋나 인체의 스트레스 내성 한계를 벗어난 게 문제인가?

사춘기와 또래 집단

시간을 휙 건너뛰어 당신의 딸이 고등학교 1학년의 사춘기 아이라고 하자. 하나님을 믿지 않는 딸의 친구들이 딸에게 당신이 정해 놓은 규칙이 자의적인 구닥다리 구속이라고 말한다. 규칙을 어겨서 문제 될 거라곤 당신이 화내서 벌할 일밖에 없는데, 들키지만 않으면 벌 받을 일도 없을 테니 규칙을 어겨도 아무런 문제가 없다는 것이다. 아이의 발달 단계는 아직 4단계를 지나지 않았으므로 경고된 벌 외에는 순종해야 할 다른 이유가 없다. 그래서 친구들의 말을 듣고 당신 몰래 담배를 피운다. 대마초와 술에도 손대고, 비밀 파티도 즐기고, 혼전 성관계도 한다.

그때 딸의 그런 행동은 왜 잘못인가? 발각되면 응분의 벌을 피할 수 없을 테니 당신의 규칙을 어겼기 때문인가? 또는 하나님의 규칙을 어긴 게 문제인가? 하나님이 우리 죄를 다 아시고 정확히 목록을 적어 두었다가 어느 날 정의롭게 심판하실 거라서 그런가? 아니면 하나님이 설계하신 삶의 순리(하나님의 법)를 어긴 게 문제인가? 실제로 그런 행동은 아이에게 해를 끼친다. 딸은 몸의 건강만 해칠 뿐 아니라 성품이 망가지고 양심이 무디어지고 마음이 완고해져 하나님과 그분이 설계하신 사랑으로부터 점점 더 멀어진다. 성령의 감화를 듣고 반응하기도 힘들어진다.

당신이 세 살배기와 사춘기 아이에게 해 주는 말은 각각 다를까? 물론이다. 하지만 목표까지 다른가? 아이를 향한 사랑까지 다른가? 건강 법칙, 물리 법칙, 도덕 법칙 등 삶의 바탕이 되는 실재(reality)까지 나이별로 다른가? 그렇다면 무엇이 다른가? 아이에게 삶의 이치를 가르치는 접근 방식이 나이에 따라 달라진다. 성장 수준과 이해도와 깨닫는 능력이 다르기 때문이다.

성경에도 동일한 과정이 보이지 않는가? 하나님은 우리를 사랑하시는 아버지시고 우리 인간은 그분의 미성숙한 자녀다. 대가족에 자녀의 연령층이 아기부터 성인까지 다양할 수 있듯이 하나님의 자녀들도 도덕 발달의 전체 범주에 고루 퍼져 있다. 자애로운 부모가 유아와 초등학생과 고등학생과 성인 자녀에게 각기 다르게 말하듯이 하나님도 각 자녀의 상황에 꼭 맞는 언어로 말씀하신다.

아직 아기인 동생을 부모가 유아어로 어르고 달래면, 성인 자녀도 퇴행해 부모에게 아기처럼 말해야 하는가? 듣지 않으려는 반항적인 사춘기 동생에게 부모가 "하라면 해"라고 말하면, 성인 자녀는 부모가 동생에게 무지한 맹목적 순종만을 바란다고 결론지어야 하는가? 세발자전거를 타고 큰길로 내달리는 세 살배기에게 엄마가 소리쳐 경고하면, 성인 자녀도 엄마를 무서워하며 달아나 자신을 보호해야 하는가?

하나님과 반항적인 자녀

우리를 사랑하시는 하나님 아버지는 각자에게 꼭 필요한 내용을 사랑으로 말씀하신다. 장성해 실재를 아는 사람은 성인이다. 그들은 우리가 하나님의 설계에서 벗어나 죄와 허물로 죽은 불치의 상태임을 알고(엡 2:1), 하나님이 우리를 치유하고 회복하시려고 그리스도를 통해 일하고 계심도 안다.

시내산에서 하나님은 우르릉 쾅 우렛소리로 말씀하셨다. 자녀들이 가장 악하고 흉한 우상숭배와 쾌락주의와 이기심 쪽으로 치달았기 때문이다. 이 모두가 그들의 사고를 오염시키고, 양심을 무디어지게 하고, 마음을 완고하게 하고, 영혼을 멸할 위험 요소였다. 여기서 당신은 하나님의 사랑이 보이는가? 당신도 우레의 한복판에서 하나님의 친구라 불린 모세 곁에 서서 그들에게 두려워할 필요가 없다고 말할 수 있겠는가(출 20:20)? 수천 년이 지난 후 어떤 사람들이 그분의 무서운 경고만 읽고, 자녀를 보호하시려는 뜨거운 애정은 굳이 시간을 들여 알려고 하지 않을지도 모른다. 그러나 하나님은 그들이 어떻게 생각할지 개의치 않으셨다. 일단 자녀들을 구하셔야 했다! 그런데 도덕 발달이 1~4단계에 고착된 사람은 구약성경을 읽으며 오해할 수 있다.

다시 처음의 예화로 돌아가 당신의 딸이 동네에 새로 이사온 옆집 아이와 함께 세발자전거를 탄다고 하자. 둘 다 큰길로 내달리는데 맞은편에서 트럭이 오고 있다. 당신이 막지 않으면 충돌을 피할 수 없다. 그래서 당신은 보호하고 구하려는 절박한 심정으로 소리를 지른다. 사랑으로 으름장까지 놓는다. 다행히 둘 다 멈춘다. 그런데 딸이 옆집 아이에게 "우리 엄마야. 가서 만나 볼래?"라고 하자 그 아이는 즉시 "싫어, 너희 엄마 무서워"라고 말한다. 딸은 어리둥절한 표정으로 고개를 저으며 말한다. "우리 엄마 무서워하지 않아도 돼." 무엇이 다른가? 딸은 당신을 안다. 소리를 질렀어도 자기를 사랑함을 안다. 하지만 옆집 아이는 모른다. 그래서 이스라엘 백성이 시내산에서 떨 때도 모세는 떨지 않았다. 모세는 하나님을 정말 알았다.

사람들이 구약의 하나님을 문제시함은 다분히 그분을 제대로 모르는 이가 너무 많아서가 아닐까? 그분을 모르는 이유가 무엇일까? 하나님이 스스로 사고할 줄 모르는 미성숙한 자녀들만 상대하시는 게 아니라 또한 그분을 악착같이 잘못 대변해 우리 사고를 거짓으로 채우고 신뢰를 허무는 원수도 상대하시기 때문이다. 시저(Caesar)는 규칙과 처벌을 강요하는 독재자 황제인데, 하나님도 시저와 같다는 개념을 믿는 사람이 너무 많다. 그래서 그들은 두려움에서 사랑으로 옮겨가지 못한다.

많은 그리스도인이 유아와 아기로 남아 있음은 성장 **능력이 없어서가** 아니라 거짓된 신념이라는 걸림돌이 그들의 성장을 가로막기 때문이다. 그 신념에 속아 그들은 굳이 자신에게 있는 능력을 구사하지 않는다. 이런 영적 성장 장애를 치료하기가 그토록 힘든 이유는 배후 원

인—성숙을 가로막는 사고의 전염병—이 교회의 담론 속에 워낙 깊이 뿌리
내려 숨어 있기 때문이다. 인간면역결핍바이러스(HIV)가 체세포 속에
숨어 있듯이 이 사고의 전염병도 갖가지 교리 속에 숨어 있다. 게다가
영적 의사격인 일부 전문가들은 이 사고의 전염병이 아예 문제가 아
니라고 부인한다.

앞에 말한 예화 속의 사춘기 아이처럼, 죄란 단지 윗사람의 규칙을
어기는 문제일 뿐이라는 거짓을 받아들인 사람이 너무 많다. 그들은
하나님의 법이 **자연법**이며 죄인인 인간이 제정하는 **실정법**과는 다름
을 모른다. 그들은 모르지만, 하나님의 성문법과 규칙과 십계명은 미
성숙한 자아로부터 보호받아야 할 죄인들을 위해 사랑으로 도입되었
다. 그들이 불치의 상태임을 보여 주는 진단 도구인 셈이다. 그런데 십
계명도 인간이 만들어 내는 법—외부의 위협과 형벌로 시행되는 실정법—과
하등 다를 바 없다고 단정하는 사람이 너무 많다. 하나님은 자신의 자
녀가 장성하기를 원하신다. 장성한 사람은 1~4단계의 사고를 벗어나
실재의 이치를 제대로 안다.

아기 분유의 여섯 가지 성분

히브리서에 확언되어 있듯이 장성한 사람은 연단을 받아 선악을 분
별한다. 어떻게 연단을 받았을까? 단단한 음식을 계속 "사용함으로"
했다. 다시 말해서 그들은 사고력, 논리력, 이해력, 증거를 저울질하는
능력을 구사함으로 성장하고 성숙했다(히 5:14). 그렇다면 장성하지 못

하게 막는 요인은 무엇인가? 단단한 음식을 먹지 않고 계속 아기 분유를 고집하면 그렇게 된다.

본문의 예화에서 아기 분유에 해당하는 것은 무엇인가? 다시 말해서 성경에 따르면 아기들이 좋아하는 종교적 분유는 무엇인가?

> 그러므로 우리가 그리스도의 **도의 초보를** 버리고 죽은 행실을 회개함과 하나님께 대한 신앙과 세례 [의식]들과 안수와 죽은 자의 부활과 영원한 심판에 관한 교훈의 터를 다시 닦지 말고 완전한 [장성한] 데로 나아갈지니라(히 6:1~2).

여기 히브리서에 아기 분유의 성분이 여섯 가지로 열거되어 있다.

1 죽은 행실을 회개함

2 하나님께 대한 신앙

3 세례들

4 안수

5 죽은 자의 부활

6 영원한 심판에 관한 교훈

이 여섯 가지 도의 초보 중 첫째만 이번 장에서 살펴보고 나머지는 앞으로 차차 풀어낼 것이다.

죽은 행실을 회개함

아기 분유의 첫 성분은 하나님의 법을 설계 원리로 보지 않고 **실정법**–해야 할 일과 해서는 안 될 일, 십계명, 행실과 죄의 추적, 행위 종교 등–으로 보는 시각이다. 이는 하나님을 법과 벌 중심으로 보는 관점이다. 이런 접근법을 고수한 사람의 예로 역사가 유세비우스가 있다. 그는 하나님이 그분의 정부를 운영하시는 방식이나 타락한 인간이 세상 정부를 운영하는 방식이 똑같다고 보았다. 이는 1~4단계의 사고로 그 초점이 행동을 유발하는 심중의 동기에 있지 않고 행동 자체에 있다.

예수는 당대의 사람들에게 이런 식의 사고가 틀렸다고 가르치셨다. 다음은 마태복음 5장에서 예수가 그들에게 하신 말씀이다.

> 또 "간음하지[악한 행동] 말라" 하였다는 것을 너희가 들었으나 나는 너희에게 이르노니 음욕을 품고 여자를 보는 자마다 마음에 이미 간음하였느니라(27~28절).
> "살인하지[악한 행동] 말라. 누구든지 살인하면 심판을 받게 되리라" 하였다는 것을 너희가 들었으나 나는 너희에게 이르노니 형제에게 노하는 자마다 심판을 받게 되고(21~22절).

그들은 행위와 행동과 행실에 초점을 맞추었으나 예수는 행위를 낳는 마음 상태를 지적하신다. 미성숙한 사람은 행실에 치중할 뿐 마음의 치유를 구하지 않는다.

내 친구 타이 깁슨(Ty Gibson)은 율법에 기초한 관계의 문제점을 다음과 같은 이야기로 아름답게 예시했다.

　린다(Linda)는 특별한 사람과 결혼해 평생을 함께하고픈 마음이 간절했으나 후보자가 별로 눈에 띄지 않았다. 그러던 어느 날 드디어 천생연분을 만났다. 그 남자는 린다에게 아주 완벽히 잘해 주었다. 문도 열어 주고, 걸을 때 손도 잡아 주고, 앉을 때 의자도 빼 주었다. 몇 달간의 연애 끝에 허먼(Herman)은 청혼했고 린다도 즉시 승낙했다. 그렇게 둘은 결혼했다.

　허먼은 린다를 데리고 아주 멋진 곳으로 신혼여행을 갔다. 환상적인 시간을 보냈으나 신혼여행은 순식간에 지나갔다. 집에 돌아온 첫날 아침, 린다는 환한 불빛 때문에 새벽 5시에 깼다. 눈을 떠 보니 남편이 서 있다가 이렇게 말했다. "기상 시간입니다. 신혼여행은 끝났어요. 현실의 삶을 맞이해야지요."

　남편의 손에 들려 있는 종이가 눈에 들어왔다. 그가 내놓은 목록은 앞으로 수없이 되풀이될 똑같은 일의 신호탄이었다. 거기에 린다가 해야 할 일이 2주 단위로 아주 자세히도 적혀 있었다.

3월 1~14일

AM 5:30 일어나 샤워한다.

　6:00 아침 식사를 준비한다. 첨부된 메뉴를 참조할 것.

　6:15 사랑하는 남편을 부드러운 키스로 깨우고 미리 욕조 물을 켜 놓는다.

　6:45 아침을 차린다(자몽을 잊지 말 것).

　7:15 남편이 양치질하는 동안 설거지를 시작한다.

7:25 적절한 겉옷을 들고(반드시 날씨를 확인할 것) 문간에서 사랑스러운 남편을 배웅한다. 미소와 키스로 작별한다.

7:30 설거지를 마저 끝낸다.

8:00 자유 시간.

8:15 집 안 청소. 첨부된 세제 목록과 자세한 설명을 참조할 것.

> 월요일: 북쪽 방들
>
> 화요일: 동쪽 방들
>
> 수요일: 남쪽 방들
>
> 목요일: 서쪽 방들
>
> 금요일: 차고

11:00 가계부 정리

12:00 점심 식사. 무엇이든 마음대로 먹되 표시된 항목만은 제외. 목록을 확인할 것.

12:30 잡다한 일

> 월요일: 차 정비와 세차
>
> 화요일: 세탁과 은행 일
>
> 수요일: 장보기
>
> 목요일: 창문 닦기
>
> 금요일: 마당일

PM 3:30 저녁 준비. 첨부된 메뉴를 참조할 것.

4:30 문간에서 키스로 남편을 맞이하고 겉옷을 받아 건다.

5:00 저녁을 차린다.

5:45 설거지.

6:15 자유 시간. 목록의 제안을 참조할 것.

6:45 사랑스러운 남편의 목욕물을 받는다.

7:00 다음날 입을 옷을 다림질한다.

7:45 욕조에서 나오는 남편에게 수건을 건넨다.

8:00 꿈에 그리던 남자의 목과 등을 안마해 준다.

9:00 불을 끈다. 잘 자요, 여보.

어김없이 2주마다 린다에게 약간씩 다른 내용의 목록이 새로 주어졌다. 지루한 세월이 흘러 결혼 10년 만에 사랑스러운 남편이 원인 불명으로 돌연사했다. 린다의 입에서 하나님을 찬송하는 소리부터 터져 나왔다. 기뻐해야 할지 슬퍼해야 할지 몰랐다.

린다는 절대로 재혼하지 않기로 맹세했으나 혼자 지낸 지 3년 만에 마이클(Michael)이란 남자를 만났다. 그도 허먼과 비슷한 데가 있었다. 숙녀가 들어갈 때 문을 열어 주었다. 예의 바르고 정중했다. 앉을 때 린다에게 의자를 빼 주고 즐겁게 손도 잡아 주었다. 그녀는 계속 속으로 "안 돼, 안 돼, 안 돼"를 되뇌었으나 어느 날 불쑥 청혼해 온 마이클에게 승낙하고 말았다.

신혼여행은 아주 좋았다. 집에 돌아온 첫날 그녀는 깜짝 놀라 5시 반에 깼다. 마이클이 손에 종이를 들고 침대 맡에 서 있었다. 린다는 얼른 일어나 무술 동작을 취하며 "안 돼"라고 외친 뒤 종이를 확 빼앗아 반으로 짝 찢어 버렸다.

마이클은 슬프고 당황한 표정으로 말했다. "린다, 그건 지난밤 당신이 잠든 뒤에 내가 쓴 시였어요."

그 말을 듣고 나니 그녀는 자신이 보였던 반응이 부끄러워졌다. 찢어진 종이를 주워 남편의 아름다운 애정 표현을 읽노라니 마음이 무너져 내렸다. 읽는 동안 마이클은 아침 식사를 차려 침대로 대령했다. 목록 같은 건 없었다. 이 멋진 남자와 결혼한 지도 10년이 흘렀다. 어느 봄날 린다가 다락방을 청소하던 중에 오래된 신발 상자가 나왔는데, 그 속에 지독한 허먼한테서 받았던 목록이 가득 들어 있었다.

그 중 하나를 꺼내 읽어 보았다. 문득 아주 신기한 깨달음이 찾아왔다. 린다는 나직이 이렇게 중얼거렸다. "와, 다 내가 마이클에게 해 주고 있는 일이잖아. 그런데 한 번도 그렇게 생각된 적이 없거든."

4단계─법과 질서─의 신을 섬기면 사랑은 질식하고 만다. 규칙을 지킬지는 모르나 결코 예수를 닮은 모습으로 변화되지 않는다.

죄를 법률상의 문제, 즉 나쁜 행실의 문제로 본다면, 이는 폐렴에 걸렸을 때 그 증상인 발열과 기침과 오한을 실제 문제로 단정하는 일과 같다. 그렇게 미숙하게 접근하면 해열제와 기침약과 담요로 증상만 없애려 할 수 있다. 하지만 정작 치료해야 할 배후 원인을 근절하지 않으면 병이 악화될 뿐이다. 여태 기독교의 가르침이 해 온 일이 다분히 그렇다. 심층 문제의 치료를 등한시한 채 증상만 다루려 한 것이다!

발열과 기침과 오한이 있을 때는 의당 그런 증상을 무시해서는 안 된다. 사람들이 이런 증상을 정상이 아니라 문제의 신호라고 배운 건 좋은 일이다. 뭔가 잘못되었음을 알기에 의사를 찾아가는 것이다. 그러면 의사는 증상을 넘어 배후 원인을 치료할 방책을 처방한다.

그래서 하나님은 성문법을 주셨다. 자신의 자녀들을 진단해 더 심한 병으로부터 보호하시기 위해서다. 아울러 그분은 우리를 치료하실 방책도 그리스도를 통해 마련하셨다. 바울은 바로 이 점을 디모데에게 이렇게 가르쳤다. "율법은 사람이 그것을 적법하게만 쓰면 선한 것임을 우리는 아노라. 알 것은 이것이니 율법은 **옳은 사람을 위하여 세운 것이 아니요 오직 불법한 자와 복종하지 아니하는 자와 경건하지 아니한 자와 죄인[을] … 위함이니**"(딤전 1:8~10).

시내산에서 하나님은 십계명을 법으로 주셨다. 왜 주셨을까? 그분의 자녀들이 아주 미성숙하고 통제 불능이어서 그들을 진단할 도구이자 보호할 울타리로 그 율법이 필요했기 때문이다.

> 율법으로는 죄를 깨달음이니라(롬 3:20).
>
> 율법으로 말미암지 않고는 내가 죄를 알지 못하였으니 곧 율법이 "탐내지 말라" 하지 아니하였더라면 내가 탐심을 알지 못하였으리라 (롬 7:7).

아이들은 실재를 잘 모르므로 누가 가르쳐 주어야 한다. 마찬가지로 이 땅의 우리 죄인들도 누가 일러 주지 않으면 실재를 깨달을 수 없다. 하나님이 설계하신 본연의 삶, 죄로 병든 자신의 실상 등을 알 수 없다. 하나님이 4단계 이하의 사람들에게 주신 성문법은 우리라는 존재가 불치의 상태임을 보여 주는 도구다. 덕분에 우리는 설계자에게 돌아가 치유와 사랑을 받아야 함을 깨달을 수 있다. 우리가 성숙하여 하나님이 설계하신 사랑의 법이 다시 우리 마음에 기록되면(히 8:10), 그때는 성문법의 진단 기능이 더는 필요 없어진다. 그래도 성문법은 진단 이상의 역할을 한다. 하나님이 우리를 그분의 원안대로 회복하시는 일을 마치시는 동안, 율법은 우리를 보호하며 "큰길가로 나가 놀지 말라"는 울타리가 되어 준다. 원안대로 회복된 사람은 그분과 그분의 사랑의 법에 온전히 일치하게 살아간다.

그러면 율법이 하나님의 약속들과 반대되는 것이냐. 결코 그럴 수 없느니라. 만일 능히 살게 하는[죄로 병든 상태를 치료하는] 율법을 주셨더라면 의[하나님의 설계대로 회복된 상태]가 반드시 율법으로 말미암았으리라. 그러나 성경이 모든 것을 죄 아래에 가두었으니 이는 예수 그리스도를 믿음으로 말미암는 약속을 믿는 자들에게 주려 함이라. 믿음이 오기 전에 우리는 율법 아래에 매인 바 되고 계시될 믿음의 때까지 갇혔느니라. 이같이 율법이 우리를 그리스도께로 인도하는 초등교사가 되어 우리로 하여금 믿음으로 말미암아 의롭다 함을 얻게 하려 함이라. 믿음이 온 후로는 우리가 초등교사 아래에 있지 아니하도다(갈 3:21~25).

다음은 갈라디아서 3장 21~25절을 내가 풀어쓴 표현이다.

그러면 성문법이 어떤 식으로든 하나님의 약속들과 반대되는가? 천만의 말이다! 성문법은 단지 우리의 병을 진단해 치유의 하나님께로 이끄는 도구였다. 성문법으로 용케 이기심의 병이 치료되고 삶이 나아질 수 있다면 율법을 주셨을 때 당연히 치유도 따라왔을 것이다. 그러나 성경에 분명히 나와 있듯이 온 인류는 이기심으로 병들어 불치의 상태에 갇혀 있다. 우리에게 약속된 유일한 치료책인 예수 그리스도를 경험하려면 신뢰로만 가능하다. 그분은 이 불치의 상태를 고칠 치료법으로 인류에게 주어졌다. 그리스도께서 오시기 전에는 성문법이 우리를 격리해 집요한 자멸을 막아 주었다. 그분이 유일한 참 치료책을 확보하실 때까지 말이다. 이렇듯 성문법은 우리를 보호해 위대한 의사이신 그리스도께로 인도하는 안전장치로 주어졌다. 덕분에 우리는 그리스도를 신뢰하고 그분께 참여함으로써 다시 하나님과 연합할 수 있다. 이제 하나님을 향한 신뢰가 회복되었고 우리 마음과 사고와 성품이 바로잡혀 그분의 방법을 실천하므로 더는 율법이 우리의 상태를 진단하거나 하나님께로 이끌어 줄 필요가 없다.[1]

4단계 이하에서 살아가는 사람들은 하나님이 주신 십계명의 법을 통 깨닫지 못한다. 그분이 설계하신 사랑의 법은 그전에도 늘 존재했다. 그 사랑의 법을 죄인인 인간을 위해 나중에 특별히 성문화하셨을 뿐이다. 이런 개념이 율법을 욕되게 한다며 항변하는 이들도 있으나 일례로 뉴턴(Newton)의 3대 운동 법칙을 생각해 보라.

> **제1법칙** 외부에서 힘을 가하지 않는 한 정지된 물체는 계속 정지해 있고 이동 중인 물체는 계속 같은 속도로 움직인다.
>
> **제2법칙** 외부에서 가하는 힘의 총합(F)은 물체의 질량(m)에 가속도 벡터(a)를 곱한 값과 같다. $F=ma$.
>
> **제3법칙** 이 물체가 저 물체에 힘을 가하면 동시에 저 물체도 똑같은 크기의 힘을 이 물체에 반대 방향으로 가한다.

이제 뉴턴의 법칙에 대해 다음 질문에 답해 보라.

- 이 법칙들은 사실인가?
- 우리 삶에 그대로 적용되는가?
- 만인에게 적용되는가, 아니면 이 내용을 듣고 믿는 이들에게만 적용되는가?
- 이 법칙들은 우리가 지켜야 하는 규칙인가, 아니면 실재가 어떻게 작동하도록 설계되어 있는지를 기술한 말인가?
- 언제부터 효력이 발생했는가?
- 뉴턴이 이렇게 정리하지 않았다면 이 법칙들은 존재하지 않으며 따라서 효력이 발생하지 않는가?
- 교회의 담당 위원회에서 제1법칙의 문구를 "본 위원회의 허락이 없는 한 정지된 물체는 움직일 수 없다"로 바꾼다면 뭔가 달라지는가?
- 다시 말해서 인간이 이 법칙들을 고칠 수 있는가?
- 이 법칙들은 **실정법**인가 **자연법**인가?

운동 법칙은 뉴턴이 제정하거나 시행한 게 아니다. 이 법칙들은 하나님이 우주를 창조하시던 순간부터 이미 시행 중이었으며 뉴턴은 이를 기술했을 뿐이다.

십계명도 그와 같다. 뉴턴의 법칙이 운동 법칙을 **제정한** 게 아니라 **기술했을** 뿐이듯이 십계명도 하나님의 법을 제정한 게 아니라 **기술했을** 뿐이다. 하나님이 설계하신 법은 십계명이 기록되기 전에도 이미 시행 중이었다. 그런데 인간은 죄로 생각이 어두워져 하나님이 설계하신 사랑을 이해하지 못했다. 그래서 타락한 인류에게 필요한 대로 그분이 특별히 축약판 법을 주셨다. 바울도 로마서 5장에 이 점을 확언하면서 아담으로부터 모세까지 율법이 주어지기 **전에도** 사망이 지배했다고 지적했다. 특정한 명령을 어기지 않은 이들에게도 말이다. 사망이 지배한 이유는 아직 주어지지도 않은 법을 어겼다는 법률상의 문제 때문이 아니라 인류의 상태가 이미 실제로 변하여 하나님의 설계에서 벗어나 있었기 때문이다.

천사와 율법

반항한 천사들을 생각해 보면 그 점이 더 확증된다. 하늘의 그 천사들은 죄를 지었는가? 그렇다. 이는 그들이 하나님의 영원한 법을 어겼다는 뜻이다. 하지만 죄가 삼사 대까지 이른다는 법이나 부모를 공경하고 간음하지 말아야 한다는 법이 그들에게 있었던가? 안식일 계명은 또 어떤가? 안식일의 주기가 어떻게 정해지는지 생각해 보라. 태양과 관계된 지구의 자전을 통해 정해지는데 태양은 창조 주간의 나흘째까지 존재하지도 않았다. 하지만 천사들은 그보다 오래전부터 이미 존재했다(욥 38:7).

하늘의 천사들에게는 십계명 사본이 없었다. 하지만 그들도 하나님의 설계 요건인 사랑의 법에 구속(拘束)되기는 마찬가지다. 그분이 지으신 대로 모든 실재는 그 법대로 작용한다! 오늘날 이 땅의 문제는 거의 온 세상이 다음과 같은 거짓을 받아들였다는 데 있다. 즉 하나님의 법은 실정법 목록에 불과하며, 그 작용 원리도 피조물이 제정하는 법과 다를 바 없다는 거짓이다. 모든 실재의 근간인 영원한 사랑의 법을 단지 성문화한–글로 표현한–게 십계명인데, 이를 모르는 사람이 너무 많다. 그들은 하나님이 우주를 통치하시는 방식이 인간 독재자가 나라를 통치하는 방식과 같다고 본다. 이제 우리는 실재–하나님의 설계–로 돌아가 십계명의 참 목적을 깨달아야 한다.

> 이제 우리는 십계명이 의술용 진단 도구와 같아서 감염을 파악하고 질병을 밝혀냄을 안다. 하나님을 향한 불신에 감염되고 이기심에 차서 죄로 죽어가는 모든 사람을 십계명이 정확히 진단한다. 이는 죄가 없다거나 이기적이지 않다고 주장하는 모든 사람의 입을 막고, 하나님의 치유 해법이 필요함을 온 세상에 깨우치려 함이다. 그러므로 일련의 규칙을 지켜서는 아무도 하나님과의 관계가 건강하고 성품이 그리스도를 닮았다고 인정받을 수 없다. 오히려 십계명을 통해 우리 마음이 병든 상태임을 깨닫는다.[2]

하나님이 자애로운 부모처럼 규칙, 곧 성문법을 주심은 세상의 자기 자녀들을 보호하시기 위함이었다. 그분이 설계하신 법을 모르면 "큰길가에서 노닥거리다가" 해를 자초할 위험이 있었기 때문이다. 그런데 이제 예수께서 오셨다. 그분은 하나님의 성품의 참모습을 보여 주셨고, 인간으로서 온전히 하나님의 사랑의 법대로 사셨다. 죄로 병든 우리를 치료하실 방책도 마련하셨다. 그분을 믿으면 우리도 그분의 승리에 동참해 "이제는 내가 사는 것이 아니요 오직 내 안에 그리스도께서 사시는"(갈 2:20) 상태가 될 수 있다. 새로운 마음과 바른 영을 받을 수 있다(시 51:10). 굳은 마음이 부드러운 마음으로 바뀔 수 있다 (겔 36:26). 법이 우리 마음에 기록될 수 있다(히 8:10). 다시 말해서 우리는 하나님이 설계하신 마음을 지닐 수 있다. 그 마음은 하나님과 조화를 이루며 그분처럼 사랑한다! 이기심과 두려움은 도려내지고(롬 2:29) 마음속에 사랑이 회복될 수 있다. 그리스도의 사고를 품고(고전 2:16) 하나님의 아들딸로서 장성한 분량에까지 자랄 수 있다(엡 4:13). 하나님은 우리가 장성하고 성숙하여 젖을 떼고 진리의 살점을 소화하기 원하신다. 그리하여 하나님의 마음을 아는 그분의 친구가 되기를 원하신다(요 15:15)!

· 4단계 이하에서 살아가는 사람에게는 하나님의 법이 아직 마음에 새겨지지 않고 성품 속에 녹아들지 않았다. 반면에 5단계 이상의 사람은 옳고 그름의 문제에서도 이기적 성향에서 이타적 성향으로 옮겨갔다.

· 하나님은 우리를 사랑하시는 아버지시고 우리 인간은 그분의 미성숙한 자녀다. 대가족에 자녀의 연령층이 아기부터 성인까지 다양할 수 있듯이 하나님의 자녀들도 도덕 발달의 전체 범주에 고루 퍼져 있다. 자애로운 부모가 유아와 초등학생과 고등학생과 성인 자녀에게 각기 다르게 말하듯이 하나님도 각 자녀의 상황에 꼭 맞는 언어로 말씀하신다.

· 이런 영적 "성장 장애"를 치료하기가 그토록 힘든 이유는 배후 원인–성숙을 가로막는 사고의 전염병–이 교회의 담론 속에 워낙 깊이 뿌리내려 숨어 있기 때문이다. 일부 영적 의사(성직자)들은 이 사고의 전염병이 아예 존재하지 않는다고 부인한다.

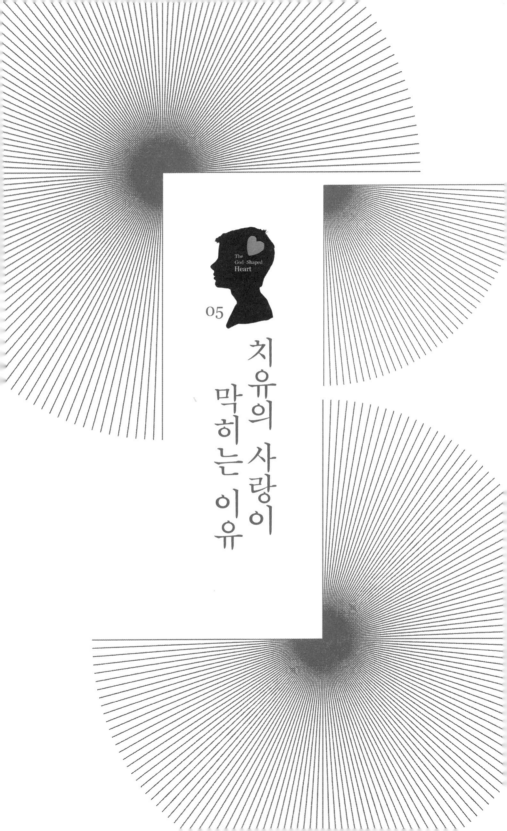

The
God-Shaped
Heart

05

치유의 사랑이
막히는 이유

문제를 인식하기는 쉬워도
원인을 정확히 진단하기는 어렵다.
유효한 해결책을 내놓기란 훨씬 더 어렵다.
—티머시 R. 제닝스

♥   몇 년 전에 내가 받은 이메일에 어느 기독교 토크쇼의 링크가 걸려 있었다. 천주교 신부와 개신교 신학자가 성찬식과 화체설에 관해 토론하는 내용이었다. 몇 차례 공방이 오가다가 개신교 측에서 이런 주장을 피력했다. 성경은 예수의 죽음이 단번이라고 가르치는데 화체설은 그리스도를 자꾸 제물로 삼는다는 것이다.

이에 천주교 신부는 이렇게 답변했다.

> 모든 희생 제사에는 두 가지 요소가 있습니다. 하나는 제물을 죽이는 일이고 또 하나는 바치는 일이지요. 전자는 피 흘리는 죽음입니다. 어린 양이 도살됩니다. 여기서 중요한 점은 양의 피에 있는 소중한 생명

이 하나님께 죗값으로 치러진다는 사실입니다. 구약의 의식은 바로 그런 거였습니다. 제물을 죽이는 일이야 단번으로 끝났지만 바치는 일은 그리스도께서 영원토록 하십니다. 지금 그분은 아버지 앞의 지성소에 영원히 임재하시며 아버지께 자신을 바쳐 우리 죄를 용서하십니다. … 그리스도는 자꾸 죽임을 당하시는 게 아니라 친히 자신을 바치심과 똑같이 영원한 임재 속에서 [성찬식을 통해] 바쳐지시는 겁니다.

이렇게 그분이 매번 제물로 **바쳐짐으로써** 죗값이 치러진다는 말이다. 따라서 우리는 죄를 지었을 때마다 미사에 참석해야 하며, 그러면 제물이신 그리스도께서 아버지께 그 죗값을 치러 주신다.

그러자 개신교 신학자가 뭐라고 말했을 것 같은가? 그는 천국에 계신 예수가 아버지께 자신을 자꾸 제물로 드리시는 게 아니라 매번 자신의 **공로를** 바치시는 거라고 적극적으로 강변했다! 자신이 우리 죗값을 이미 치르셨음을 아버지께 그렇게 상기시켜 드린다는 것이다.[1]

그런 개신교 관점에 따르면, 인간의 모든 죄는 십자가의 그리스도께 전가되어 거기서 죗값이 치러졌다. 우리가 기도로 용서를 구하면 예수는 아버지께 가서 자신이 이미 죗값을 치르셨음을 상기시켜 드린다. 자신의 "공로"를 우리 각자의 계좌에 **법적으로 이체하여** 아버지께 지불금을 바치시는 것이다.

여기 실정법 개념의 고질병이 보이는가? 이들은 둘 다 예수의 승리를 통해 하나님과 조화되게 살기를 갈망하는 진실한 사람인데, 예수가 **우리 죗값을 치르시려고** 아버지께 자신을 **제물로** 바치시는 건지 아니면 자신의 **공로를** 바치시는 건지를 두고 변론하고 있다. 둘 다 자신이 독재자 신을 섬기고 있다는 사실을 까맣게 모른 채로 말이다. 그 신은 모종의 지불금을 받아야만 벌하지 않는 신이다. 이들은 왜 하나님께 지불금이 필요하다고 생각할까? 둘 다 하나님의 법이 인간의 **실정법** 처럼 작용하기에 그분이 벌하셔야만 정의가 이루어진다는 개념을 받아들였기 때문이다. 이런 개념의 바탕에는 우리가 하나님으로부터 보호받아야 한다는 사상이 깔려 있다. 그래서 하나님을 신뢰하기가 힘들어진다. 마음과 사고가 하나님과 화목해져야 할 그리스도인이 오히려 그분과 분리된다. 그분을 무서워하고 불신하게 만드는 여러 신념 때문이다.

앞서 우리는 도덕적 결정의 7단계를 양치질과 관련해 살펴보았다. 일곱 단계 모두 이를 닦지만 1~4단계와 5~7단계를 가르는 선이 있었다. 4단계 이하는 초점이 자아에 있고 동기는 두려움이다. 벌 받고 거부당하고 혼날 것에 대한 두려움이다. 1~4단계는 옳고 그름을 이해하는 기준이 자기중심이다. 반면에 5단계 이상은 두려움과 자기방어에서 벗어나 타인을 향한 사랑, 고차원의 목적을 위한 삶으로 옮겨 간다. 바로 이게 성숙하게 장성해 가는 과정이다. 하나님도 우리 안에 바로 그 모습을 이루시고자 일하신다.

역시 앞서 보았듯이 그리스도인의 성숙을 막아 온 사고의 전염병은 다음과 같은 거짓 신념이다. 즉 하나님의 법도 죄인인 인간이 제정하는 법과 사실상 다를 바 없이 형벌을 위협해 강제로 시행하는 **실정법** 이라는 것이다.

도덕 발달의 7단계를 이 두 법(삶의 설계 원리인 **하나님의 법** 대 **실정법**)

의 렌즈로 보면 미성숙한 사람과 성숙한 사람의 구분선이 보인다. 4단계 이하는 **실정법**에 기초해 있으며 이때의 형벌은 외부에서 가해진다. 5단계 이상은 **자연법**에 기초해 있으며 이때의 형벌은 삶의 순리를 벗어난 데 대한 필연적 결과다.

4단계 이하에서 살아가는 사람은 하나님이 활용하시는 성문법을 오해할 때가 너무 많다. 자녀가 장성할 때까지 사랑의 부모가 규칙을 정해 자녀를 보호하듯이 하나님도 성문법을 진단 도구이자 보호용 울타리로 더하셨건만, 그들은 이를 통 깨닫지 못한다.

사람이 장성하지 못하면 어떻게 될까? 규칙에만 집착하고 그 배후의 실재를 깨닫지 못하면 어떻게 될까? 하나님의 법도 인간이 만드는 법과 똑같이 작용한다는 개념을 받아들이면 어떤 결과가 나타날까?

하나님의 법을 실정법으로 이해하면 다음과 같은 교리를 초래한다.

- 하나님의 법(이 경우 **실정법**)을 어기면 그분이 공정한 형벌을 가하셔야 하며 그 형벌은 곧 사형이다.
- 정의란 불순종한 사람에게 형벌을 가하는 일이다.
- 고난과 죽음이 가해지는 원인은 죄가 아니라 하나님이다.
- 하나님의 노여움과 진노와 그분이 가하시는 형벌을 면하려면 그분을 달래고 진정시켜야 한다.
- 예수는 피해자 하나님께 우리의 법적 벌금을 치르려고 죽으셨다.
- 하나님은 예수를 십자가에 처형하셨다.
- 하나님은 우주적 사형 집행자로서, 그분께 바쳐진 예수의 법적 지불금을 받아들이지 않는 모든 사람을 어느 날 다 죽이실 것이다.

- 죄인은 다름 아닌 하나님으로부터 보호받아야 한다.
- 이렇듯 성경이 왜곡되어, 우리를 하나님과 화목하게 하는 게 아니라 오히려 그분으로부터 보호하고 숨기기 위한 교리들이 생겨난다.

　기독교를 병들게 한 실정법 개념은 거의 모든 가르침 속에 배어들어 교묘히 영향력을 행사한다. 그리하여 마음을 두려움에 찌들게 하고, 하나님을 신뢰하지 못하게 하고, 선량한 사람을 두려움과 중독과 폭력의 악순환에 가둔다. 율법적 종교에 갇혀 살아가는 사람은 나쁜 행실을 법적으로 회계(會計)하고, 천국 법정에서의 법적 신분을 조정하고, 전과 기록을 지울 법적 허가증을 얻어내는 등에 급급하다. 이런 법 개념은 경건의 모양을 낳을 뿐 실제로 삶을 변화시키고 사고를 치유하고 성품을 재창조하여 예수를 닮게 하는 능력은 없다. 이런 사고 방식에 이끌려 종교인이 끔찍한 행동을 저지른다.
　그 생생한 사례가 2015년 10월 14일 미국 CBS 뉴스에서 "교회 '상담 시간'에 아들을 때려죽인 부모"라는 충격적 헤드라인 뉴스로 전해졌다.[2]
　여러 언론 매체에 다루어진 이 기사가 〈내셔널 포스트〉에는 이렇게 보도되었다.

　　수요일 경찰의 발표에 따르면 형제간인 두 십대 아이가 교회에서 잔인하게 구타당해 그중 하나는 목숨을 잃었다. 죄를 자백하고 용서를 구하라고 부모와 누이와 교인들이 둘에게 강요하던 과정에서 벌어진 일이다. … 영적 상태를 살펴보던 "상담 시간"이 폭력화되면서 각각 19세와 17세인 루커스와 크리스토퍼 레너드(Lucas & Christopher Leonard)가 생명의말씀교회에서 일요일에 주먹세례를 당했다고 인세러(Inserra)는 말했다. 구타당한 부위는 복부와 성기와 등과 허벅지라고 당국은 밝혔다.

루커스는 사망했고 동생은 병원에 입원했으나 중태다. 부모와 누이를 포함해 교인 여섯 명이 체포되었다.[3]

어떻게 이런 일이 벌어질 수 있을까? 죄는 반드시 처벌되어야 한다는 거짓 신념과 실정법 개념 때문이다. 그러나 하나님의 방법은 진리와 사랑이다. 진리는 우리를 자유롭게 하고 사랑은 우리를 치유하여 변화시킨다!

극명한 대조

자연법과 실정법은 아래와 같이 극명한 대조를 이룬다.

자연법-사랑의 법 (5~7단계)	실정법-세상 나라 (1~4단계)
위반은 삶과 양립할 수 없다.	위반은 삶과 양립할 수 있다.
위반하면 설계자께서 치유하고 고치고 회복시켜 주셔야 한다. 그렇지 않으면 죽음이 뒤따른다 (요 3:17).	위반하면 통치권자가 사형에 처해야 한다. 그렇지 않으면 처벌 없는 반항이 뒤따른다.

그리스도의 사명: 죄성과 사탄을 멸하고 인류를 회복하시는 일이다(히 2:14, 딤후 1:10, 요일 3:8).	그리스도의 사명: 하나님께 법적 벌금을 치러 그분을 진정시키고 노여움을 달래 드리는 일이다.
문제는 인류의 죄다.	문제는 하나님의 진노다.
해법은 인류의 마음이 변화되는 데 있다.	해법은 하나님의 마음이 변화되는 데 있다.
권력은 치유와 복과 힘과 회복을 주시는 데 쓰인다. 통치자 하나님이 자신을 **내주어** 신민을 이롭게 하신다(요 3:16, 13장).	권력은 지배와 통제와 강요에 쓰인다. 통치권자가 신민에게서 **빼앗아**(세금, 군역 등) 국가를 유지한다.
사랑으로 진리를 제시하며, 동의하지 않는 이들에게는 간섭하지 않는다(롬 14:5).	동의하지 않는 이들을 고문하고 투옥하고 처형한다(예: 중세 암흑기).
원수를 사랑한다.	원수를 죽인다(예: 십자군 운동).
사랑으로 충절을 얻어낸다.	위협으로 복종을 요구한다.

당신이 알고 있는 기독교는 둘 중 어느 쪽에 더 잘 요약되어 있는 가? 베일러대학교에서 실시한 미국인의 하나님관에 대한 조사에 따르 면, 안타깝게도 하나님을 독재자처럼 권위주의적인 존재로 보는 관점 이 주를 이룬다. 그분을 사랑의 하나님으로 보는 사람은 넷 중 하나도 안 된다.[4]

르완다의 예

이런 왜곡된 하나님관은 미국에만 국한된 게 아니다. 하나님의 사 랑의 법을 거부한 채 권위주의적인 독재자—규칙을 시행해 위반자를 처벌하는—개념을 견지하면 파멸의 결과가 뒤따르는데, 1994년 르완다에서 그게 생생히 입증되었다.

4개월 만에 백만 명 이상이 살상되었는데 그 장소가 주로 교회였다! 당시 르완다는 인구의 56%가 천주교, 26%가 각종 개신교단으로 압도적인 기독교 국가였다. 그 절망적인 시기에 피난민들은 교회로 피신했다. 그러면 교회 지도자는 도피 중인 이재민을 건물 안에 들인 뒤 민병대에 알렸고, 민병대가 교회에 들어와 그 숨어 있는 이들을 살육했다. 성직자가 자기 교인을 죽였고 교인이 자기 성직자를 죽였다. 대량학살이 끝난 뒤 교회와 교단을 불문하고 많은 목사와 신부와 수녀와 장로와 집사와 교인이 재판에서 전범으로 유죄판결을 받았다. 티머시 롱맨 (Timothy Longman)은 이 전쟁의 참상을 고증한 책에 이렇게 썼다.

> 자기 행동이 소속 교회의 가르침에 부합한다고 믿었기에 일부 종파의 암살단은 죽이러 나가기 전에 미사를 드렸다. … 사람들은 날마다 미사에 와서 기도한 뒤 출동해 살해했다. 민병대원이 광란의 살육을 잠시 멈추고 보란 듯이 제단에 무릎 꿇어 기도하는 경우도 있었다.[5]

연구진이 왜 어떤 사람은 살상에 가담했고 어떤 사람은 피난민을 보호했는지 조사해 본 결과, 그 요인은 하나로 귀결되었다. **교단과 상관없이** 하나님을 권위주의적인 존재로 생각한 부류는 살상에 가담했고, 사랑의 하나님으로 생각한 부류는 피난민을 보호했다.

다시 말해서 **교단과 상관없이** 사랑의 하나님을 예배한 사람은 피난민을 보호했고 하나님을 독재자로 본 사람은 살상에 가담했다. 예배를 무슨 요일에 드리는지, 세례를 어떤 식으로 베푸는지, 죄를 사제에게 고해하는지 아니면 하나님께 직접 자백하는지, 성찬식을 어떻게 하는지 등은 중요하지 않았다. 중요한 건 하나님을 사랑이신 분이자 설계자로 보는지 아닌지였다. 그들의 예배 대상이 규칙을 정해 놓고 시행하면서 형벌을 가하는 독재자인지 아닌지였다!

실정법 개념인 4단계 이하에서 살아가면 우리는 규칙 준수에 사활을 건다. 바른 교리와 바른 정의(定義)와 바른 신념에만 신경 쓸 뿐, 다르게 믿는 사람을 여간해서 용납하지 못한다. 결과는 분열이다. 온 인류는 하나의 종(種)이며, 모두 에덴동산에 창조된 한 부부의 후손이다. 다 똑같이 죄로 병들어 있어 다 똑같은 치료법인 예수 그리스도의 구원이 필요하다. 이런 시각이 없으면 우리는 인종, 성별, 종교, 국적, 교리 등에 따라 온갖 파당으로 분열된다.

사랑은 연합을 이룬다

오직 사랑만이 연합을 이루고, 규칙을 뛰어넘고, 자의적 법을 초월하고, 교리적 차이를 대신한다. 사랑이 마음을 치유한다!

1943년 1월 23일, 이차대전에 참전할 9백여 명의 연합군 병력을 실은 도체스터호가 뉴욕에서 그린란드로 떠났다. 감리교 목사 조지 L. 폭스(George L. Fox), 천주교 신부 존 P. 워싱턴(John P. Washington), 개혁파 랍비 알렉산더 D. 구드(Alexander D. Goode), 미국 개혁교회 목사 클라크 V. 폴링(Clark V. Poling) 등 네 명의 군목이 승선해 있었다.

그해 2월 3일 이른 아침에 도체스터호는 독일군 잠수함 U-223호의 어뢰 공격을 받았다. 군인들이 침몰하는 배에서 탈출하려고 허둥댈 때 군목들은 그들을 진정시키며 질서 있는 대피를 이끌었다. 구명조끼가 모자라 일일이 다 돌아가지 않자 자기들 것을 벗어 남에게 주었고, 구명정마다 최대한 많은 인원이 타도록 도왔다. 그리고 자신들은 서서히 가라앉는 배에 남아 찬송을 부르며 군인들의 안전을 위해 기도했다.

생존자 그레이디 클라크(Grady Clark)는 그때를 이렇게 회고했다.

> 배 반대쪽으로 헤엄치면서 뒤돌아보았다. 조명탄 때문에 사방이 환했다. 선수가 위로 쳐들리면서 배가 밑으로 기울었다. 군목 넷이 위쪽에서 군인들의 안전을 위해 기도하던 모습이 내가 마지막으로 본 광경이다. 그들은 할 수 있는 일을 다 했다. 다시는 그들을 보지 못했다. 구명조끼가 없어 살아날 가망이 없었다.[6]

얼음장 같은 바닷물도 개신교와 유대교와 천주교를 갈라놓지 못했다. 랍비 구드가 어느 다급한 군인에게 자신의 구명조끼를 건넬 때 그 군인의 종교가 무엇인지는 중요하지 않았다. **자연법**은 사람을 구별하지 않는다. 교리와 예배 의식과 성경 역본과 교단은 중요하지 않았다. 그럼 무엇이 중요했을까? 사랑이다! 이타적 사랑, 베푸는 사랑, 남을 도우려는 사랑이다. 치유하고 연합을 이루고 마음을 변화시키는 건 바로 사랑이다.

영적 심장병

실정법 개념을 가르치면 하나님의 사랑이 막힌다. 율법적 신학은 마음을 변화시키는 게 아니라 더 완고하게 만든다. 헤로인 중독자에게 전도하는 예를 생각해 보라. 더러운 주삿바늘을 상용하다가 심내막염이라는 심장병에 걸린 그는 두 종류의 법을 다 어겼다. 하나는 건강 법칙(하나님이 설계하신 자연법)이고 하나는 국법(인간의 실정법)이다.

이 중독자는 판사 앞에 잡혀가 법정에 죄상을 고하고 판결과 선고를 받고 싶을까? 아닐 것이다. 체포되어 판사 앞에 선다면 오히려 변호사를 세워 자신의 "죄를 덮으려" 하지 않을까? 어떻게든 법정에 선처를 호소하지 않겠는가? 앞서 말했던 천주교 신부와 개신교 신학자의 성찬식 논쟁과 섬뜩할 정도로 닮았다.

그러나 이 중독자도 상대가 의사라면 마약 때문에 병들고 쇠약해져 신열에 시달리는 자기 죄상을 고하고 싶지 않을까? 그러면 의사는 판사보다 훨씬 더 철저히 조사할 것이다. 초음파와 엑스레이와 MRI와 각종 검사로 몸을 구석구석까지 다 들여다보아 결함이라는 결함은 다 찾아낼 것이다. 그러는 목적은 무엇인가? 치유와 회복이다! 이 중독자는 의사가 자신의 결함을 다 찾아내 "판결"(진단)과 "선고"(치료 계획)를 내놓기를 원할까? 물론이다!

하나님의 법에 대한 거짓을 받아들여 그분을 재판장—이력을 조사해 판결을 내리고 공정한 형벌을 가하는 존재—정도로 제시한다면, 이는 오히려 하나님께 오지 못하게 죄인들을 막는 처사다. 이제 우리는 하나님에 대한 진리로 돌아가야 한다. 그분은 우리의 창조주요 설계자시며 그분의 법은 실재의 설계 원리다. 항상 하나님은 그분을 신뢰하는 이들의 모든 결함을 치유하고 회복하려 하신다. 그런 그분을 신뢰하면 우리도 옛날의 다윗처럼 기도하게 된다. "하나님이여, 나를 살피사 내 마음을 아시며 나를 시험하사 내 뜻을 아옵소서. 내게 무슨 악한 행위가 있나 보시고 나를 영원한 길로 인도하소서"(시 139:23~24). "하나님이여, 내 속에 정한 마음을 창조하시고 내 안에 정직한 영을 새롭게 하소서"(시 51:10).

펠릭스 만츠

신앙으로 순교한 스위스의 개혁가 펠릭스 만츠(Felix Manz)는 기독교가 해로운 실정법 개념에 병들었으며 오직 사랑만이 삶을 변화시키는 하나님의 능력임을 알았다. 다음은 그가 죽기 전에 남긴 글이다.

복음을 자랑삼아 늘 말하고 가르치고 전하면서도 증오와 시기로 가득한 사람이 얼마나 많은가. 그들 안에는 하나님의 사랑이 없고 그들의 기만은 온 세상이 아는 바다. 그들은 이 땅의 경건한 자들을 미워하며, 생명의 길과 참된 양우리에 이르는 길을 막는다.

그들은 권력자와 손잡고 우리를 죽이며, 이로써 기독교의 본질 자체를 무너뜨린다. 그런데도 우리를 한없이 오래 참아 주시는 주 그리스도를 나는 찬송하리라. 그분은 하나님의 은혜로 우리를 가르치시며 모든 사람에게 사랑을 베푸신다. 거짓 선지자는 누구도 그 일을 할 수 없다.

사랑만이 하나님을 기쁘시게 한다. 사랑할 줄 모르는 사람은 결국 하나님 앞에 설 수 없다.[7]

우리는 전투 중이다. 이는 모든 사람의 마음과 사고를 두고 벌어지는 싸움이다. 하나님은 모든 사람 안에 그분의 성품이자 방법인 사랑을 회복하려고 일하시는 중이다. 우리가 그분께 기회를 드리기만 하면 된다. 그런데 하나님의 역할을 치유의 신이 아니라 우주적 사형 집행자로 보는 그릇된 법 개념 때문에 그 치유의 사랑이 막혀 왔다. 이렇게 참담하게 왜곡된 하나님관은 기독교 전체에 편만해 있는데, 이를 예시해 주는 증거를 다음 장에서 살펴볼 것이다.

> **Key-Point**
>
> · 하나님의 법이 인간의 법처럼 작용한다는 개념은 우리의 하나님관을 바꾸어 놓았을 뿐 아니라 죄에 대한 인식(존재 상태가 아닌 법적인 문제로)과 그리스도께서 오셔서 이루신 일에 대한 인식(죄인의 마음을 고치는 게 아니라 아버지의 진노를 해결하시는 일로)까지도 변질시켰다.
> · 율법적 신학은 경건의 모양만 있을 뿐 삶을 변화시키고 마음을 새롭게 하는 사랑의 능력은 없다.
> · 오직 사랑만이 연합을 이루고, 규칙을 뛰어넘고, 자의적 법을 초월하고, 교리적 차이를 대신한다. 사랑이 마음을 치유한다.

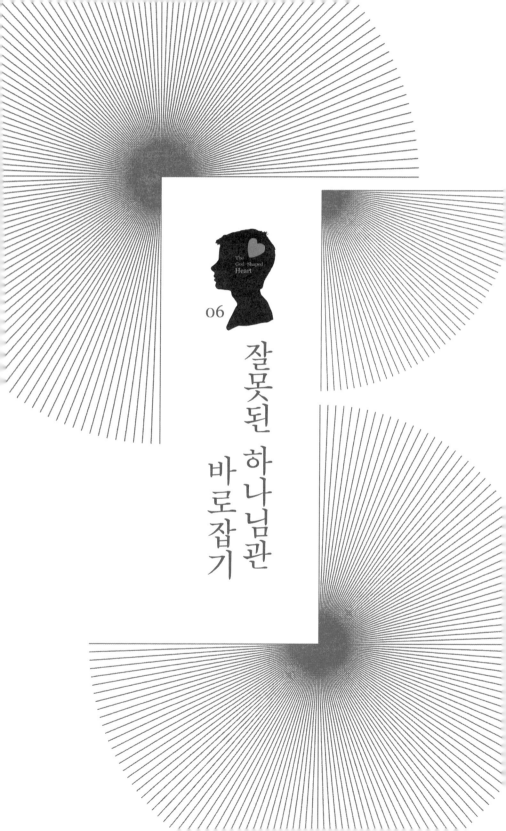

The
God-Shaped
Heart

06

잘못된 하나님관
바로잡기

사실이란 집요한 것이다.

우리의 소원과 의향과 감정이 어디로 향하든

사실과 증거 자체는 달라지지 않는다.

— 보스턴 학살 재판에서 영국군을 옹호한

　존 애덤스의 변론(1770년 12월 4일)

♥　　의사가 문제를 진단해 알려 주면 환자가 이를 불쾌해하거나 비난으로 여기거나 기죽을 때가 있다. 특히 문제가 있음을 믿지 않으려는 환자라면 더하다. 그러나 무엇인지만 모를 뿐 문제가 있음을 알았던 환자는 오히려 문제의 정체를 알고 안도할 때가 많다. 이제 치료의 희망이 생겼으니 말이다. 어떤 부류의 환자를 상대하든 의사는 그를 비난하거나 비판하거나 조롱하거나 기죽이려는 게 아니다. 의사는 환자를 대적하는 게 아니라 치료할 마음으로 진단할 뿐이다.

　의사가 환자의 결함을 드러내야 하는 이유는 먼저 해결이 필요한 문제가 있음을 우리가 인정하지 않고는 문제를 해결하거나 병을 고치거나 거짓 신념을 없앨 수 없기 때문이다. 마찬가지로 지금부터 제시할 증거도 누구를 비난하거나 불쾌하게 하려는 목적이 아니라 기독교계에 편만한 사고의 전염병을 드러내기 위해서다. 그래야 치유할 수 있기 때문이다. 나아가 이것은 어느 한 교단이나 단체나 개인의 공식 입장이 아니라 이러한 **실정법** 개념이 기독교 전반에 받아들여져 깊이 뿌리내린 보편적 현상임을 예증하기 위한 것이다.

잘못된 하나님관의 예

교단을 뛰어넘어 우리는 곳곳에서 **실정법** 개념을 기반으로 한 잘못된 하나님관을 발견할 수 있다. 이를 예증하는 잘못된 교리 진술의 예를 몇 가지만 살펴보면 다음과 같다[`실정법`(1~4단계)을 넘어서는 `자연법`(5~7단계)의 하나님관은 하나님이 설계하신 사랑의 마음을 기반으로 한다. 5장 자연법과 실정법의 대조 도표(109~110쪽)를 참고로 미묘한 차이를 확인해 보라].

천주교

그리스도의 고난과 죽음을 통해 실제로 이루어진 일이 무엇이기에 성부께서 인류에게 구원을 주실 수 있는가? 성경은 그리스도께서 "속죄", "속죄제," 죄로 인한 "제물"이 되셨다고만 가르친다. 본질상 이는 그리스도께서 흠과 죄가 없으시고 하나님의 은총을 입으셨기에 **하나님을 설득하는 수단으로 자신을 바쳐 인류의 죄에 대한 노여움과 진노를 거두시**

게 하셨다는 뜻이다. 죄에 대한 노여움은 하나님의 인격적 측면을 보여준다. 죄란 인격적으로 그분의 심기를 거스르는 일이기 때문이다. **죄가 인격적으로 하나님의 심기에 거슬리므로 그분을 인격적으로 달래야 할 필요가 발생한다.** 그래야 그분이 인격적 용서를 베푸실 수 있다. 그분의 신적 원리와 인격적 속성, 그리고 인간의 죄의 규모를 두루 고려할 때, 하나님을 달랠 수 있는 길은 인류를 대표하신 무죄한 그리스도의 고난과 죽음이었다.[1]

복음주의

우리는 그리스도의 속죄가 복음의 본질적 요소임을 고백한다. 그분은 순종으로 온전한 제사를 드려 **우리 죗값을 치러 아버지를 달래셨고,** 하나님의 영원한 계획에 따라 우리 대신 하나님의 정의를 충족시키셨다.[2]

오순절

"속죄"란 말은 본래 **제사로 진노를 면한다는** 뜻이다. 즉 달랜다는 뜻이다. 레온 모리스(Leon Morris)에 따르면 "인간의 죄가 하나님의 진노를 샀다는 게 성경의 일관된 견해다. 이 진노를 면하려면 그리스도의 속죄 제사를 통해서만 가능하다. 이런 관점에서 그분의 **구원 사역은 속죄라 해도 무방하다.**"[3]

남침례교

하나님의 진노는 충족되었다. 성경에서 십자가에 대한 다른 모든 이해는 **형벌 대속에** 기초해 있다.[4]

최근 내가 사는 고장의 지방신문에 어느 침례교 목사의 기사가 실렸는데, 거기에 이 **실정법적 하나님관**이 평신도의 표현으로 잘 드러나 있다. 기사 제목은 "하나님은 성난 얼굴로 우리를 보지 않으신다"이다.

하나님이 성난 얼굴로 당신을 보고 계시다는 느낌에 마음이 무거웠던 적이 있는가? 당신도 많은 사람과 같다면 분명히 그럴 때가 있을 것이다. 목사로서 나는 "하나님이 내게 노하신 게 틀림없어요"라든가 "하나님이 내게 벌을 내리시는 것 같습니다"라는 말을 자주 듣는다. 그런데 성경에 따르면 하나님이 성난 얼굴로 당신을 보지 않으심을 절대적으로 확신할 수 있는 길이 있다. 예수의 십자가를 보라. **하나님은 성난 얼굴을 우리 대신 그 아들에게로 향하셨다. 하나님의 눈에서 불꽃이 번쩍였고 용수철처럼 잔뜩 눌린 코에서는 콧김이 뿜어져 나왔다. 턱과 이를 악무신 그분은 마땅히 우리가 당해야 할 진노를 예수께 쏟으셨다.** "하나님이 세상을 이처럼 사랑하사"(요 3:16). **예수는 죄 없는 대속물이 되어 우리 죄로 인한 하나님의 분노를 마지막 한 방울까지 남김없이 다 받으셨다.** 그러므로 이제 "그리스도 예수 안에 있는 자에게는 결코 정죄함이 없"다(롬 8:1). 얼마나 놀라운가. 정죄가 없다. 성난 얼굴도 없다. 당신이 그리스도 예수 안에 있다면—즉 예수를 신뢰하여 구원받았다면—하나님이 당신에게 노하지 않으심을 절대적으로 확신할 수 있다. 여전히 죄로 하나님을 슬프시게 하여 아버지의 징계를 경험하겠지만, 하나님이 당신을 노하여 바라보실 일은 결코 없다. **그분의 분노는 예수께 다 쏟아졌다.**[5]

제칠일안식일예수재림교

사랑의 하나님이 정의와 의를 수호하시는 데 예수 그리스도의 속죄의 죽음이 "도덕적, 법적 필수"가 되었다. 하나님의 정의는 죄의 심판을 요구한다. 그래서 **하나님은** 죄와 죄인에게 **심판을 집행하셔야만 한다.** 이 집행을 **하나님의 아들이 하나님의 뜻에 따라 죄인인 우리 대신 당하셨다.**[6] **성부 하나님은 죽음의 도구로 왜 십자가를 택하셨는가?** 왜 그리스도를 참수형이나 창검으로 순식간에 죽게 하지 않으셨는가? 참수형이나 교수형이나 검이나 가스실이나 벼락이나 독극물 주사도 있는데 **십자가로 그리스도께 심판을 집행하셨으니 하나님이 정의롭지 못하신가?**[7] "도덕적 영향 이론"의 근본 문제 중 하나는 그리스도의 죽음의 대속 성격을 배격하는 데 있다. **하나님이** 죄인인 우리를 구원하려고 **무죄하신 분을 죽이셔야 했다는** 개념이 정의에 위배된다는 것이다.[8]

몰몬교(하나님이 죗값으로 피를 요구하신다는 개념을 한술 더 뜬다)

조셉 스미스(Joseph Smith)는 가르치기를 인간이 짓는 어떤 죄는 너무 중하여 그리스도의 속죄의 권능으로도 죄인을 어찌할 수 없다고 했다. 이런 **죄를 지으면 회개해도 그리스도의 피로 깨끗함을 받지 못한다.** 따라서 **자기 피를 흘려 최대한 스스로 속죄하는 길밖에 희망이 없다.** 인간의 어떤 죄는 그리스도의 피의 능력으로도 속량될 수 없으므로 할 수 있는 한 **스스로 속해야 한다.**[9] 인간이 짓는 어떤 죄는 현세는 물론 내세에서도 용서받을 수 없다. 눈이 뜨여 자신의 실상을 본다면 인간은 얼마든지 자원하여 **자기 피를 땅에 쏟을 것이다.** 그러면 그 향연이 속죄제로 하늘에 상달하여 죄가 속해질 수 있다. 그렇지 않으면 영의 세계에서 죄가 떠나지 않고 남아 있다.

물론 사람의 목숨을 끊는다는 말을 내 형제들에게서 들으면 냉혹한 교리로 여겨지겠으나 이는 사람을 멸하기 위해서가 아니라 구원하기 위함이다. 그뿐 아니라 자신을 알고 또 **용서받을 유일한 조건을 안다면, 틀림없이 어떤 죄인들은 자기 피를 흘려 달라고 형제들에게 애원할 것이다. 그 연기가 하나님께 제사로 상달되어 자기를 향해 타오르는 그분의 진노를 달래고 율법을 충족시킬 수 있도록 말이다.**[10]

이처럼 실정법 개념을 받아들인 어떤 이들은 하나님의 역할을 우주적 고문자로 제시하면서 그래야만 정의가 살아난다고 주장한다.[11]

지옥이 무슨 소용이냐고들 말한다. 우리는 지옥이란 개념에 못내 저항하지만, 지옥이 없는 게 더 나쁘지 않은가? 성경에서 지옥을 빼 보라. 동시에 하나님의 정의와 말씀의 신빙성도 사라진다. 설명하자면 이렇다.

지옥이 없다면 하나님은 정의롭지 못하다. 죄를 지어도 벌이 없다면 천국은 사회의 강간범, 약탈자, 대량살상범에 신경 쓰지 않는다. 지옥이 없다면 하나님은 피해자를 외면하시고, 구해 달라고 기도하는 이에게 등을 돌리신다. 악에 대한 진노가 없다면 하나님은 사랑이 아니다. 사랑은 악을 미워하기 때문이다.

지옥이 없다는 말은 하나님이 거짓말쟁이고 그분의 성경이 진리가 아니라는 말과 같다. 성경은 역사의 양면적 결과를 거듭 단호히 천명한다. 구원받을 사람도 있고 지옥에 갈 사람도 있다.[12]

정의에 대한 오해

논리 전개에 주목하라. 정의를 이루려면 강제로 형벌을 시행해야만한다는 논리다. 왜 그럴까? 실정법에는 결과가 내재되어 있지 않으므로 실권자가 벌을 가해야만 하기 때문이다. 실정법 개념을 받아들인사람은 하나님이 우주적 사형 집행자의 역할을 수행하지 않으시면 정의가 없다고 믿는다. 누구나 죄를 지어도 무사하리라는 것이다. 죄 대신 하나님이 문제가 된다. 이런 견해에 담긴 악한 마귀의 말이 내 귀에 들릴 듯하다. "하나님을 제어하여 분노관리법 학교에 보낼 수만 있다면 우리는 영원히 죄 가운데 살아갈 수 있다. 죄는 아무런 문제가 못되기 때문이다. 죄는 피해나 상처를 입히지 않는다. 진짜 문제는 하나님이다."

여기서 괴상한 전도 방법이 나오는데 최근에 나도 그 중 하나를 겪었다. 어떤 사람이 내게 다가와 미국 지폐처럼 생긴 종잇장을 건넸다. 100달러짜리처럼 앞면에 벤저민 프랭클린(Benjamin Franklin)의 얼굴이 있었으나 이 교단이 지향하는 바는 100달러가 아니라 백만 달러였다. 뒤집어 보니 이런 메시지가 적혀 있었다.

여기 백만 달러짜리 질문이 있습니다. 당신이 죽으면 천국에 갈까요?
여기 간단한 시험이 있습니다. 당신은 거짓말하거나 훔치거나 하나
님의 이름을 망령되게 부른 적이 있습니까? 예수는 "음욕을 품고 여
자를 보는 자마다 마음에 이미 간음하였느니라"라고 말씀하셨습니
다. 그런 일을 했다면 **하나님은 당신을 거짓말하고 도둑질하고 신성**

을 모독하고 마음에 간음한 사람으로 보시며, 성경은 어느 날 하나님이 당신을 벌하여 무서운 지옥에 보내신다고 경고합니다. 하지만 그분은 누구도 멸망하기를 원하지 않으십니다. **죄인들이 하나님의 법을 어겼으나 예수가 벌금을 대신 내주셨습니다. 하나님이 그들의 송사를 법적으로 기각하실 수 있다는 뜻입니다.** "하나님이 세상을 이처럼 사랑하사 독생자를 주셨으니 이는 그를 믿는 자마다 멸망하지 않고 영생을 얻게 하려 하심이라." 또 예수는 죽음에서 부활하여 사망을 이기셨습니다. 오늘 회개하고 예수를 믿으십시오. 그러면 하나님이 영생을 선물로 거저 주십니다. 그다음에는 날마다 성경을 읽고 그대로 순종하십시오. 하나님은 결코 당신을 실망하게 하지 않으십니다. (강조 추가)

이 전형적인 전도 기법은 거짓된 **실정법** 개념에 전적으로 기초해 있어서 자체 모순을 안고 있다. 이 견해에 따르면 문제는 사람의 법적 상태다. 하나님은 죄인을 치료받아야 할 환자가 아니라 처벌받아야 할 범죄자로 보신다. 그분은 치유와 회복의 근원이 아니라 죄인을 영원히 지옥에서 고통당하게 하시는 처벌의 주체다. 그런데 그분이 우리를 사랑하시니 걱정하지 않아도 된다. 그분은 죄인인 우리 대신 무죄한 자기 아들을 벌하셨고, 아들의 피를 죗값으로 받아 죄인의 법적 피소를 기각하신다. 우리가 믿어야 한다는 이 하나님은 본래 우리를 고문하실 분이며, 또 죄인을 풀어 주고 무죄한 아들을 처벌하실 만큼 신뢰하지 못할 대상이다. 이런 견해는 하나님과 그분의 법을 잘못 대변할 뿐 아니라 실제로 그분을 믿기를 더 어렵게 만든다.

최근에 내가 들었던 전국 기독교 라디오 방송에서도 그런 왜곡이 조장되었다. "도덕적 치유 이신론"에 대한 토론에서 게스트는 최근의 기독교 동향이 하나님의 자비만 너무 부각시키고 죄를 심각하게 다루지 않음으로써 아이들에게 그분을 잘못 대변한다고 우려했다. 다음은 그녀의 말이다.

> 내 생각에 우리는 아이들에게 진리를 다 말하지 않음으로써 실제로 아이들을 속이고 있습니다. 예수가 십자가에서 죽으심은 그저 내 쪽에서 하나님과 분리되기 싫어서가 아니거든요. 그분이 십자가에서 죽으심은 누군가 횡사해야만 했기 때문입니다. 내가 지은 죄 때문에 피의 제사가 있어야만 했지요. 거룩하신 하나님께 내 죄가 그만큼 가증스럽다는 뜻입니다. 십자가는 우리 죄가 얼마나 끔찍한지를 보여 주는 참혹한 유혈의 현장입니다. 어린아이들에게 너무 자세히 들어갈 거야 없겠지만, 그래도 그리스도께서 십자가에서 죽으신 게 형벌이었고 그 벌을 그분이 받지 않으셨다면 우리가 받아야 함을 알려 주어야 합니다. 벌 받을 곳이 지옥이라는 사실도요.

진행자가 게스트에게 이런 반론을 제시했다. "진노하여 복수하시는 하나님이라는 개념을 받아들이지 않는 청취자분들은 어떻게 됩니까?" 그러자 그녀는 이렇게 답변했다.

> 추의 한쪽 끝에서 우리는 하나님의 정의에 요구되는 그분의 복수와 진노만 말합니다. 반대쪽 극단에서는 하나님의 사랑만 말하고요. 당

연히 아이들에게도 진리를 알려 주어야 합니다. 나이에 따라 더 자세히 들어갈 수 있겠지만 어렸을 때도 이 정도는 말해 주어야 합니다. "너를 지으신 하나님이 계시며, 그분이 지으셨기에 너는 그분의 것이다. 그분이 네 주인이고 너를 지으셨으니 마땅히 그분께 충성을 바쳐야 한다. 네 생각과 삶과 감정과 행동이 그분께 합당한 영광과 존귀를 드리지 못하면 그게 바로 죄다. 이 죄는 우주적인 반역이다. 네가 죄를 지으면 하나님은 거룩하신 주권적 정의 때문에 너를 벌하셔야만 한다. 우리가 혼나서 벌을 받든지 아니면 누가 대신 받아야 한다. 그런데 우리를 끔찍이 사랑하시는 하나님이 인간으로 오셔서 완전한 삶을 사시고 완전한 죽임을 당하신 뒤 부활하여 죄와 죽음을 이기셨다. 이 사실을 알고 또 하나님이신 그리스도께서 우리 대신 벌을 받으셨음을 받아들이면—네 대신 속죄하신 그리스도를 영접하고 회개하면—그때부터 너와 하나님의 관계가 시작되어 평생 지속된다." … 그런데 우리는 충성을 받으시기에 합당하고 친히 참혹한 희생을 당해 우리 빚을 갚아 주신 이 하나님을 아이들에게 어떤 분으로 제시하고 있나요?[13]

　이 전국 기독교 라디오 프로그램에서 표명된 하나님관은 철저히 그분의 법이 인간의 실정법과 같다는 개념에 입각해 있다. 이 견해대로라면 하나님은 형벌을 가하셔야만 하는 천하의 독재자다. 이는 1~4단계의 사고방식이다. 이때의 해법은 어떤 무죄한 존재가 끼어들어 우리 대신 **하나님의** 벌을 받아 우리를 **하나님으로부터**—그분의 노여움과 진노로부터—보호하는 것이다. 우리의 적(敵)은 죄가 아니라 하나님이다.

그러나 하나님이 일하시는 방식은 전혀 그렇지 않다. 실제로 그분의 방식이 아니다 보니 그분과 그분의 법에 대한 이런 왜곡된 관점은 괴리를 낳아, 사고하는 이들이 기독교를 배척하게 만든다. 형벌 위주의 이런 견해야말로 수많은 젊은이가 교회를 떠나는 근본 이유일 때가 많다.

당신이 어렸을 때 이런 집에서 자랐다고 상상해 보라. 부모는 당신을 사랑해서 양치질을 규칙으로 가르쳤다. 이를 닦지 않는 건 잘못이므로 벌이 따른다고 했다. 불행히도 당신은 경고된 벌 외에는 양치질의 다른 이유를 끝내 몰랐다. 그러다 18세가 되어 부모 집에서 나왔다. 규칙과 경고에 질린 당신은 부모의 명백한 가르침을 어기고 양치질을 중단한다. 오랜 세월 세뇌당했던 터라 처음에는 무슨 나쁜 일이 닥치지나 않을지 예의주시한다. 두 주가 지나도 아무런 벌이 없자 당신은 씩 웃으며 이렇게 중얼거린다. "터무니없는 규칙인 줄 내 알았다니까."

2년쯤 지나 당신은 치통에 시달린다. 분명히 뭔가 문제가 있다. 도움이 필요하다. 그래서 고통 중에 겸손히 부모에게 전화해 그동안 길러 주신 대로 살지 못했다고 고백한다. 규칙을 어겼음을 인정하고 용서를 빈다. 어찌해야 좋을지 모르겠다는 당신에게 부모는 이런 문제의 해결을 돕는 전문가를 소개한다.

전문가를 찾아가 그동안 양치질을 못했다고 털어놓으며 통증을 호소하자 해법이 있으니 용기를 내라는 답이 돌아온다. 당신에게 형이나 오빠가 있는데 그가 땅에 내려와 이를 완벽하게 닦아서 치과 진찰기록이 완벽하다는 것이다. 그의 양치질을 법적으로 받아들이면 그 완벽한 기록이 당신의 기록에 전가된다. 게다가 바른 의식(儀式)을 통해 그에게 부탁해 하늘의 치과의사께 당신을 변호해 달라고 할 수도 있다. 그러면 하늘의 치과의사가 당신의 기록을 조사해 치아가 완벽하다고 "선포해" 준다. 사실은 완벽하지 않은데도 말이다. 자신의 치아가 법적으로 건강함을 믿음으로 받아들이기만 하면 된다. 그래서 당신은 믿음을 고백한다. 그런데 그곳을 떠날 때도 치통과 충치는 처음과 똑같다! 법적으로 건강하다고 주장하는 내내 서서히 더 악화된다.

이는 **실정법** 개념의 잘못된 법적 의다. 히브리서 말씀대로 의다운 의를 경험하지 못한 1~4단계 사고방식의 미성숙한 사람이다. 왜 그런가? 진짜 문제가 무엇인지 모르기 때문이다. 이런 사람은 자기 소견에 옳은 대로 행동한다. 물론 아프기 싫고 낫기를 원한다. 그러나 그들은 그릇된 법적 진단을 받아들였고, 이는 하나님의 법에 대한 잘못된 개념에서 비롯되었다. 그래서 장성하지 못한 채 영적 젖먹이로 남아 있다. 그들은 증상과 행위와 잘못에 집중한다. 원인을 치료하지 않고 증상만 없애려 한다.

진정한 의란 하나님 앞에서 바르게 된 마음과 사고와 성품이다! 속사람의 변화다! 하나님이 창조하신 마음을 회복하는 경험이다! 타락한 인간의 마음은 이기심과 불신과 두려움에 차서 하나님을 사랑하지 않고 대적한다. 성경의 표현으로 하나님의 "원수"다(롬 8:7). 그런데 하나님을 대적하던 마음이 불신에서 신뢰로 돌아서면 그 사람은 하나님 앞에서 "바르고" 의롭게 되어 칭의를 얻는다. 이는 천국 법정에서 이루어지는 무슨 법적 회계가 아니라 하나님을 향한 심적 동기가 실제로 재설정되는 일이다.

성경에 보면 "아브라함이 하나님을 **믿으매** 그것이 그에게 의로 여겨진바 되었느니라"(롬 4:3)라고 했다. 다시 말해서 아브라함은 **먼저** 하나님을 신뢰했고, 그렇게 마음이 불신에서 신뢰로 변화된 **후에야** 하나님 앞에서 의롭다고 인정되었다. 왜 그렇게 인정되었는가? 실제로 하나님 앞에서 옳고 바르게 되어 그분과 연합했기 때문이고, 실제로 존재 상태와 심적 태도가 바르게 되었기 때문이다! 일단 하나님을 신뢰한(즉 마음이 바르게 되어 칭의를 얻은) 그는 그 신뢰로 마음을 열었고, 그러자 성령께서 들어오셔서 치유와 변화와 새롭게 하심(율법을 마음에 새겨 주시는 성화)을 주셨다. 다시 말하지만 한 생명체의 상태가 실제로 변화되었다!

그리스도 안의 아기로 남아 있으면 우리의 하나님관이 왜곡되기 쉽다. 왜 그럴까? 하나님의 법에 대한 생각이 어린아이와 같아서 매사를 1~4단계의 관점에서 보기 때문이다. 예컨대 우리는 자신이 아주 한심하게 느껴져 하나님도 내게 노하실 거라는 거짓을 받아들인다. 머릿속에서 자신을 벌하다 보니 하나님도 나를 벌하려 하신다는 거짓을 믿는다. 또 뭔가 행위로 내 악을 만회하고 싶은 생각에 하나님도 내 악을 만회할 행위를 요구하신다는 거짓을 믿는다.

자연법과 정의

자연법(하나님이 설계하신 법)의 시각은 완전히 다르다. **자연법**은 위반 자체가 위반자를 파멸로 이끈다고 인식한다. 그러므로 법을 어긴 사람에게 취할 수 있는 옳거나 정의로운 대책은 그를 구하고 건져내 치유하고 회복시키려는 노력이다. 이게 성경적 정의다. 성경적 정의의 기초는 하나님이 설계하신 사랑의 법에 있으며, 관건은 압제자를 벌하는 게 아니라 압제당하는 자를 건져내고 치유하고 회복시키는 데 있다.

- 가난한 자와 고아를 위하여 판단하며 **곤란한 자와 빈궁한 자에게 공의를 베풀지며**(시 82:3).
- 너희는 스스로 씻으며 스스로 깨끗하게 하여 내 목전에서 너희 악한 행실을 버리며 행악을 그치고 선행을 배우며 **정의를 구하며 학대받는 자를 도와주며 고아를 위하여 신원하며 과부를 위하여 변호하라**(사 1:16~17).
- **여호와께서 기다리시나니 이는 너희에게 은혜를 베풀려 하심이요** 일어나시리니 이는 너희를 **긍휼히 여기려** 하심이라. **대저 여호와는 정의의 하나님이심이라**(사 30:18).
- 여호와께서 이와 같이 말씀하시니라. "다윗의 집이여, 너는 아침마다 **정의롭게** 판결하여 **탈취당한 자를 압박자의 손에서 건지라**"(렘 21:12).

이렇게 생각해 보라. 당신이 실내에 들어가니 어떤 사람이 자살을 기도하고 있다. 목에 밧줄을 감은 그는 당신이 문을 여는 순간 발밑의 의자를 차냈다. 이 사람은 호흡 법칙을 어겼다. 이 **범법자에게** 정의를 시행하려면 어떻게 해야 할까? 당신이 취해야 할 옳고 정의로운 대책은 무엇일까? 법칙에 불복했으니 매를 들어 벌하겠는가? 재판을 열고 증거를 제시하여 사법 판결을 유도하겠는가? 아니면 그를 구하고 살리려 하겠는가? 구한다면 어떻게 구해야 할까? 밧줄을 풀어 그 사람을 법칙과 조화되게 회복시키면 된다. 이게 하나님의 정의다. 그분은 늘 구원하려 하신다. 어떻게 구원하시는가? 우리 죄인을 그분의 법에 조화되게 회복시키신다. 그분의 설계와 법에 부조화하게 어긋나 허물과 죄로 죽어 있는 우리를 그분이 설계하신 삶으로 돌이키게 하신다. 성경은 새 언약에 대해 "내 법을 그들의 생각에 두고 그들의 마음에 이것을 기록하리라"라고 말한다(히 8:10). 이게 하나님의 정의다. 사랑의 정의요 자연법의 정의다.

벤 카슨(Ben Carson)은 구약이 가르치는 정의를 저서 《아름다운 미국》에 이렇게 논증했다. "그들의 초점은 가해자에게 형벌이나 벌금을 부과하는 게 아니라 피해자에게 배상하는 데 있었다."[14] 인류 역사를 통틀어 하나님의 기쁜 소식과 그분이 행하시는 치유와 회복도 그와 똑같다.

카리스마적인 작가 데릭 플러드(Derek Flood)는 《복음을 치유하라: 은혜와 정의와 십자가에 대한 근본적 비전》이란 책에 이렇게 썼다.

우리가 생각하는 복음의 근본은 **예수께서 인과응보의 "요구"를 충족시키기 위해 죽으셔야만 했다는** 개념에 있다. 속죄를 이렇게 보는 관점을 흔히 형벌 대속이라 한다. "형벌"은 벌을 뜻하고 "대속"은 예수께서 그 벌을 우리 대신 받으셨다는 뜻이다. 내가 보기에 이는 **전혀 성경의 가르침이 아니라** 사람들이 **세상적 관점의 인과응보를** 성경 본문에 **투사한** 결과다. 반대로 신약은 오히려 인과응보를 비판한다. 신약에 제시된 인과응보는 해법의 수단이 아니라 해결해야 할 문제다. 진노의 문제(즉 인과응보)는 십자가로 해결되었으며 **십자가는 회복의 행위다.** 즉 **인류를 하나님과 바른 관계로 회복시킨다.** 다시 말해서 그리스도 안에서 하나님은 **회복의 정의**라는 방식을 통해 인과응보의 문제를 **치유하신다.** 사랑은 정의와 충돌하지 않는다. **사랑은 정의가 이루어지는 방식이다.** 신약이 말하는 **정의의 관건은 결국 형벌이 아니라 일을 도로 바로잡는 데 있기 때문이다.**[15]

유려한 신약 역본으로 잘 알려진 성공회 신학자 J. B. 필립스(J. B. Phillips)는 이렇게 썼다.

일찍이 예수는 하나님이 "은혜를 모르는 자와 악한 자에게도 인자하시니라"(눅 6:35)라고 선포하셨다. 그런데 내가 이 본문으로 설교했더니 청중이 경악하다 못해 기겁한 적이 있다. 나중에 알고 보니 그들은 하나님의 이런 놀랄 만한 관대하심을 도무지 믿지 않았다. 그들로서는 하나님이 악인에게 늘 격노하신 상태만이 옳고 온당해 보였다. 그분의 법을 거부하거나 불복하는 이들에게 그분이 인자하시다는 개념은 터무니없는 불의로 보였다. 하지만 나는 성자 하나님 자신의 말씀을 인용했을 뿐이다. 다시 말하거니와 그런 무시무시한 모험까지도 무릅쓰시는 게 하나님의 속성이다. 인류를 향한 그분의 집요한 사랑을 우리가 해명하거나 조절할 필요가 없다.[16]

그런데 당신이 목의 밧줄을 풀어 구해 준 그 사람이 불복을 고집하며 자꾸 다시 자살을 기도하면 어떻게 될까? 결국, 혼자 남겨져 아무도 그를 구해 주지 않으면 그때는 어떻게 될까? 불복에 대한 벌이 따를까? 실권자 쪽에서 형벌을 가할까? 구원자가 "내버려 두면" 무슨 일이 벌어질까?

결국, 악인에게 벌어지는 일은 이렇다. 하나님을 피해 달아나는 이들은 자신을 그분에게서 가려 달라고 산들에게 애원한다(계 6:16). 그분은 슬퍼하시며 그들을 내버려 두신다. **그들의 고집스러운 선택대로** 생명의 유일한 근원이신 그분과 분리되게 두신다. 그 결과는 파멸과 죽음이다(롬 6:23, 약 1:15, 갈 6:8).

나의 이런 유추가 성립되지 않는다고 주장할 사람도 있을 것이다. 위 구절들은 압제자를 자신의 악행으로부터 구하는 게 아니라 피해자를 압제자로부터 구한다는 내용이기 때문이다. 그렇다면 이런 시나리오를 생각해 보라. 당신 부부에게 각각 열일곱과 열아홉 살 된 두 자녀가 있다. 당신과 배우자와 둘째 아이는 예수를 영접해 그분과 구원의 관계를 맺었다. 그러나 첫째 아이는 예수를 영접하지 않고 탕자처럼 방탕하게 살며 술과 마약으로 인생을 탕진하고 있다. 어느 날 당신이 집에 들어가 보니 첫째 아이가 엄마와 동생에게 흉기를 휘두르며 돈을 내놓으라고 협박하고 있다. 세 식구가 다 걱정되겠지만 그 순간 당신에게 가장 걱정되는 사람은 누구인가? 그 상황에서 **영원한** 위험이 가장 큰 사람은 누구인가? 첫째 아이가 일가족을 살해한다면 각 사람은 어떻게 될까? 구원이 필요한 사람은 누구인가? 당신이 개입해 아내와 둘째 아이를 구해 낸다면 이로써 첫째 아이를 마음과 사고와 성품의 어마어마한 피해로부터 구해 내는 게 아닌가?

켄트 휘터커와 사랑의 위력

다행히 나는 그런 끔찍한 상황에 부딪쳐야 할 일이 없었지만, 켄트 휘터커(Kent Whitaker)는 2003년 12월 10일에 그런 일을 겪었다. 나는 켄트를 만나 그 상상 못할 시련을 직접 듣는 특권을 누렸다.

12월의 그 운명의 날, 켄트 부부는 두 아들 바트(Bart)와 케빈(Kevin)과 함께 외식을 했다. 다가오는 큰아들 바트의 대학 졸업을 축하하는 자리였다. 일가족은 멋진 저녁 식사를 마친 뒤 귀가했다. 모두 현관에 다가설 때쯤 바트는 휴대전화를 두고 왔다며 자동차로 달려갔다. 세 사람이 집 안에 들어서자 복면한 총잡이가 튀어나와 켄트의 아내와 케빈을 향해 총을 쏘았다. 켄트도 가슴에 총을 맞았으나 다행히 목숨을 건졌다. 아내와 둘째 아들이 살해된 일만도 참담한데 최악의 부분이 더 남아 있었다. 경찰 조사 결과 큰아들 바트가 가산을 차지하려고 일가족 살해를 청부한 것으로 드러났다. 켄트에게 닥친 고통과 상심과 절망의 깊이를 나는 상상할 수도 없다. 바트는 체포되어 살인 혐의로 재판을 받았고 검사는 사형을 구형했다.

당신이 켄트라면 바트에게 어떤 정의가 시행되기를 바라겠는가? 이 비극을 어떤 법의 렌즈로 보겠는가? 인간의 **실정법**으로만 보아 바트의 처벌을 구하겠는가, 아니면 하나님의 **자연법**으로 보아 바트의 마음과 사고가 병들어 있어 치유와 회복이 필요함을 깨닫겠는가? 아들의 마음과 사고가 병들었음을 깨달았다면 이제 그가 어떻게 되기를 바라겠는가? 범죄에 상응한 처형인가, 아니면 성품의 변화인가?

켄트는 아들이 죄로 병들어 치유가 필요함을 알았기에 아들을 용서했다. 검사에게도 사형을 구형하지 말아 줄 것을 공개 청원했다. 그러나 인간 **실정법** 제도의 시행자인 검사는 자신의 판단대로 정의로운 처벌인 사형을 구형했다. 바트는 결국 유죄 판결과 사형 선고를 받았다.

켄트는 기결수가 된 아들 곁을 지키며 그에게 용서와 사랑을 쏟았다. 감옥에 면회를 다니며 그의 영원한 치유에 힘썼다. 결국, 바트는 켄트에게 이렇게 말했다. "이런 온갖 일을 저지른 저를 아버지가 여전히 사랑하고 용서하실 수 있다면 하나님도 그러실 수 있다고 믿습니다." 사형수 감방에서 그는 자신의 삶을 예수께 드렸다.

2012년에 채널 2번 KPRC 지방방송에서 기자와 40분간 인터뷰를 할 때 바트는 이렇게 고백했다.

> 나는 살아오면서 정말 못된 잘못을 여럿 저질렀습니다. 문제투성이 청년이었지요. 어떤 분들은 그 피해에서 끝내 벗어나지 못할 것입니다. 하루하루 다르게 살았더라면 하는 생각도 해 봅니다. 하지만 이제 와서 그런 생각은 정말 고문일 뿐입니다. 지금 여기서 선하게 살 궁리만 해야 합니다. 그렇지 않으면 무너지니까요.
> 어머니와 동생이 나를 보고 있다면 지금의 내 삶을 자랑스러워했으면 좋겠습니다. 매일 매순간 그 생각을 제일 많이 합니다.[17]

켄트는 말하기를 비록 이 땅에서 아내와 둘째 아들을 잃었고 바트도 잃겠지만 이제 마음이 평안하다고 했다. 바트까지 천국의 그들 곁으로 가 일가족이 영원히 함께 지낼 것을 알기 때문이다. 이런 은혜와 용서와 사랑은 우리가 하나님의 참모습을 깨닫고 삶 속에서 그분의 사랑을 경험할 때만 가능하다. 타락한 인간의 **실정법** 개념을 버리고 다시 **자연법**에 집중할 때만 가능하다. 이게 우리의 목표 지점이다. 이게 **하나님이 설계하신 마음**이다. 이게 하나님의 사랑의 법이 마음에 기록된다고 하신 새 언약이다. 예배 의식과 소속 교단과 법적 회계는 중요하지 않다. 그럼 무엇이 중요한가? 사랑이다. 우리를 변화시키는 그 사랑이 마음을 새로 빚고, 두려움을 몰아내고, 이기심을 대체하고, 생존 본능을 뛰어넘는다. 그 사랑이 하늘과 땅의 틈새를 이어 우리를 다시 사랑의 아버지와 맺어 준다!

네 가지 질문

키이스 존슨(Keith Johnson)은 온라인에서 만난 친구인데, 오랜 세월 감옥 사역을 통해 재소자들에게 하나님의 **자연법**을 가르치며 옳고 그름과 정의에 대한 **실정법** 개념을 벗어나도록 돕고 있다. 하나님의 관점에서 본 정의를 더 명확히 이해하도록 돕고자 그가 개발한 네 가지 질문이 있다. 당신도 잠시 다음 각 질문에 답해 보라.

> 1 당신의 막내 아이가 살해되었다면 어떻게 하겠는가? **가해자에게 자비와 정의 중 무엇이 시행되기를 바라겠는가?**
> 2 그 살인범이 당신의 맏아이라면 어떻게 하겠는가? **가해자에게 자비와 정의 중 무엇이 시행되기를 바라겠는가?**

3 당신에게 하나님의 독생자를 살해한 죄가 있다면 어떻게 하겠는 가? **가해자인 당신에게** 자비와 정의 중 무엇이 시행되기를 바라겠 는가?

4 당신에게 눈에 넣어도 아프지 않을 외동딸이 있다고 하자. 한 번도 속을 썩인 적이 없는 딸이다. 오늘 밤 옷장에 당신의 턱시도가 걸려 있다. 내일이면 아버지로서 딸과 함께 결혼식장에 입장하여 미리 승 낙한 남자에게 딸을 넘겨주게 되어 있다. 당신이 어머니라면 딸의 웨딩드레스 옆에 당신의 새 드레스도 걸려 있다. 딸을 처음 품에 안 던 순간부터 당신이 꿈꾸고 준비해 온 결혼식이다. 그런데 오늘 밤 딸이 처녀파티에 가서 친구들이 시키는 대로 "작별의 한잔"을 한다. 평생 처음 마시는 술이다. 둘, 셋, 넷, 다섯, 여섯, 일곱 잔까지 마시고 집에 오던 딸은 어린아이를 가득 싣고 캠프장에 가던 학교 버스를 들이받는다. 버스에 탔던 사람은 다 불길에 휩싸여 죽고 딸은 목숨 을 건진다. 당신은 딸에게 자비와 정의 중 무엇이 시행되기를 바라 겠는가? 버스에 탔던 희생자들의 유가족은 무엇을 바라겠는가?[18]

인간의 정의는 인간의 실정법에 기초해 있다. 그 동기는 이기심이 며 정의라는 핑계로 복수를 꾀한다. 이기적인 마음에 물씬 배어든 정 의감은 사실 복수와 다를 바 없으며, 이는 쉽게 드러난다. 자기나 자기 와 연관된 사람에게 해당되지 않을 때만 정의를 추구하기 때문이다.

하나님의 우주에 깃든 정의는 완전히 다르다. 하나님의 정의는 늘 모든 사람을 건져내고 치유하고 회복시키고 바로잡고 고치고 구원하 려 한다. 우리 쪽에서 그분께 기회를 드리기만 하면 된다. 이 정의는 사랑의 정의이며 하나님의 법이다. 그분의 통치는 바로 이 법대로 이루어진다.

2012년 12월 14일 코네티컷주 뉴타운에서 아이들이 살해되었는데, 유가족인 부모들에게 선택권이 있다면 다음 중 어느 쪽의 정의를 택할지 생각해 보라. 가해자에게 형벌이 가해지는 쪽일까, 아니면 부활을 통해 자녀도 되찾고 가해자도 그리스도를 닮은 마음으로 회복되는 쪽일까? 하나님의 정의는 사랑의 정의이며 사랑은 언제나 옳은 일을 행한다. 우리가 기회를 드리기만 하면 그분은 잃어진 전부와 그 이상까지도 회복시키신다. 모든 일을 다시 바로잡으신다(욜 2:23~27)!

이게 하나님의 능력이다. 치유와 해방과 새롭게 함과 회복을 가져다주시고 하나님이 창조하신 마음을 회복시키시는 능력이다. 곧 사랑의 위력이다! 하나님은 그분의 자녀들을 치유하고 건져내고 회복시키고 재창조해 그분의 성품인 사랑과 다시 조화되게 하려 하신다. 그래서 2천 년 전 예수는 이사야의 글을 읽으며 이를 자신에게 적용하셨다.

주의 성령이 내게 임하셨으니 이는 가난한 자에게 복음을 전하게 하시려고 내게 기름을 부으시고 **나를 보내사 포로 된 자에게 자유를, 눈먼 자에게 다시 보게 함을 전파하며 눌린 자를 자유롭게 하고** 주의 은혜의 해를 전파하게 하려 하심이라 하였더라(눅 4:18~19).

하나님은 우리를 위하신다!

이번 장 서두에 인용한 여러 신학 진술을 다시 보라. 잘 보면 하나같이 이렇게 가르친다. 하나님은 어떤 면에서 우리가 두려워해야 할 대상이며 고통과 형벌을 가하시는 주체다. 그분께 뭔가 조치를 해야만 우리는 죽음을 면할 수 있다. 하지만 이는 사실이 아니다. 하나님은 그런 분이 **아니다.** 성경은 이 점에 대해 명확하다.

> 만일 하나님이 **우리를 위하시면** 누가 우리를 대적하리요 자기 아들을 아끼지 아니하시고 우리 모든 사람을 위하여 내주신 이가 어찌 그 아들과 함께 모든 것을 우리에게 주시지 아니하겠느냐 누가 능히 하나님께서 택하신 자들을 고발하리요 **의롭다 하신 이는 하나님이시니** 누가 정죄하리요 죽으실 뿐 아니라 다시 살아나신 이는 그리스도 예수시니 그는 하나님 우편에 계신 자요 [**그도**(NIV)] 우리를 위하여 간구하시는 자시니라(롬 8:31~34).

누가 우리를 위하시는가? 누가 우리를 의롭다 하시는가(하나님 앞에서 우리를 바르게 한다는 뜻이다)? 우리를 설계하신 하나님이야말로 우리 목을 조르는 거짓말과 이기심의 밧줄을 풀어 우리를 그분의 설계(법)에 다시 조화되게 회복하시는 분이다. 본문의 "그도"라는 말은 무슨 뜻인가? "더하여"라는 뜻이다. **예수도** 우리를 위하여 간구하신다. 누구에 더하여 그렇다는 말인가? 아버지다! 그리스도는 아버지께 우리를 변호하시거나 자신을 제물로, 또는 자신의 공로를 바치실 필요가 **없**

다. 아버지께서 이미 우리 편이시기 때문이다! 예수께서 직접 그렇게 말씀하셨다. "내가 너희를 위하여 아버지께 구하겠다 하는 말이 **아니니** 이는 너희가 나를 사랑하고 또 내가 하나님께로부터 온 줄 믿었으므로 아버지께서 친히 너희를 사랑하심이라"(요 16:26~27). 세상을 자기와 화목하게 하시려고 아버지께서 예수 안에서 일하셨다(고후 5:19).

두 가지 상반된 하나님관의 이 싸움은 처음부터 벌어진 궁극의 전투다. 어거스틴도 당대에 똑같이 싸웠다. "그렇다면 성자는 우리를 위해 기꺼이 죽으실 정도로 이미 우리와 화목해지셨는데 **성부는 성자가 대신 죽지 않는 한 우리와 화목해지실 뜻이 없을 만큼 여전히 우리에게 노하셨단 말인가? ⋯ 성부는 우리를** 성자가 대신 죽기 전부터 사랑하셨을 뿐 아니라 창세 전부터 사랑하셨다."[19]

하나님은 우리가 돌아와 그분을 바로 알게 되기를 간절히 바라신다. "영생은 곧 유일하신 참 하나님과 그가 보내신 자 예수 그리스도를 아는 것"이기 때문이다(요 17:3).

예수는 지금 하늘에서 자기 신부인 교회에게 다시 오실 날을 고대하신다. **하지만 아이 상태의 신부에게 오시는 건 아니다.** 그분은 신부인 자기 백성이 성숙하고 장성해 그분을 닮은 성품이 되기를 기다리신다. 그리스도의 신부가 장성하지 못하는 한 가지 원인은 "죽은 행실을 회개함"(히 6:1)이라는 아기 분유를 끊지 않는 데 있고, 다시 그 원인은 사람들을 4단계 이하의 사고방식에 묶어 두는 **실정법** 개념이라는 전염병에 있다. 그래서 교회를 떠나지 않는 사람도 중독과 폭력과 회개의 악순환에 빠질 뿐, 진정한 승리를 누리지 못할 때가 너무 많다. 적들은 하나님을 왜곡하려 해 왔으나 다행히 그분은 그런 분이 아니다.

그분은 우리가 신뢰할 수 있는 친구이며, 기회를 드리기만 하면 늘 곁에서 도우시며 누구라도 선뜻 치유해 주신다.

Key-Point

- 교단과 상관없이 기독교 전체는 인간의 **실정법** 개념에 병들어 있다.
- 성경적 정의는 압제자를 벌하는 게 **아니라** 압제당하는 자를 구해 낸다.
- 회계 장부의 법적 조정은 중요하지 않다. 중요한 건 사랑이다. 우리를 변화시키는 그 사랑이 마음을 새로 빚고, 두려움을 몰아내고, 이기심을 대체하고, 생존 본능을 뛰어넘는다. 그 사랑이 하늘과 땅의 틈새를 이어 우리를 다시 사랑의 아버지와 맺어 준다.
- 예수는 자기 신부인 교회에게 다시 오실 날을 고대하신다. **하지만 아이 상태의 신부에게 오시는 건 아니다.**
- 하나님은 우리가 두려워해야 할 적이 아니라 우리의 창조주로서, 우리를 죽이는 죄라는 불치병을 고쳐 주시려는 일념뿐이다.

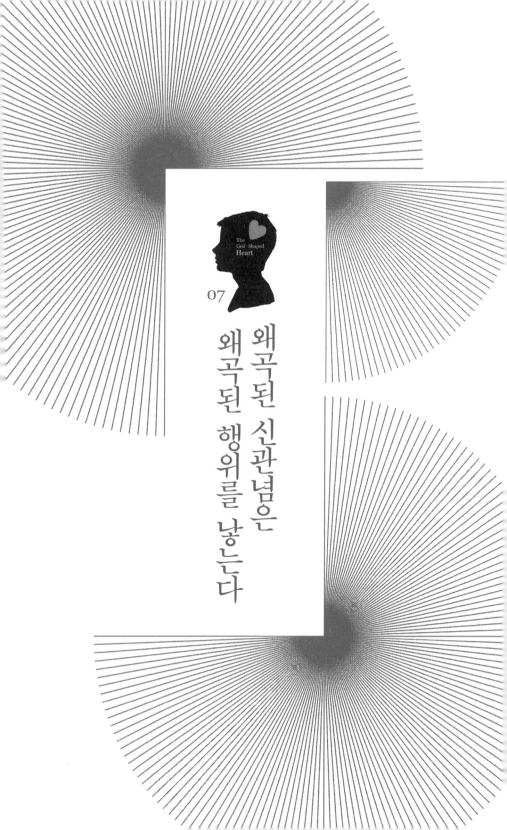

The
God-Shaped
Heart

07

왜곡된 신관념은
왜곡된 행위를 낳는다

신학적 지성의 너무 신중한 논리를 따르기보다
환희에 취한 마음의 통찰을 따르는 게 더 지혜로울 수 있다.

─A.W. 토저, 《하나님을 바로 알자》(생명의말씀사 역간)

♥   샌디(Sandi)는 상반되는 감정 사이에서 갈피를 잡지 못했다. 어찌해야 할지 막막하고 어디로 가야 할지 몰라 일단 목사를 찾아갔다.

목사도 눈치를 채기는 했었다. 샌디가 질문에 답할 때마다 남편 집사의 눈치를 살폈고, 곁에 남편이 있으면 애써 웃어 보였고, 화장도 짙을 때가 잦았기 때문이다. 그래도 목사는 학대가 그 정도로 심할지는 전혀 몰랐다

샌디는 교단 교회에서 운영하는 지역 초등학교의 1~3학년 교사였다. 그녀는 남편이 곤란해지기를 바라지 않았고, 결혼생활을 끝내고 싶지도 않았으며, 남편의 구타 사실이 사람들에게 알려지는 것도 싫었다. 하지만 이대로 계속 갈 수는 없음도 알았다. 뭔가 조치가 필요했다.

그래서 마침내 목사에게 털어놓았다. 목사는 즉각 남편을 대면하여 손찌검이 중단되어야 함을 분명히 말했다! 도움과 상담을 받도록 훈계도 했다. 샌디에게도 남편이 다시 때리거든 경찰에 신고하라고 권했다. 그러나 목사의 노력에도 불구하고 학대는 중단되지 않았다. 샌디는 몇 년을 더 맞으며 살다가 결국 집을 나가 이혼 소송을 제기했다.

상처받고 화난 남편은 노회 당국을 찾아가 아내가 성경적 근거도 없이 이혼하려 한다고 민원을 넣었다(자신이 바람을 피우지 않았다며 내놓은 주장이었다). 그러면서 그는 샌디가 결혼의 성경적 기준을 고수하지 않았으므로 기독교 학교에서 가르칠 자격이 없다고 주장했다. 노회 당국은 샌디를 면직했다.

이 실화와 관련하여 다음 질문을 잘 생각해 보라.

- 샌디의 남편은 1~7단계 중 어느 단계에서 행동하고 있는가?
- 이혼하려는 샌디의 행동은 옳은가 그른가?
- 샌디에게 이혼의 성경적 근거가 있는가?
- 노회 당국은 어느 단계에서 행동하고 있는가?
- 샌디를 면직한 노회의 행동은 옳은가 그른가?

당신의 답을 보면 당신이 현재 어느 단계에서 살아가고 있는지 다분히 알 수 있다.

하나님의 성숙한 친구는 그분의 법이 사랑의 법이며 실제로 그분의 성품의 표현임을 안다. 우리는 그 설계 원리대로 살아가도록 지어졌다. 그래서 사랑은 이기적이지 않고 타인 중심이다. 하나님의 모든 창조세계가 그 원리대로 작용하도록 설계되었다. 그러므로 누구든지 이 하나의 법을 범하면 다른 법도 다 범한 자가 된다. 모든 위법이란 곧 사랑하지 않는 행위이기 때문이다(약 2:10). 아내를 구타하는 남자는 사랑의 법을 어기고 아내의 신뢰를 짓밟는다. 즉 아내를 배반한다. 배반을 다르게 표현하면 바로 외도다.

아내를 구타하는 게 어째서 잘못인가? 답은 각자가 어떤 단계에서 살아가고 있느냐에 따라 달라진다.

1단계 상벌 남편이 더 강하므로 잘못이 아니다. 그가 벌을 받지 않는 한 옳은 일이다. 벌이라는 결과를 당해야만 잘못된 일이다.

2단계 교환 가치 잘못이 아니다. 결혼이라는 거래에서 제 몫을 다하지 않는 아내는 당연히 남편에게 맞는 게 옳고 정당하다.

3단계 사회적 동조 문화가 잘못이라고 말해야만 잘못이다.

4단계 법과 질서 규칙을 어기면 벌이 요구되므로 잘못이 아니다. 하나님은 우리에게 규칙을 주셨으며, 우리가 규칙을 어기면 그분이 벌하셔야만 한다. 예수가 우리 대신 벌을 받으셨다. 우리도 하나님을 닮으려면 불순종하는 아내를 벌해야 한다. 그게 남편에게 순종하는 법을 가르치는 사랑이다.

5단계 타인을 향한 사랑 아내를 사랑하지 않으므로 잘못이다. 아내를 하나님의 딸이자 가치 있는 인간으로 대하지 않기 때문이다.

6단계 **순리에 따르는 삶** 하나님이 설계하신 삶과 사랑에 어긋나므로 잘 못이다. 건강한 관계를 위한 하나님의 설계 원리 중에 자유의 법칙이 있는데 구타는 여기에 어긋난다. 사랑은 자유로운 분위기에서만 존재할 수 있다. 게다가 하나님은 남편과 아내를 동격의 존재로 설계하셨다. 남편은 그리스도께서 교회를 대하시듯 아내를 대하며 아내를 위해 자신을 희생해야 한다(엡 5:25).

7단계 **하나님 마음에 합한 사람** 하나님의 설계에 어긋날 뿐 아니라 **남편의** 사고와 성품과 양심을 해치고, 아내의 개성을 말살하고, 하나님을 독재자로 잘못 대변하고, 여자를 창조하신 목적을 모르기 때문에 잘못이다. 남자는 하나님의 형상으로 창조되었는데, 하나님은 남자가 혼자 사는 게 좋지 않다고 하시며 그를 도울 사람을 지으셨다. 무엇을 하기 위한 도움인가? 하나님을 닮은 충만한 사랑 안으로 들어가기 위함이다. 아담은 자신을 내주고 섬길 대상이 없이는 하나님을 닮은 충만한 사랑 안으로 들어갈 수 없었다. 그래서 아담의 희생적 사랑을 받을 사람으로 하와가 창조되었다. 아울러 그 사랑은 하와의 이타적 섬김을 통해 아담에게로 도로 흘러간다. 성령과의 관계 속에서 아담과 하와는 하나님의 사랑의 법대로 살도록 지어졌다. 그들은 지구별을 다스리는 주체이며 인간 안에 거하는 하나님의 형상이다.

예배의 법칙

여러 연구로 확인되듯이 배우자를 구타하는 비율은 기독교 가정도 비기독교 가정과 다를 바 없다.[1] 어떻게 그럴 수 있을까? 믿는다는 그리스도인들을 막아 가족을 향한 화와 격분과 폭력을 극복하지 못하게 하는 요인은 무엇인가? 하나님의 법을 실정법으로 대체했기 때문이다. 그 결과 우리는 벌하는 신을 숭배하게 되는데, 사람은 자기가 숭배하는 신처럼 되는 법이다.

하나님이 설계하신 법 중에 예배의 법칙이 있다. 우리는 바라보는 대로 변화된다. 하나님을 예배하고 흠모하면 실제로 그분을 닮아간다. 정신의학에서는 이를 '모델링'이라고 한다. 이게 가능한 이유는 생각과 인생 경험에 따라 자체 조정하는 우리 뇌의 신기한 능력 때문이다. 하나님은 우리를 각자의 선택에 따라 적응하고 변화하도록 지으셨다. 사랑의 하나님을 예배하는 사람은 사랑이 더 많아지고, 권위주의적인 신을 숭배하는 사람은 학대가 더 심해진다. 문제는 신을 뭐라고 부르느냐가 아니라 우리가 섬기는 신의 성품이다. 거기서 모든 게 달라진다.

모든 거짓 신은 실정법과 강제 처벌과 권위주의적 규칙에 따라 움직인다. 그 결과 숭배자는 두려움 속에 살아가며 결국 신의 이름으로 타인을 학대한다. 오직 우리를 창조하신 유일하신 참 하나님만이 사랑이라는 삶의 설계 원리대로 작용하며, 예배자가 타인을 위해 자신을 희생한다. 다른 신은 다 전제적이고 권위주의적이어서 협박과 결국은 학대를 일삼는다.

위르겐 몰트만(Jurgen Moltmann)이 저서 《하나님의 이름은 정의이다》(21세기교회와신학포럼 역간)에 논증했듯이, 인류 역사에 일관되게 흐르는 지배적 관점은 곧 권위주의적인 신이다.

> 크세르크세스(아하수에로) 왕이 제국 국경의 요소요소에 세워 둔 돌기둥에 이런 비문이 새겨져 있다.
> 　　"나 크세르크세스는 대왕이니
> 　　만왕의 왕이요
> 　　각양각색의 인간이 사는
> 　　만국의 왕이며
> 　　널리 천하의 왕이라."

세상을 통치하는 일은 천상에 있는 유일신에게 속한 일이요 여러 민족과 나라를 주관하는 일은 지상에 있는 그의 화신에게 속한 일이다. 신도 하나요 왕도 하나요 우주의 제국도 하나다. 이는 종교적으로 이상화된 권력이다. 권력이 클수록 신성도 커진다. 그래서 지상의 통치자는 신으로 선포된다. 그는 천자(天子)이자 신의 아들이자 황제 신으로서 신민 위에 군림하며 종교적 숭배와 절대적 복종을 요구한다. 천상의 신이 하나이니 지상에서 그를 대변할 통치자도 하나여야 하며, 신의 우주적 주권과 땅의 정치적 통치가 짝을 이루어야 한다는 것이다. 이런 개념은 옛날부터 있던 정치 신학이다. 황제를 천자로 보던 중국의 이념에도 있고, 일본 국교인 신도(神道)에도 있고, 페르시아와 바빌론과 이집트의 통치 신화에도 있다. 태양을 숭배하던 이집트의 아크나톤 왕조가 그런 정치적 유일신론의 좋은 예다. 하지만 이는 이상향에 불과했다. 천하를 제패한 제국도 결국은 다 망했다. 1245

년에 몽골 통치자 칭기즈칸의 카라코룸 왕궁에서 한 만남이 이루어 졌다. 세계 정치의 맥락에서 보면 알궂은 조우였다. 로마에서 온 프란체스코회 수사 둘이 칸을 알현하며 개종을 권유했다. 칸은 이렇게 답했다.

"영원한 신께서 권능과 가르침으로 만인을 다스리신다. 하늘에 영원한 신이 하나뿐이듯 땅에도 군주는 하나뿐이니 곧 천자인 칭기즈칸이다. 이것이 내가 그대들에게 주는 말이다."

두 수사는 몽골 황제의 이 답변을 로마에 있는 "하나님의 지상 대리인"에게 보고했는데, 그 또한 아주 비슷한 방식으로 종교 권력을 정당화한 사람이었다.[2]

그러나 예수는 하나님을 독재자로 보는 이런 관점을 뒤집으셨다. 예수는 "근본 하나님의 본체시나 하나님과 동등됨을 취할 것으로 여기지 아니하시고 오히려 자기를 비워 종의 형체를 가지사 사람들과 같이 되셨"다(빌 2:6~7). 그분이 보여 주신 하나님은 사랑의 하나님, 섬김을 받기보다 능력으로 섬기시는 하나님, 피조물의 봉사를 요구하기보다 피조물에게 유익하도록 베푸시는 하나님, 자신을 희생하시는 하나님이다.

필립 얀시(Philip Yancey)는 이렇게 썼다.

예수 때문에 … 내 본능적인 하나님관을 조정해야 한다. 어쩌면 그게 그분의 사명의 핵심이 아니었을까? 예수께서 계시하시는 하나님은 우리를 찾아오시는 분, 아들을 죽게 하셔서라도 우리의 자유를 허용

하시는 분, 스스로 약해지시는 분이다. 무엇보다 예수가 보여 주시는 하나님은 사랑이시다.[3]

신을 독재자로 보는 우리의 본능은 인간의 **실정법** 개념에서 비롯된다. 그런 신은 강압적으로 통치하는 권력의 신이다. 이는 4단계 이하의 미성숙한 사고방식이다. 예수는 이런 개념을 뒤집으신다! 그분이 계시하시는 하나님은 사랑으로 진리를 제시하실 뿐, 피조물을 자유롭게 두신다. 사도들도 거짓된 하나님관에서 해방된 뒤로는 십자가에 못 박히신 예수를 전했고, 하나님의 법이 사랑이라고 가르쳤다(롬 13:10, 갈 5:14, 약 2:8). 그리하여 신약 교회는 성장했다.

그런데 안타깝게도 사도 시대 이후로 기독교는 하나님을 이타적인 사랑의 신으로 보는 시각을 버렸다. 교회는 하나님이 창조주시며 그분의 법이 실재의 피륙 속에 짜여 있다는 인식을 버렸고, 그 진리를 시저 유형의 권위주의적 신으로 대체했다. 형벌로 위협해 숭배를 요구하는 독재자로 말이다. 몰트만의 말은 이렇게 이어진다.

> 로마 가정의 아버지는 로마의 아버지 신들에 상응했고, 나중에는 신들의 아버지로서 집안의 제사장 역할까지 한 주피터에 상응했다. 시저는 국부(pater patriae)로 통했고 제사장 아버지의 교황(pontifex maximus)으로서 통치했다. 이런 호칭은 한편으로 통치자에게 보호받으려는 백성의 바람을, 다른 한편으로 통치자 쪽의 무제한의 권력을 반영해 준다. 그의 나라의 아버지는 전능한 아버지(pater omnipotens)다. "신의 진노"에 대한 락탄티우스(Lactantius)의 글에서 분명히 볼

수 있듯이 로마의 아버지 개념은 기독교의 신에게로 전이되었다. 이 유일신은 아버지이자 군주여서 그의 권력은 자애로우면서도 절대적이다. "우리는 아버지이신 그분을 사랑해야 하지만 군주이신 그분을 두려워하기도 해야 한다. … 아버지로서도 군주로서도 그분은 예배를 받으시기에 합당하다. 자기 영혼의 아버지를 어린아이처럼 마땅히 경외하며 사랑하지 않을 사람이 누가 있겠는가? 또 실권으로 만물을 통치하시는 그분을 멸시하고도 벌을 면할 사람이 누가 있겠는가?"[4]

예수께서 계시하신 사랑의 하나님이 이런 독재자 개념으로 대체되면, 그리스도인 남편이 예수에 대해 금시초문인 남자만큼이나 자주 아내를 구타해도 놀랄 게 없다. 왜 그런가? 양쪽 다 같은 **실정법**을 따라 살아가기 때문이다. 사과를 손에서 놓으면 땅에 떨어질 수밖에 없듯이 우리의 성품(마음)도 자기가 숭배하는 신처럼 될 수밖에 없다. 그게 예배의 법칙이다!

종교가 있는 아이일수록 덜 이타적이다

미국, 캐나다, 중국, 요르단, 남아공, 터키 등 6개국 1,170명 어린이를 대상으로 실시된 최근의 한 연구 결과, 종교적인 가정에서 자란 아이는 세속적인 가정에서 자란 아이만큼 나누어 가질 줄 모르며 더 남을 벌하는 경향이 있다. 이 연구의 저자는 어느 인터뷰에서 이렇게 말했다. "이번 연구를 보면 무신론과 무종교 가정의 아이일수록 오히려 더 너그러웠습니다. … 이런 결과를 종합해 보면 어느 나라든 다 비슷하게 종교는 아이의 이타심에 부정적 영향을 미칩니다. 이는 종교심이 친사회적 행동을 촉진한다는 견해에 반할뿐더러 종교가 도덕 발달에 꼭 필요한지 의문을 품게 합니다. 도덕적 담론의 세속화가 인간의 친절성을 떨어뜨리지 않는다는 말이지요. 사실 그 반대입니다."[5]

예배의 법칙을 알면 그런 결과에 놀랄 게 없다. 하나님을 실정법에 따른 권위주의적 독재자로 보는 게 지배적 세계관이라면, 이는 뻔한 필연적 결과다. 자연법–이 경우 예배의 법칙–의 이치가 그렇다. 우리는 바라보는 대로 변화된다. 정말 자기가 예배하는 신의 형상으로 변한다. 선지자 예레미야가 말한 대로다. "너희 조상들이 내게서 무슨 불의함을 보았기에 … 헛된 것[우상]을 따라 헛되이 행하였느냐[되었느냐(NIV)]"(렘 2:5). 또 바울도 "그들이 마음에 하나님 두기를 싫어하매 하나님께서 그들을 그 상실한 마음대로 내버려 두사"(롬 1:28)라고 했다.

잘못된 하나님관을 믿으면 단지 나누어 가질 줄 모르는 것보다 훨씬 더 비참한 결과를 초래할 수 있다. 사실 하나님을 위해 일한다면서 정작 그분을 모르는 사람보다 더 위험천만한 것은 없다!

1993년 3월 10일 플로리다주 펜사콜라에서 31세의 자칭 기독교인인 마이클 프레더릭 그리핀(Michael Frederick Griffin)이 47세의 데이비드 건(David Gunn) 박사의 영혼을 위해 기도한 뒤 시위 대열에서 이탈해 그의 등에 세 방의 총을 쏘았다. 건 박사는 자신이 일하던 낙태 시술소 앞에서 살해되었다.[6] 그리핀이 숭배하던 신은 어떤 신이었을까? 2015년 2월에 21명의 콥트교회 기독교인을 참수한 IS(이슬람국가) 전사들의 신과 똑같은 권위주의적 신이 보이지 않는가?[7]

이런 행동은 사랑의 정반대이며 예수의 가르침에 완전히 어긋난다. "또 '네 이웃을 사랑하고 네 원수를 미워하라' 하였다는 것을 너희가 들었으나 나는 너희에게 이르노니 **너희 원수를 사랑하며** 너희를 박해하는 자를 위하여 기도하라. 이같이 한즉 하늘에 계신 너희 아버지의 아들이 되리니 이는 하나님이 그 해를 악인과 선인에게 비추시며 비를 의로운 자와 불의한 자에게 내려주심이라"(마 5:43~45).

이 말씀에서 하나님의 **자연법**이 보이는가? 예수는 하늘 아버지를 닮으려면 원수를 위해 기도하라고 가르치신 뒤에, 바로 하나님의 사랑의 실제 사례를 제시하신다. 어떤 사례인가? 해와 비다. **자연법**이다! 실제로 우주는 하나님의 법이라는 원리대로 작용하도록 지어졌다. 거기로 돌아오라고 그분은 우리를 부르신다. 우리는 그분께로, 실재로, 하늘 아버지와의 연합으로, 서로 간의 연합으로, 사랑으로 돌아가야 한다. 생명이 그런 식으로만 존재하도록 설계되었기 때문이다. 그런데 서글프게도 하나님의 진리를 거짓과 바꾼 사람이 많다.

현대의 바알 숭배

지금으로부터 2,800년도 더 전에 바알 숭배가 이스라엘에 침투해 들어왔다. 이 우상숭배는 하나님이 자기 소유로 삼으신 백성의 지배적 신념체계이자 예배 행위가 되었다. 왕을 위시한 정치 지도층과 종교 지도층이 바알 숭배를 조장했고 대다수 국민이 이를 진리로 받아들였다. 하나님은 이 왜곡된 신념체계를 물리치시고자 선지자 엘리야를 불러 거짓된 예배 관습에 맞서게 하셨다.

이후 하나님이 선지자 말라기를 통해 주신 예언이 있다. 이에 따르면 그리스도께서 다시 오시기 전에도 2,800년 전 이스라엘처럼 하나님의 백성에게 다시 선지자 엘리야가 필요하다. 그가 그들을 불러, 돌이켜 참되신 하나님을 예배하게 해야 한다. "보라, 여호와의 크고 두려운 날이 이르기 전에 내가 선지자 엘리야를 너희에게 보내리니 그가 아버지의 마음을 자녀에게로 돌이키게 하고 자녀들의 마음을 그들의 아버지에게로 돌이키게 하리라"(말 4:5~6). 즉 말라기의 예언은 그리스도의 재림 전에도 세상에 비슷한 위기가 닥치리라는 경고다. 그때 세상의 종교 지도층과 정치 지도층은 대다수 인류를 이끌어 거짓된 하나님관을 믿게 할 것이다.

말라기의 예언이 오늘날에 어떻게 적용되는지 알려면 바알 숭배가 왜 잘못이었는지 알아야 한다. 바알을 숭배하는 게 왜 문제였는가? 하나님을 예배하면서 야훼라 하지 않고 바알이란 엉뚱한 단어를 썼기 때문인가? 단지 그뿐인가, 아니면 다른 게 있는가?

> 히브리어 명사 바알은 "주인, 소유주, 남편"이란 뜻이다. 바알브올이나 바알브릿처럼 복합어로 쓰이면 원뜻이 꽤 남아 있을 수 있지만, 대체로 구약에서 바알은 하닷이라는 특정한 신을 가리키는 고유명사다. 셈족의 풍우신인 하닷은 가나안의 다신 중 가장 중요한 신이었다. 야훼는 이스라엘의 "주인"이요 "남편"이시므로 그들은 무심코 그분을 바알이라 불렀다. 그러다 보니 야훼께 드리는 예배와 바알에게 행

하는 의식이 당연히 혼동되었다. 그래서 그분을 부를 다른 호칭이 요긴해졌다. 호세아는 남편을 뜻하는 다른 단어 "이쉬"로 그분을 칭했다(호 2:16).[8]

분명히 문제는 어떤 어휘를 쓰느냐가 아니었다. 바알이란 호칭도 참되신 하나님께 엄연히 쓰였으니 말이다. 그렇다면 오늘날에도 말로는 "예수"라는 신을 예배한다지만 사실은 그분의 참 정체를 잘못 알고 있는 사람이 있을 수 있을까? 다시 말해서 자칭 그리스도인이 사실은 그리스도를 따르지 않는 사람일 수도 있을까? 예수는 그렇다고 말씀하신다.

> 그날에 많은 사람이 나더러 이르되 "주여, 주여, 우리가 **주의 이름으로** 선지자 노릇하며 **주의 이름으로** 귀신을 쫓아내며 **주의 이름으로** 많은 권능을 행하지 아니하였나이까" 하리니 그때에 내가 그들에게 밝히 말하되 "내가 너희를 도무지 알지 못하니 불법을 행하는 자들아 내게서 떠나가라" 하리라(마 7:22~23).

말세에 사람들이 **예수를** 따르는 자로 자처하겠으나 그분이 단호히 밝히셨듯이 그들은 그분을 따른 게 아니다. 찬양팀과 함께 "예수"께 찬송을 불렀을 수는 있으나 그들이 말한 예수는 그분이 아니었다.

하나님이 예언하셨듯이 이 땅에서 그분을 따르는 이들도 바알을 숭배하던 옛 이스라엘처럼 재림 전에 비슷한 위기에 봉착할 것이다. 이스라엘의 예배가 잘못된 게 바알이라는 단어 때문은 아니었다. 그렇다면 바알 숭배는 왜 잘못이었는가?

성경 외의 고대 문헌에 바알과 이교 다신에 대한 정보가 다양하게 나오는데, 그 중 몇 가지 공통된 핵심 요소가 있다.

바알은 엘(즉 엘로힘 또는 엘샤다이)의 아들이었다. 날씨의 신인 그는 흔히 "전능자"와 "땅의 주"로 불렸다. 비와 천둥과 번개를 내려 땅을 비옥하게 하고 해를 다스리며 수확을 이루는 신이었다. 그는 큰 뱀 리워야단과는 물론이고 죽음의 신 모트와도 싸웠는데, 무엇보다 놀라운 점은 그가 모트와 싸우다 죽었으나 죽음에서 부활해 땅에 생명을 주었다는 가르침이었다.[9]

그렇다면 "이스라엘의 남편이자 보호자"이고, 엘의 아들이며, 날씨를 지배하고, 비와 햇빛을 내려 풍작의 복을 주고, 큰 뱀과 죽음에 맞서 싸우고, 죽었다 살아나 땅에 생명을 주는 이 신을 숭배하는 게 무엇이 문제였는가? 이 신의 무엇이 잘못되었는가? 엘리야는 무엇을 대적했는가? 바알 숭배는 왜 오류였는가?

바알은 사람이 달래야 하는 권위주의적인 신이었다! 그의 복을 받으려면 예배자가 그에게나 그를 위하여 뭔가를 해야만 했다. 그래서 성경에 보면 "이에 그들[바알의 선지자들]이 큰 소리로 부르고 **그들의 규례[의식]를 따라** 피가 흐르기까지 칼과 창으로 그들의 몸을 상하게 하더라"(왕상 18:28)고 했다.[10]

《틴데일 성경사전》에 따르면 바알을 유도해 예배자가 바라는 복을 얻어내려면 인신제사를 비롯한 갖가지 행위가 요구되었다. 엘리야가 바알의 선지자 450명과 대결하는 장면에서 그 생생한 예를 볼 수 있다. 그들은 거짓 신의 요구에 부응하고자 기도하고 춤추며 몸을 자해

했다.[11]

바알은 역사 속에 끈질기게 남아 그리스인에게는 제우스, 로마인에게는 주피터, 노르웨이인에게는 토르, 성난 신을 예배하는 기독교인에게는 예수 그리스도가 되었다.[12] 그 신은 규칙을 강요하고, 불복하면 처벌하고, 피의 인신제물을 바쳐야만 진노를 거두는 신이다. 그래서 역사를 한눈에 보시는 하나님은 엘리야가 다시금 그분의 백성을 불러, 돌이켜 창조주 하나님을 예배하게 해야 한다고 예언하셨다. 바알과는 다른 그분을 말이다!

우리는 예수를 통해 계시된 참되신 하나님, 곧 사랑과 자비가 무한하신 분을 예배하고 있는가? "세상을 이처럼 사랑하사" 우리를 구원하시려고 "독생자를 주"신 그분인가? 아니면 인신 제물을 바쳐야만 벌을 면할 수 있는 전제적인 독재자 신 바알을 숭배하는가? 우리가 성숙하게 장성하지 못함은 옛 이스라엘처럼 속아서 **실정법** 개념으로 변질된 신을 숭배하기 때문은 아닌가? 우리가 하늘의 신랑께 충실한 신부가 되지 못함은 두려움을 조장하는 가르침에 막혀서는 아닌가? 그동안 우리 그리스도인은 사랑의 나라의 복음을 품고 세상으로 나아갔는가, 아니면 규칙을 강요하고 위반자를 처벌하는 바알 같은 독재자 신을 전염병처럼 퍼뜨렸는가?

절대 권력의 신을 숭배하면 우리도 그 신처럼 되어 결국 자기가 사랑한다는 이들을 학대한다. 우리가 믿는 그 신은 시저처럼 행세하여 법을 강요하고 처벌을 시행한다. 그러나 유일하신 참 하나님을 예배하면 우리도 그분처럼 되어 가족을 자신보다 더 사랑한다. 그 하나님은 당연히 절대 권력을 지니셨으면서도 성품이 예수와 같다. 예수는 받으신 모든 능력으로 섬김을 받기보다 섬기시고, 더러운 발을 씻어 주시고, 복을 베푸셨다.

이제 세상에 하나님의 참모습을 내보여야 할 때다! 지구별의 사람들이 그리스도를 만날 준비를 해야 할 때다! 거짓된 바알 신의 개념일랑 버리고 예수께서 계시하신 진리를 받아들여야 할 때다!

각계각층의 하나님의 사람들에게 권하노니 **실정법** 개념을 버리고 그분이 설계하신 **사랑의** 법을 받아들이라. 엘리야처럼 일어나 하나님의 참모습을 적극적으로 알리라. 엘리야의 도전은 지금도 똑같이 울려 퍼진다. "여호와가 만일 하나님이면 그를 따르고 바알이 만일 하나님이면 그를 따를지니라"(왕상 18:21).

하나님이 예수가 계시하신 대로라면 그분을 섬기고, 바알처럼 우리가 달래야 하는 독재자 신이라면 그런 그분을 섬기라. 문제는 이것이다. 당신은 **누구를** 섬길 것인가?[13]

· 예배의 법칙은 **자연법**이다. 우리의 성품은 자기가 예배하는 신처럼 된다.

· 사랑의 하나님을 예배하는 사람은 사랑이 더 많아지고, 독재자신을 숭배하는 사람은 학대가 더 심해진다.

· 하나님을 위해 일한다면서 정작 그분을 모르는 사람보다 더 위험천만한 것은 세상에 없다.

· 바알은 제물을 바쳐서 달래야 하는 신이지만 하나님은 바알과 다르다. 우리는 독재자처럼 벌하는 하나님관을 배격하고 돌이켜 사랑의 하나님, 예수께서 계시하신 하나님을 예배해야 한다.

The
God-Shaped
Heart

08

조 직 인 가, 사 람 인 가 ?

율법주의자는
하나님의 법을 최고로 높이는 사람이 아니라
인간의 법을 최고로 높이는 사람이다.

─ 롭 리나우(Rob Rienow), 《유한한 교회 무한한 하나님 나라》

♥　　　샌디의 서글픈 사연(앞장 참조)에서 우리는 기독교 내에 그토록 분열이 많은 이유를 엿볼 수 있다. 노회 당국은 왜 그런 식으로 행동했을까? **실정법**대로 작용하고 있기 때문이다. **실정법**은 강제 시행을 요구하는 규칙이다. 그들은 죄로 병든 샌디 남편의 마음을 제대로 볼 줄 몰랐다. 이런 일이 생기는 데는 여러 이유가 있다. 첫째, 4단계─법과 질서─에서 살아가는 사람은 규칙, 교리의 바른 정의(定義), 정책 시행, 교회 질서, 권위에 대한 동조 등에 신경 쓴다. 그러다 보니 그들은 조직을 운영하는 고위직에 매력을 느낀다. 그 결과 많은 제도 교회의 지도자 자리를 4단계의 사람들이 주로 차지하고 있다. 둘째, 인간 조

직은 **자연법**으로 운영되는 게 아니라 이교 로마처럼 세상의 **실정법**과 적자생존 원리대로 돌아간다. 그래서 조직 지도층의 내적 동기는 사랑이 아니라 두려움일 때가 너무 많다. 잃어버린 영혼을 사랑하기보다는 조직에 해가 미칠 것을 두려워한다.

노회 당국은 배우자의 외도 없이 이혼한 사람을 직원으로 썼다는 선례를 남기는 게 두려웠다. 그래서 하나님의 자녀를 하나쯤 희생해서라도 조직을 보호하기로 했다. 새삼스러운 일도 아니다. 지상에 조직화된 교회의 지도층은 2천 년 전에도 똑같은 행동을 했다. "한 사람이 백성을 위하여 죽어서 온 민족이 망하지 않게 되는 것이 너희에게 유익한 줄을 생각하지 아니하는도다"(요 11:50). 조직에 해를 부르느니 무죄한 사람을 죽이는 게 낫다는 것이다.

교회사를 통틀어 **모든** 교단의 교회 조직은 제도를 보호하고자 영혼을 희생해 왔다. 기관을 살리려고 아동 성추행을 덮는 조직적 은폐는 언론에 입증된 사례만도 무수히 많다. 무엇을 희생한 결과인가? 더 많은 무죄한 사람이 이용당하고 피해를 당했다. 기준을 수호한답시고 교인을 출교시켰다. 다양한 성경 해석을 두고 조직이 사분오열했다. 왜 이런 일이 벌어지는가? 사고가 4단계 이하에 고착되어 있기 때문이다. 그래서 그들은 실재—사람들 안에 하나님이 설계하신 마음을 회복하는 일—에 집중하기보다 그들이 규정하는 정의를 중시한다!

예수는 이 문제를 누누이 지적하시며 정말 중요한 건 마음의 변화라고 가르치셨다. 선한 사마리아인의 비유에서 하나님 앞에 옳다고 인정받은 사람은 누구인가? 제사장도 아니고 레위인도 아니다. 그들은 교리적 정의도 **옳았고,** 참석하는 종교의식과 예배 프로그램도 **옳았고,**

예배를 드리는 요일도 **옳았다**. 그러나 반대로 답은 사마리아인이다! 우리가 아는 한 그는 성전에서 제사를 드리거나 안식일을 지키거나 정결한 식단을 따른 적이 없다. 그렇다면 그는 무엇이 옳았는가? 마음 속에 사랑이 있었다. 하나님이 설계하신 마음이 있었다!

사마리아인은 아무런 보답도 바라지 않고 시간과 에너지와 자원을 들여 남을 도왔다. 이게 사랑이다! 이게 하나님의 목표다. 예수께서 그렇게 가르치셨다. "내가 너희를 사랑한 것 같이 너희도 서로 사랑하라. 너희가 서로 사랑하면 이로써 모든 사람이 너희가 내 제자인 줄 알리라"(요 13:34~35). 사랑하는 마음이 있어야만 참으로 그리스도를 따르는 사람이다. 그밖에 예배 의식이니 교리적 정의니 법적 조정 따위로는 다 불충분하다. 사랑은 하나님의 우주에 흐르는 혈액이며, 그런 사랑이 있는 사람만이 하나님 가족의 진정한 일원이다. 그래서 성경에 "누구든지 하나님을 사랑하노라 하고 그 형제를 미워하면 이는 거짓말하는 자니 보는바 그 형제를 사랑하지 아니하는 자는 보지 못하는 바 하나님을 사랑할 수 없느니라"(요일 4:20)라고 했다.

우물가의 여인은 그리스도께 자기 동족과 유대 민족 중 누가 바른 장소에서 예배하고 있느냐고 물었다. 이에 그분은 "아버지께 참되게 예배하는 자들은 영과 진리로 예배할 때가 오나니 곧 이때라. 아버지께서는 자기에게 이렇게 예배하는 자들을 찾으시느니라"(요 4:23)라고 답하셨다. 속사람이 하나님이 설계하신 마음으로 새롭게 된 이들이 곧 하나님을 참으로 예배하는 사람이다.

교회는 사랑의 가정처럼 되어 더 건강한 식구가 아픈 사람을 힘써 도와야 한다. "형제들아, 사람이 만일 무슨 범죄한 일이 드러나거든 **신**

령한 너희는 온유한 심령으로 그러한 자를 바로잡고 너 자신을 살펴보아 너도 시험을 받을까 두려워하라. **너희가 짐을 서로 지라. 그리하여 그리스도의 법을 성취하라**"(갈 6:1~2).

이때 성취되는 법은 무엇인가? 사랑의 법 곧 베풂의 원리다. 하나님의 우주에 흐르는 생명의 법이다. 이런 일을 가능하게 하려면 우리가 실정법 개념을 버리고 돌이켜 창조주요 설계자이신 하나님을 예배해야 한다. 그분의 법이 삶 자체의 원리임을 알아야 한다!

교회는 조직의 생존에만 급급하여 세상의 정부처럼 성문화된 행동 규칙으로 제도를 운영할 때가 너무 많다. 하나님의 구원 계획에서 구원받는 것은 조직이 아니라 사람임을 잊어서는 안 된다! 이를 망각하고 조직 구하기에 매달리면 영혼을 잃는다. 사고의 전염병인 실정법 개념은 마음을 치유하고 타인을 사랑하고 잃어버린 영혼에게 다가가는 데 주력하는 게 아니라 교인을 세뇌해 무조건 행동으로 동조하게 만든다. 하나님의 자녀를 치유하기보다 **바른** 조직에 속해 조직의 권위를 수호하고 규칙을 시행하는 게 더 급선무다.

오스왈드 챔버스(Oswald Chambers)는 이 문제를 이렇게 인식했다.

> 화목함이란 인류 전체와 하나님의 관계가 회복되어 그분이 설계하신 본연의 상태로 돌아간다는 뜻이다. 이게 예수 그리스도께서 이루신 구속(救贖)이다. 교회가 이기적으로 변해 자체 조직의 발전에 여념이 없으면 더는 영적이지 못하다. 인류가 하나님의 계획대로 그분과 화목해지려면 개개인의 삶에서만 아니라 우리의 집단적 삶에서도 그분을 구현해야 한다. 예수 그리스도께서 사도와 교사를 보내신 목적도

바로 거기에 있다. 즉 많은 지체로 이루어진 그분의 교회가 생겨나고 알려지게 하시기 위함이다. 교회는 그리스도의 집단적 인격이다. 우리는 나만의 영적 삶을 개발하거나 조용한 영적 은둔을 즐기려고 여기 있는 게 아니라 예수 그리스도의 몸 된 교회를 세울 목적으로 그분을 온전히 구현하고자 존재한다.[1]

하나님의 목적은 우리가 사랑 가운데 살아가며 그분의 사랑의 통로가 되어 남의 치유를 돕는 데 있다. 이 목적을 성취하려면 **자연법**으로 돌아가야만 한다. 그러면 실재를 하나님의 관점에서 보게 된다. 즉 우리가 때때로 범하는 모든 잘못과 죄와 나쁜 행동은 마음이 하나님의 설계에서 벗어난 데 따른 증상일 뿐이다(마 5:21~22, 27~28). 죄인은 콜레라에 걸려 발열과 구토와 설사 증세를 보이는 아이와 같다. 병은 아이를 차마 눈 뜨고 볼 수 없게 짓밟는다. 증상은 흉하고 냄새나고 역겹다. 곁에 다가가기 싫을 만큼 반감을 준다. 그래도 우리는 병든 아이를 불쌍히 여기며 치료가 필요한 인격체로 대한다. 벌하거나 모임에서 쫓아내야 할 사람으로 보고 비판하지 않는다.

당신이 주려는 치료약을 콜레라 환자가 거부한다면 어떻게 될까? 병세가 악화되어 더 고통당하다가 결국 병이 낫지 않아 죽을 것이다. 처벌은 필요하지 않다. 그런데 우리 사고가 4단계 너머로 성숙하지 못하면, 죄를 마음이 병들어 치유가 필요하다는 증상으로 보는 게 아니라 처벌해야 할 악행으로 볼 때가 너무 많다. 죄로 병든 사람을 치유하려 애쓰기보다 사람을 희생해 조직을 보호하기에 급급해진다.

교회를 떠나라

2013년에 캣 쿠퍼(Kat Cooper) 모녀의 사연이 전국에 보도되었다. 테네시주 칼리지데일의 경찰관인 캣은 동성 배우자를 위해 배우자 복지혜택을 신청했다. 어머니 린다(Linda)는 시 위원회의 청문회에 딸과 동석했다. 증언하거나 발언하지는 않고 그냥 곁에 앉아 모성애로 딸에게 힘이 되어 주었다.

그 청문회의 여파로 린다는 어느 일요일 오전 교회 앞에 소환되었다. 청문회에 동석했던 다른 두 식구도 함께 불려갔다. 현지 신문에 따르면 교회 당회는 세 사람에게 이런 최후통첩을 날렸다. "그들은 회중 앞에서 죄를 회개하고 용서를 구해야 한다. 그게 아니면 교회를 떠나야 한다."

보도된 대로 당회는 이런 특별 조치를 한 정당한 근거로 린다의 죄를 제시했다. 배우자 복지혜택을 신청하는 동안 곁에서 딸에게 힘이 되어 준 게 죄라는 것이다. 이들 교회 지도자들의 논리로 보자면, 동성애가 죄이니 이성애자 어머니는 비록 동성애를 지지하는 발언을 하지 않았어도 곁에서 사랑으로 자식의 힘이 되어 준 것만으로도 벌을 받아야 한다.

그 교회의 한 교역자인 켄 윌리스(Ken Willis)는 현지 기자들에게 이렇게 말했다. "이 죄를 그냥 두면 그런 생활방식을 지지하는 꼴이 됩니다. … 성경은 이 점에 대해 아주 분명히 말합니다."[2]

성경이 분명히 말하는 건 사랑이다! 하나님은 사랑이시며, 그분이 우리를 사랑하시듯이 우리도 다른 사람을 사랑해야 한다. 성적인 죄를 짓다가 현장에서 잡혀온 여인을 대면하신 상황에서 예수는 그녀를 어떻게 대하셨는가? 사랑과 은혜와 긍휼과 용서로 대하셨다. 그녀를 치유하려 하셨지 벌하신 게 아니다. 우리도 사랑으로 행하려면 형법의 사고방식을 벗어나 성숙해야만 한다. 조직보다 사람을 더 사랑하는 마음이 있어야 한다. 당신의 교회는 조직을 보호하려는 일념으로부터 자유로울 것 같은가? 그렇다면 다음 중 누가 당신 교회의 직분자로 받아들여지겠는지 생각해 보라.

- 수십 년간 당국의 눈을 피해 도피자로 살아온 명백한 살인자. 모세를 기억하는가?
- 자기 형을 속이고 아버지에게 거짓말하는 남자. 야곱을 기억하는가?
- 매춘부를 찾아다니는 남자. 유다를 기억하는가?
- 이교 신들의 사당을 짓고 심지어 자기 아들을 죽여 인신 제물로 바치는 남자. 솔로몬을 기억하는가?
- 저주와 맹세로 예수 그리스도를 공적으로 부인하는 사람. 베드로를 기억하는가?

치유가 필요한 병을 보지 못하고 **실정법** 개념으로 살아가면, 범죄를 볼 때도 처벌 대상으로만 보인다. 사람을 구원하려는 게 아니라 오히려 하나님의 치유 계획을 우리가 막는 것이다. 그러나 죄성은 치유가 필요한 마음 상태이고 죄는 그 상태의 증상임을 알면, 온 인류가 병들어 온갖 증상에 시달리고 있음도 알게 된다. "모든 사람이 죄를 범하였으매 하나님의 영광에 이르지 못하더니"(롬 3:23). 문제는 누가 죄를 지었거나 증상에 시달리느냐가 아니라 누가 치료책을 받아들이느냐에 있다.

하나님은 겉으로 드러나는 행동만 보시는 게 아니다. 증상만 아니라 중심을 보신다(삼상 16:7). 누가 하나님의 치료책을 받아들이는지, 누가 치유와 회복을 얻고자 기꺼이 그분께 마음을 여는지를 보신다. 그것만이 중요하다. 누가 사랑을 통해 변화되어 하나님이 설계하신 마음을 품을 것인가? 여기 성경의 놀라운 이야기가 있다. 인간은 죄에 시달려 만신창이가 되고 성품이 비뚤어졌지만, 누구든지 하나님을 신뢰하면 그분이 온전히 치유하여 회복시켜 주신다! 이는 **실정법**이 아니라 **자연법**이다.

샌디의 남편의 민원을 접수한 노회 당국이 만일 7단계에서 행동했더라면, 샌디를 계속 근무하게 했을 뿐 아니라 남편의 병든 마음(이기심)을 사랑으로 지적했을 것이다. 사랑으로 다가가 그를 도우며 감시자 역할을 했을 것이다. 또 소속 교회에 권면해 그가 전문가의 도움을 받고 자신보다 남을 더 사랑할 수 있는 역량을 보일 때까지 집사 직분을 내려놓게 했을 것이다. 하지만 그들은 조직을 보호하기에 급급한 나머지 이 남자를 지배하고 있던 이기심을 분간하지 못했다. 샌디와 린다는 조직 보호가 급선무인 교회 지도자들에게 버림받고 만신창이가 되었다. 그런 상처를 입은 영혼을 나는 수없이 많이 보았다. 이제 우리는 그리스도께로 돌아가야 한다. 사랑으로 돌아가야 한다. 하나님은 우리를 그렇게 존재하도록 설계하셨다!

기독교의 분열

인간 조직은 항상 **실정법**과 강압적 수단으로 운영된다. 그 동기는 사랑이 아니라 두려움이다. 실패, 재정 파산, 피소, 나쁜 평판 등에 대한 두려움이다. 그래서 조직의 생존을 위해 개인을 희생시키는 조치가 늘 뒤따른다. 거기서 나오는 전도법이 곧 교인을 세뇌해, 그리스도께 충성하기보다 조직에 충성하게 하는 방법이다. 삶의 "죄"부터 먼저 이겨내지 못한 사람을 교인으로 받아들여 제도 교회의 투표권을 주는 게 지도자들로서는 두렵다. 그러다 교회가 타락할까봐 두렵다. 하지만 사도 교회는 그렇게 전도하지 않았다.

신약 교회는 십자가에 못 박히신 그리스도만 전했고, 회심자는 회심하자마자 세례받고 그리스도 안에 들어갔다. 빌립과 내시를 생각해 보라. 베드로의 설교 후 세례받은 3천 명도 마찬가지다. 그런데 오늘날 많은 제도 교회의 일반 관행은 사뭇 다르다. 지금은 사람이 그리스도를 받아들여 그분의 사랑과 기쁜 은혜와 죄를 벗은 해방감으로 충만해지면, 어떤 조직들은 즉시 세례를 베풀어 예수와 새로운 삶에 들어가게 하는 게 아니라 회심자에게 소위 영접 기도를 가르친다. 이어 회심자는 주입식 공부를 통해 특정한 기도문을 배우고, 특정한 충성을 맹세하고, 특정한 신경(信經)에 동의하고, 조직의 기준에 못 미치는 모든 행동을 버려야 한다. 삶이 정리되어 순종 행위가 일정 수준에 이르러야 비로소 세례가 허용된다. 그러나 그때쯤이면 예수를 사랑하는 마음과 구원의 기쁨이 두려움, 죄책감, 냉랭한 형식주의, 무거운 행위의 짐 등으로 이미 대체되었을 때가 너무 많다. 이 모두가 잘못된 법 개념에서 비롯된다. 왜 그렇게 될까? 죄인들 때문에 수준이 떨어지지 않도록 조직을 보호해야 하기 때문이다. 이런 조직일수록 아직 고전하는 사람들이 지내기에는 안전하지 못한 곳이다.

같은 교회에 다니는 두 여자가 있다고 하자. 그들은 같은 동네에서 자라며 같은 교구 학교에 다녔다. 둘 다 그리스도인 남자와 결혼해 각각 롭(Rob)과 주드(Jude)라는 비슷한 또래의 아들을 두었다.

주드는 어려서부터 착하고, 말 잘 듣고, 시간도 잘 지키고, 옷차림도 늘 단정하고, 말투도 공손하고, 학교 성적도 좋고, 교사를 거들고, 남달리 총명하고 영리했다. 또 반장으로 뽑히고, 토론 팀에 들고, 선교 여행을 돕고, 학교 및 교회 지도자들과 긴밀하게 함께 일했다. 워낙 칭찬이 자자해서 교회에서 성경 낭독자로 지명될 때도 많았다. 똑똑하고 인기 많던 주드는 결국 대학을 졸업하고 세계교회리더십위원회의 위원이 되어 교회 정책을 수립하는 일을 하고 있다.

반면 롭은 어려서부터 문제가 많았다. 학교에서 떠들고, 다른 학생들에게 장난치고, 수업도 빼먹고, 숙제도 하지 않고, 성적도 바닥이었다. 간혹 말싸움과 몸싸움도 했다. 엄마가 늘 기도하며 타일러도 보고 훈육도 했으나 소용없어 보였다. 사춘기 때는 술에 손대더니 아예 학교를 그만두고 나쁜 친구들과 어울렸다. 가정집에 침입해 물건을 훔치는 게 금세 본업이 되었고, 결국 체포되어 상습범으로 감옥에 갇혔다.

두 엄마는 지금도 교회에서 우연히 자주 마주치는데, 그때마다 주드 엄마는 아들 자랑을 빠뜨리는 법이 없다. 아들의 최근 실적부터 시작해서 아들이 본부에서 얼마나 귀한 존재인지를 말하며 자랑스레 웃는다. 그러다 짐짓 걱정해 주는 척 롭 엄마를 똑바로 보며 롭이 이번에는 또 어떤 사고를 쳤느냐고 묻는다. 롭 때문에 속이 타들어갈 그녀를 보면 자기도 마음이 아프다면서 말이다.

당신이라면 어느 쪽 엄마가 되고 싶은가? 두 아들 중 어느 쪽이 당신의 아들이었으면 좋겠는가?

폴 하비(Paul Harvey)가 "나머지 이야기"라는 라디오 프로그램에서 늘 말하던 식으로 하자면, 주드는 가룟 유다(Judah)로 더 잘 알려져 있고 롭은 그냥 "강도"(Robber)가 아니라 예수를 구주로 영접한 "십자가 상의 강도"로 더 잘 알려져 있다. 이제 둘 중 어느 쪽이 당신의 자식이었으면 좋겠는가? 결국, 참으로 잘된 쪽은 누구인가?

이 이야기의 요지는 무엇인가? 유일한 관건은 우리를 힘들게 하는 장황한 증상(죄)의 목록이 아니라 언제나 마음이다. 우리는 예수께 참여해 새롭게 되었는가? 그게 관건이고 핵심이다.

그러나 아이(그리스도 안의 갓난아기)들은 4단계 이하에서 살아가기 때문에 자칫 혼동해 서로 갈라지기 쉽다. 그들은 규칙에 치중하고, 은유에 얽매이며, **자연법**의 실재를 보지 못한다. 실제로 세례 방식, 복장, 식단, 예배 요일 등을 중요하게 여긴다. 관건은 늘 마음의 변화였고 앞으로도 늘 그러하련만 그들은 이 사실을 모른다! 바울도 당대에 기독교를 분열시키려 위협하던 그런 미성숙한 태도를 질타했다.

형제들아, 내가 신령한 자들을 대함과 같이 너희에게 말할 수 없어서 육신에 속한 자 곧 그리스도 안에서 어린 아이들을 대함과 같이 하노라. 내가 너희를 젖으로 먹이고 밥으로 아니하였노니 이는 너희가 감당하지 못하였음이거니와 지금도 못하리라. 너희는 아직도 육신에 속한 자로다. 너희 가운데 시기와 분쟁이 있으니 어찌 육신에 속하여 사람을 따라 행함이 아니리요. 어떤 이는 말하되 나는 바울에게라 하고 다른 이는 나는 아볼로에게라 하니 너희가 육의 사람이 아니리요 (고전 3:1~4).

바울이 알았듯이 온 인류는 똑같이 마음이 죄로 병든 상태라서 그리스도께서 주시는 똑같은 치료법이 필요하다. 위와 같은 혼동은 끈질기다. 존 웨슬리(John Wesley)는 꿈속에 죽어서 천국 문에 갔다. 이 이야기에 여러 버전이 있으나 대개는 이런 식이다. 그는 누가 천국에 입성했는지 몹시 알고 싶어 문지기에게 물었다.

"저 안에 장로교인이 있습니까?"

"없소." 문지기가 말했다.

웨슬리는 깜짝 놀라 또 물었다. "성공회 교인은 있습니까?"

"하나도 없소!" 같은 대답이었다.

"틀림없이 침례교인은 천국에 많이 있겠지요?"

"아니, 없소." 문지기가 대답했다.

낯빛이 하얘진 웨슬리는 그다음 질문을 던지기가 두려웠다.

"그럼 감리교인은 천국에 몇이나 되나요?"

"하나도 없소"라는 답이 재빨리 돌아왔다.

웨슬리는 어찌 된 일인지 궁금해서 견딜 수가 없었다. 그러자 문간의 천사는 지상의 그런 구별이 천국에는 전혀 없다고 말했다. "여기 천국에서는 우리 모두가 그리스도 안에서 하나라오. 주님을 사랑하는 이들만 모여 있다오."

어느새 웨슬리는 저 아래의 지옥 입구에 가 있었다. 이번에도 그는 문지기를 만나 물었다.

"저 안에 장로교인이 있습니까?"

"그럼요, 많다오." 문지기가 대답했다.

웨슬리는 미동도 없이 다시 물었다. "성공회 교인도 있습니까?"

"그럼요, 많다오." 같은 대답이었다.

"침례교인도 있나요?"

이어진 물음에도 그는 "물론 많지요"라고 답했다.

웨슬리는 그다음 질문을 던지기가 두려웠다. "지옥에 감리교인도 있습니까?"

문지기는 픽 웃으며 말했다. "물론 감리교인도 많다오."

웨슬리는 차마 입이 떨어지지 않았다. "그럼 혹시 주님을 사랑하는 사람도 있나요?"

그러자 이런 답이 돌아왔다. "아니, 하나도 없소. 지옥에 있는 사람은 누구도 주님을 사랑하지 않는다오!"[3]

중요한 건 사랑이다. 사랑이 핵심이다. 사랑은 삶의 기초다! 하나님은 사랑이시며, 천국에는 사랑이 회복된 이들만 있다! 이 꿈은 웨슬리에게 깊은 영향을 미쳤고 그의 신학 형성에도 도움을 주었다. 훗날 존 웨슬리는 감리교인이 다른 종교적인 사람과 구별되는 요인을 이렇게 설명했다.

"그렇다면 무엇이 표지인가? 당신이 보기에 감리교인이란 누구인가?" 내 대답은 이렇다. 감리교인은 "그에게 주신 성령으로 말미암아 하나님의 사랑이 그 마음에 부은 바 된" 사람, "마음을 다하고 목숨을 다하고 힘을 다하고 뜻을 다하여 주 너의 하나님을 사랑하는" 사람이다. 그의 마음은 하나님을 기뻐하고, 영혼은 그분을 갈망하여 끊임없이 이렇게 부르짖는다. "하늘에서는 주 외에 누가 내게 있으리요 땅에서는 주밖에 내가 사모할 이 없나이다. 나의 모든 것 되신 나의 하나님이여! 하나님은 내 마음의 반석이시요 영원한 분깃이시라." … 혹시 누가 "그거야 그저 기독교 공통의 근본 원리가 아닌가!"라고 말한다면 내 말이 그 말이다. 바로 그 진리일 뿐 결코 다른 무엇이 아니다. 당신만 아니라 모든 사람이 알았으면 좋겠거니와 나와 및 내 견해를 따르는 모든 사람은 기독교 공통의 원리 외에 그 어떤 기준으로도 남들과 구별되기를 단호히 거부한다. 내가 가르치는 기존의 단순한 기독교는 다른 모든 구별의 표지를 반대하고 배격한다. 누구든지 내가 설교하는 대로 된다면(이름 따라 본질이 달라지지는 않으므로 그를 무엇이라 부르든 관계없다) 그는 이름으로만 아니라 마음과 삶에서까지 그리스도인이다. 기록된 말씀에 계시되어 있는 하나님의 뜻에 겉과 속이 다 맞추어진 사람이다. 그는 예수 그리스도의 계시에 드러난 질서(감리)대로 생각하고 말하고 행동한다. 그의 영혼은 하나님의 형상을 따라 의와 모든 참된 거룩함으로 새롭게 하심을 입었다. 그리스도의 마음을 품었기에 또한 그분이 행하시는 대로 행한다.[4]

중요한 건 교리의 바른 정의나 의식의 바른 시행이 아니라 사랑이다. 남을 바로 대하는 게 중요하다! 하나님의 법은 사랑이며, 사랑은 실제로 작용하는 삶의 원리다. 그 사실을 알 때 우리는 분단과 분열을 초래하는 인간의 **실정법** 개념에서 벗어나 마침내 사랑의 연합에 들어설 수 있다! 예수는 이렇게 기도하셨다. "내가 비옵는 것은 … 또 그들의 말로 말미암아 나를 믿는 사람들도 위함이니 아버지여, 아버지께서 내 안에, 내가 아버지 안에 있는 것 같이 그들도 다 하나가 되[게] … 하옵소서"(요 17:20~21).

해법은 아주 단순하다. **실정법** 개념을 버리고—서적, 교리문답, 교리, 신경, 기본 신조 등에서 이를 없애고—**자연법**으로 돌아가야 한다. 돌이켜 창조주 하나님을 예배해야 한다. 하늘과 땅과 바다와 그 안의 만물을 지으신 그분을 말이다. 아울러 우리는 모든 인간의 마음과 사고가 똑같이 병들어 있어 예수 그리스도께서 주시는 똑같은 치료법이 필요함을 알아야 한다. 죄를 이기는 삶은 예수를 통해서만 가능하다. 그리스도께 참여하는 사람만이 사랑으로 새로워질 수 있다. 죄는 법적인 문제가 아니라 실제로 하나님과 그분이 설계하신 삶에서 벗어난 상태임을 알아야 한다!

교회 지도자는 조직의 이해관계를 보호하던 데서 사람들의 마음속에 하나님의 사랑과 은혜를 공급하는 데로 초점을 돌려야 한다. 물론 아직 중독을 극복하지 않았거나 혼전 동거를 청산하지 않았거나 식단을 바꾸지 않았거나 주일 예배에 나가기 힘든 직장을 그만두지 않은 사람들도 있다. 그들에게 세례를 베풀 때 조직이 어떻게 될지 두려운가? 그런 두려움을 떨치기 어려운 지도자에게는 이렇게 권하고 싶다. 세례를 통해 예수 그리스도와 연합하는 일을 교단의 조직에 소속하는 일과 단순히 분리하면 된다. 예수 그리스도를 영접한 사람에게는 최대한 일찍 세례를 베풀어 그리스도의 몸 안으로 받아들이라. 예수께 마음을 드린 내시가 당일로 빌립에게 "보라, 물이 있으니 내가 세례를 받음에 무슨 거리낌이 있느냐"(행 8:36)고 말했듯이 말이다. 이렇게 그리스도 안에서 중생한 새 회심자에게 그다음 단계로 어떤 교회에 속하고 싶은지 물어보라. 성령의 인도하심에 따라 각자 자신에게 가장 잘 맞는 단체에 등록하면 된다.

그와 동시에 인식해야 할 게 있다. 조직도 제구실을 다하면 유익하다. 조직의 중요한 역할은 다음과 같은 일에 도움이 된다.

- 자금을 공동 출자해 공동의 사명을 수행한다(교회 부속 사립학교, 병원, 보육원, 선교사 후원, 출판사 등).
- 지역사회의 발전을 위한 시설을 운영한다(예배실, 기독 음악회, 결혼식, 친목 행사, 야유회, 장례식, 명절 행사 등).
- 지역사회에 자원을 공급한다(상처를 치유하는 상담, 주린 이를 위한 식료품, 빈민을 위한 의복, 노숙자 쉼터 등).
- 사랑과 예배의 문화적 표현을 장려한다.

이게 가장 중요하겠지만 조직 교회는 성숙한 사람이 미성숙한 사람을 도와 경건함에 자라가게 하는 곳이다. 세상에 태어난 아기가 사랑의 가정에서 자라야 하듯이 교회도 그리스도께로 새로 회심한 사람에게 성장하고 발육해 활짝 피어날 수 있는 사랑의 가정이 되어야 한다. 그러나 구원받는 건 조직이 아니라 사람이다. 오스왈드 챔버스의 말마

따나 교회가 이기적으로 변하면 본연의 목적을 수행할 수 없다.

늘 변하는 **실정법**의 모래 위에 서 있는 한 우리는 하나님과의 연합도 서로 간의 하나 됨도 경험할 수 없다. 인간의 법 개념에 집착하는 한 결코 머리 되신 예수 그리스도 아래 연합할 수 없다. 실정법의 전염병은 늘 기독교에 비참한 분열을 초래했다. 그래서 성경의 바른 교리나 해석이 누구 쪽에 있느냐를 두고 수만 개에 달하는 단체가 자기들끼리 싸우고 있다.[5] 하나님의 법이 실정법에 불과하다는 거짓말을 받아들인 결과 사람들은 그분의 법을 서로 다르게 해석하는 게 실제로 가능하다는 착각에 빠졌다. **자연법**으로 돌아가면 그런 불일치가 증발하고 연합이 이루어진다.

자연법과 신약 교회

신약 교회는 **실정법**과 **자연법**의 차이를 알았다. 미성숙한 무리는 이방인 회심자에게 **실정법** 차원의 상징적 규칙을 준수하도록 요구해야 할지를 두고 고민했다. 그때 교회 지도자들은 이렇게 말했다. "다만 우상의 더러운 것[음식]과 음행과 목매어 죽인 것[짐승의 고기]과 피를 멀리하라고 편지하는 것이 옳으니"(행 15:20). 이런 지침은 **실정법**의 규칙이 아니라 **자연법**의 지혜였다.

우상의 더러운 음식

• 우상 때문에 음식의 영양가가 바뀌지는 않는다. 그러므로 우상에게

바쳐진 음식을 먹어도 몸이 더럽혀지지 않는다. 바울이 로마서 14장에 분명히 그렇게 밝혔다.

- 논의의 관건은 예배의 **자연법**이다. 우리는 바라보는 대로 변화된다. 7장에 말했듯이 이를 모델링이라 한다. 무엇을 믿느냐가 우리를 지배한다. 진리는 치유와 자유를 낳지만, 거짓은 손상과 속박을 부른다. 우상을 조금이라도 인정해 당신의 사고를 더럽히지 말라. 요컨대 음식을 거짓 신이 내린 복으로 보는 사상, 그 사상에 더럽혀진 음식을 먹지 말라.

음행

- 하나님이 설계하신 관계는 사랑과 신뢰를 토대로 작용한다. 성적인 친밀함이 그분의 설계대로 남편과 아내 사이에 이루어지면 건강한 유대감이 싹튼다. 실제로 뇌가 자체 조정되면서 배우자 쪽으로 보상 회로가 강화된다. 이는 **자연법**이다. 인간의 생리가 실제로 그렇게 작용하도록 지어졌다. 이 설계를 벗어나면 사고와 몸과 관계가 손상된다.
- 음행은 **자연법**에 어긋나며 뇌 회로를 교란한다. 이기심과 두려움의 회로를 자극해 사고와 성품의 치유를 막는다.

목매어 죽인 짐승의 고기와 피

- 이 또한 건강 법칙이라는 **자연법**에 어긋난다.
- 인간은 본래 고기를 먹도록 설계되지 않았고, 피에는 노폐물과 스트레스 호르몬과 각종 감염 인자가 들어 있다. 날고기를 먹고 피를 마시면 병에 걸릴 위험이 커진다. 몸이 건강하지 못하면 사고도 손상된다.

신약 교회는 **실정법** 규칙을 거부하고 하나님이 설계하신 삶의 순리에 조화되게 살고자 힘썼다. 그런데 우리는 하나님의 법이 규칙의 목록일 뿐이라는 거짓을 받아들였다. 그분의 법이 시대와 장소에 따라 변할 수 있다고 믿는 것이다. 그래서 선량한 그리스도인들이 사소한 문제로 공방을 벌이는 덫에 빠진다. 자기들 모두가 똑같은 독재자 신을 숭배하고 있다는 사실을 모른 채로 말이다. 그뿐 아니라 우리는 자녀에게도 그들과 하나님 사이를 갈라놓는 하나님관을 가르친다.

수많은 교단이 단합해 단일한 목적—세상 사람들의 마음속에 그리스도의 치유의 사랑을 퍼뜨리는 일—을 위해 자원을 결집한다면 기독교가 어떻게 될까? 기독교 기관끼리 경쟁을 일삼으면서까지 저마다 교세 확장으로 자기네 조직을 세우는 일을 중단한다면 어떻게 될까? 기독교가 지금처럼 수만 갈래의 분파로 갈라지고 분열한 현상은 하나님의 **자연법**을 인간의 **실정법**으로 대체한 데 따른 뻔하고도 필연적인 결과다. 권하노니 이제 **실정법**을 버리고 하나님을 우리의 설계자와 창조주로 받아들이라. 그분이 설계하신 사랑의 원리를 받아들이라!

- 사람들 안에 하나님이 설계하신 마음이 회복되지 않는다면 교리의 정확한 정의는 무의미하다.
- 사랑하는 마음이 있어야만 참으로 그리스도를 따르는 사람이다. 그밖에 예배 의식이니 교리적 정의니 법적 조정 따위로는 다 불충분하다. 사랑은 하나님의 우주에 흐르는 혈액이며, 그런 사랑이 있는 사람만이 하나님 가족의 진정한 일원이다.
- 속사람이 하나님이 설계하신 마음으로 새롭게 된 이들만이 하나님을 참으로 예배하는 사람이다.
- 치유가 필요한 병을 보지 못하고 **실정법** 개념으로 살아가면, 범죄를 볼 때도 처벌 대상으로만 보인다. 사람을 구원하려는 게 아니라 오히려 하나님의 치유 계획을 우리가 막는 것이다.
- 하나님은 겉으로 드러나는 행동만 보시는 게 아니다. 증상만 아니라 중심을 보신다. 누가 하나님의 치료책을 받아들이는지, 누가 치유와 회복을 얻고자 기꺼이 그분께 마음을 여는지를 보신다.
- 하나님의 법은 사랑이며, 사랑은 실제로 작용하는 삶의 원리다. 그 사실을 알 때 우리는 분단과 분열을 초래하는 인간의 **실정법** 개념에서 벗어나 마침내 사랑의 연합에 들어설 수 있다.
- 죄는 법적인 문제가 아니라 실제로 하나님과 그분이 설계하신 삶에서 벗어난 상태다.

· 늘 변하는 **실정법**의 모래 위에 서 있는 한 우리는 하나님과의 연합도 서로 간의 하나 됨도 경험할 수 없다.

· **실정법** 개념을 버리고–서적, 교리문답, 교리, 신경, 기본 신조 등에서 이를 없애고–**자연법**으로 돌아가야 한다. 돌이켜 창조주 하나님을 예배해야 한다. 하늘과 땅과 바다와 그 안의 만물을 지으신 그분을 말이다.

The
God-Shaped
Heart

09

의식, 은유, 상징

소통의 단연 최대 문제는
소통이 이미 이루어졌다는 착각이다.

― 윌리엄 H. 화이트(William H. Whyte)

♥   내가 어렸을 때 다닌 교회는 아동부 프로그램이 아주 좋았다.
아동부에 목제 뚜껑이 달린 약 10㎝ 깊이의 멋진 탁자가 있었는데, 뚜
껑을 떼어 내면 그 밑에 바닷가에서 가져온 아름다운 흰 모래가 두툼
하게 깔려 있었다. 우리는 즐겁게 그 모래 상자에서 성경의 장난감을
꺼내 성경의 장면을 쌓고 성경의 사건을 연극하곤 했다. 아이들의 학
습을 돕는 참 좋은 방법이었다. 그러나 모래 상자가 실재는 아니었다.
더 큰 실재를 대변하는 상징물과 장난감으로 가득한 교육 도구일 뿐
이었다.

아이들이 배우려면 장난감과 인형과 모래 상자가 필요하다. 하나님
도 장구한 역사 속에 많은 "모래 상자"를 사용하셨다. 그런데 어떤 사
람들은 모래에 고착되고 예화와 은유에 매몰되어 그 배후의 실재를
깨닫지 못한다.

"나무"라는 글자는 나무가 아니라 나무를 표현하는 상징이다. 이 상징을 실물로 혼동해 마당에 큼직한 글자를 심어 놓고 결실을 바란다면 심각한 문제일 것이다. 이 단순한 예가 우스울지 모르지만, 실재의 상징물에는 글자만 있는 게 아니다. 고대 문화는 상형문자나 그림문자로 더 큰 실재를 상징적으로 표현했다. 성경에도 그런 은유가 풍부하다. 그런데 많은 사람이 상징에 집착하느라 정작 그 상징과 은유와 예화와 비유가 가리키는 실재를 받아들이지 않는 우를 범해 왔다.

은유와 직유와 비유와 예화가 의미 있으려면 그것이 가리켜 보이는 우주적 실재가 있어야 한다. **배후의 실재가 없는 예화는 은유나 비유가 아니라 망상이다.**

몇 년 전 여러 신학자들과 함께 나의 구원관을 토론할 기회가 있었는데, 그들은 형벌을 통한 법적인 속죄를 열렬히 주창했다. 몇 차례 우호적인 모임과 정중한 토론이 있고 난 뒤 그들이 논문 한 편을 회람했다. 내 견해보다 자신들의 견해가 더 풍부하고 깊으며 성경적으로 온전하다는 내용이었다. 내가 제시한 치유적 관점을 성경이 가르친다는 사실은 그들도 인정했다. 그러면서도 그들은 주장하기를 그건 많은 은유 중 하나일 뿐인데 내가 거기에 집중함으로써 법적 의미, 속량, 잃은 것을 찾음 등 성경의 다른 모든 아름다운 은유를 부인한다고 했다.

그들은 선의의 사람들이었으나 실재를 부인했다. 그들의 말대로라면 치유, 실제로 의로워지는 회복, 참으로 경건해지는 재창조는 실재가 아니라 은유에 불과하다. 하지만 그런 논리는 성숙과 치유와 하나님의 계획을 막는다. 장성해 실재를 품어야 할 사람을 상징 단계에서 헤어나지 못하게 한다. 하나님이 본래 설계하셨던 에덴동산 때의 모습으로 인류가 영원히 치유되고 회복되는 일은 은유가 아니라 실재다!

히브리서 저자가 그리스도인들에게 말했듯이 늘 의식(儀式)에 머무는 사고는 아직 어리다. 의식은 더 큰 실재의 상징일 뿐 치유 능력이 없다. 그래서 그는 그들에게 상징에서 벗어나 성숙하게 장성해 실재에 눈뜨라고 도전했다. 그렇게 장성하려면 어떻게 해야 하는가? "단단한 음식은 장성한 자의 것이니 그들은 지각을 사용함으로 연단을 받아 선악을 분별하는 자들이니라"(히 5:14). 연단해야 한다! 음악가가 공연을 준비하려면 연습해야 한다. 하루 열두 시간 오디오를 듣기만 해서는 바이올린의 거장이 될 수 없다. 연습해야 한다! 마찬가지로 남의 말을 듣기만 해서는 사고의 거장이 될 수 없다. 누구나 성숙하려면 어느 시점부터 스스로 사고하는 법을 연습해야 한다. 지금부터 성경의 의식과 상징과 은유를 몇 가지 살펴보면서 그것이 가리키는 실재를 배워보자.

성찬식

도덕 발달의 4단계 이하에서 사고하는 사람은 성찬식에 대해 거의 미신적인 신념에 빠지기 쉽다. 즉 의식 자체에 무슨 마법이나 정화(淨化)나 초자연적 변화가 있다는 신념이다. 마치 여기에 쓰이는 포도주와 빵이 나머지 모든 포도주와 빵과는 본질상 다르기라도 하다는 듯이 말이다.

역사에서 확인되듯이 화체설 교리가 생겨난 이유는 은유의 배후 실재를 볼 줄 몰랐기 때문이다. 화체설은 성찬식(천주교의 성체성사)에 쓰이는 빵과 포도주가 실제로 예수의 살과 피로 변한다는 사상이다. 800년이 넘도록 농부에서 교황까지 기독교의 그 누구도 화체설 교리를 가르치지 않았다. 그런데 831년에 프랑크족의 수도원장 파스카시오 라드베르토(Paschasius Radbertus)가 "그리스도의 살과 피에 관하여"(De corpore et sanguine Christi)라는 논문을 발표했다. 교육부 장관을 지낸 역사학자 윌리엄 베넷(William Bennett)에 따르면 "라드베르토는 하나님이 진리이시며 거짓말을 하실 수 없으므로 성찬식에 쓰이는 빵과 포도주가 자신의 살과 피라는 예수의 선언도 글자 그대로 받아들여야 한다고 결론지었다. 빵과 포도주를 봉헌하면 신비롭게 예수 그리스도의 물리적 살과 피로 변한다는 것이다."[1] 라드베르토는 은유 너머를 보지 못했다. 예수께서 자주 예화와 비유와 은유를 통해 글자 그대로 받아들여서는 안 될 더 큰 실재를 가리켜 보이셨음을 그는 망각했다. 그런데 지금도 수십억 인구가 9세기의 한 수도원장의 구상적인 사고에서 기원한 사상을 그대로 믿고 고수한다.

5단계 이상에서 사고하는 사람은 알거니와 그리스도는 제자들에게 "너희가 이를 행하여 나를 기념하라"라고 명하실 때 의식만 제정하신 게 아니라 이런 의미로도 말씀하셨다. "너희가 모여 식사할 때마다 나를 기억하라. 음식과 음료가 너희 몸에 양분을 주듯이 너희 영혼도 나를 섭취하여 마음과 사고 속에 내면화해야 양분을 얻는다. 또 몸이 날마다 먹어야 하듯이 영혼도 내게만 있는 진리와 사랑을 날마다 먹어야 한다!" 그래서 예수는 "인자의 살을 먹지 아니하고 인자의 피를 마시지 아니하면 너희 속에 생명이 없느니라"(요 6:53)라고 말씀하셨다.

인육을 먹으라는 뜻이 아니라 그분의 성품과 방법과 원리를 소화해 우리 마음과 사고 속에 새로운 생활방식으로 내면화하라는 뜻이다.

아이들은 추상적인 사고를 잘하지 못하므로 여간해서 은유와 비유와 상징 너머를 보지 못한다. 누가 헛기침하며 "실례합니다, 목에 개구리가 걸려서요"라고 말하면 사고가 구상적인 사람은 상대가 양서류를 먹는다고 잘못 단정할 수 있다.

지성은 의미를 갈구하므로 참된 의미를 깨닫지 못하면 거짓된 의미와 망상과 미신이라도 대신 들어선다. 마술사가 외우는 "호커스포커스"(hocus-pocus)라는 주문을 들어 본 적이 있는가? 일각에 따르면 이 문구는 중세 암흑기의 천주교 라틴어 미사에서 기원했다. 사제는 성체를 나누어 주면서 "이것은 내 몸이니"(hoc est corpus meum)라는 말을 읊조리곤 했다.[2] 대다수 예배자가 라틴어를 몰랐으므로 그 말 자체가 무슨 마법을 일으키는 줄로 생각했다. 성공회 대주교 존 틸롯슨(John Tillotson)은 1694년에 이렇게 썼다. "마술에 흔히 쓰이는 주문 hocus pocus는 십중팔구 hoc est corpus의 변형에 불과하다. 천주교 사제들의 화체설 요술을 우스꽝스럽게 흉내 낸 것이다."[3]

이런 영적 미성숙은 교육 수준이 낮아서가 아니다. 그리스도 당시의 종교 지도층과 통치 수뇌부는 가장 많이 배운 식자였지만 영적으로 미성숙해 구상적 사고에 머물렀다. 그들은 그리스도께서 은유로 말씀하신 살과 피의 배후 실재를 볼 줄 몰랐다. 그래서 인육을 실제 음식으로 먹으라고 가르치시는 줄로 알고 반감을 품었다. 마찬가지로 오늘날에도 살과 피라는 은유 대신 빵과 포도주라는 은유에 대해 그와 똑같이 하느라고 실재를 보지 못하는 사람이 많다.

요한복음 1장 1절에 보면 예수를 "말씀"이라 했다. 자신의 살을 먹으라는 예수의 가르침은 곧 그분의 말씀–그분에 대한 진리, 그분의 사고방식, 그분이 설계하신 삶–을 우리 사고 속에 섭취해야 한다는 뜻이다. 그게 우리에게 고기가 된다. 우리 생각과 사상과 신념의 재료와 구성요소가 되어 태도를 형성하고 성품을 빚는다. 또 자신의 피를 마시라는 말씀은 그분의 생명과 온전한 사랑의 성품에 참여하라는 뜻이다. 자아에 대하여 죽고 하나님과 남을 나 자신보다 더 사랑할 정도로 말이다. 이는 마음과 사고의 내적 작용이 실생활 속에서 실제로 변화되는 과정이다. 그리하여 이기심이 사랑으로 대체된다. 우리는 신의 성품에 참여하고(벤후 1:4) 그리스도의 마음을 품어야 한다(고전 2:16).

빵과 포도주 자체는 능력이 없다. 우리 사고를 자극하는 상징일 뿐이다. 이를 통해 우리는 생각하고 의지적으로 실재에 참여한다. 하나님의 말씀을 섭취하라. 성경을 공부하고, 생각하고, 성령의 깨우치심을 구하고, 힘써 이해하고, 믿고, 삶에 적용하라. 그리하여 마음을 새롭게 함으로 변화를 받으라(롬 12:2). 하나님께 마음을 열어 성령의 새롭게 하시는 임재를 받아들이라. 그분이 그리스도의 생명(피)을 우리 안에 재생산하신다(갈 2:20). 의지적으로 베풀며 남을 돕고 사랑하라! 이게 바로 예수의 살과 피를 섭취하는 길이다.

그러려면 실제로 하나님을 만나 뇌를 구사하며 날마다 그분과 신뢰의 교제를 나누어야 한다. 차라리 혼자서 자기 방식대로 사는 게 많은 이에게 훨씬 수월하다. 생각 없이 의식만 행하여 법적 요건을 충족하면 안심할 수 있을 테니 말이다. 그러나 그런 유아적인 사고로는 의를 경험할 수 없다.

세례

어떤 세례 방식이 옳으냐를 두고 논쟁을 벌이는 선량한 그리스도인 들을 본 적이 있는가? 심지어 이 의식을 시행하는 방식이나 장소가 옳 지 않으면 구원받을 수 없다고 주장하는 이들도 있다.

이런 논쟁은 그들이 은유 너머의 실재를 보지 못한다는 증거다. 물 세례는 상징이요 극화요 은유다. 실재를 행동으로 예시하는 방식이다. 물세례는 사람을 구원하고 치유하는 능력이 없으며 구원의 요건도 아 니다(그리스도를 받아들인 후 물세례 없이 죽었으나 낙원의 삶을 약속받은 십자 가상의 강도를 떠올려 보라. 아담부터 세례 요한 때까지 물세례를 받지 못한 모든 구원받은 사람도 마찬가지다).

헬라어 원어 baptizmo는 물속에 담근다는 뜻이다. 목욕해 본 사람 이라면 누구나 알듯이 물은 깨끗이 씻어 주는 물질이다. 물속에 잠기 는 행위는 성령을 통해 우리 마음과 사고와 성품이 하나님 속에 잠긴 다는 상징적 표현이다. 하나님을 신뢰하는 관계 속에 자아가 완전히 전폭적으로 순복한다는 뜻이다. 즉 자아는 하나님에게서 흘러나오는 사랑과 진리의 물결 속에 잠겨 깨끗해진다. 이 수침(水浸)을 통해 사고 와 마음(성품)은 이기심과 두려움에 대해 죽고 새로운 동기와 갈망과 통찰과 시각으로 쇄신된다. 날마다 더 경건하게 자라 가며 그분과 친 밀해지려는 열망이 깊어진다.

이 세례—마음이 하나님 속에 잠기는 세례—는 구원의 요건이다. 이를 통 해 그리스도와 그분이 이루신 모든 일이 그분을 믿는 자 안에 적용되 기 때문이다. 이게 바로 중생(重生)이며, 물의 의식은 이를 가리켜 보이거나 상징적으로 대변할 뿐이다(모든 아기가 태어나기 직전에 산모의 양수가 터지는 것과 비슷하게 이 또한 새 생명의 시작을 알리는 강력한 환기 장치다).

그러나 도덕 발달이 4단계 이하인 "어린아이"는 의식에 집착한다. 의식을 제대로 시행하지 않았다는 두려움 속에 살거나 반대로 의식을 시행했으니 자신이 법적으로 안전하다고 믿는다. 마음속에 벌어지는 일은 아예 생각조차 하지 않는다. 따라서 의식이 가리키는 실재를 경험하지 않은 채로―성령을 통해 마음이 하나님 속에 잠기지 않은 채로―세례만 받는 사람은 히브리서의 가르침대로 의를 경험할 수 없다.

빨간 사탕 파란 사탕

사고가 **실정법** 개념에 병든 채로 상징에만 매달리면 치유가 저해될 뿐 아니라 부조화와 분열마저 초래한다. 흑사병에 수백만의 사람이 죽어 나가던 중세 암흑기에 치료약(예컨대 세균 감염을 치료하는 항생제인 페니실린)이 있었다고 가정해 보자. 이제 증상이 나타나면 약을 먹을 수 있도록 사람들에게 병의 증상을 식별하는 법을 가르치려 한다. 그런데 대중이 글을 읽을 줄 모르므로 책자나 잡지나 전단은 무용지물이다. 그래서 간단한 촌극을 개발한다. 발병할 때 대처하는 법을 극화해 알려 주려는 것이다.

피부에 빨간 원이 그려진 배우들이 열나고 기운 없는 모습으로 무대에 등장한다. 이어 치료자 역을 맡은 흰옷 차림의 배우가 그 증상을 보고 (빨간 캡슐의 페니실린을 상징하는) 빨간 사탕을 꺼내 환자들에게 준다. 그러자 환자들이 피부의 빨간 원을 닦아 내면서 기뻐 뛰며 춤춘다. 간단한 교훈을 예시하는 간단한 연극이다. 증상이 보이거든 이 약을 먹으면 낫는다는 것이다.

몇 년째 고을마다 순회공연을 하다 보니 한 그룹은 빨간 사탕이 다 떨어져 파란 사탕을 대신 쓴다. 그러자 늘 빨간 사탕만 쓰던 원조 멤버들이 강하게 반발한다. 페니실린 캡슐이 빨간색이라 빨간색이 실재를 더 잘 대변하니 빨간 사탕만 써야 한다는 것이다. 머잖아 두 그룹은 갈라져 따로 극단을 결성한 뒤, 저마다 자기네 촌극만이 역병에서 놓여나는 법을 제대로 가르친다고 주장한다. 병난 사람들이 실제 항생제를 먹는 한, 사탕이 빨간색이든 파란색이든 그게 정말 중요한가? 심지어 사람들이 실재를 망각한 채 의식 자체에 무슨 마력이나 위력이 있는 줄 알고, 기도하는 마음으로 경건하게 사탕만 먹고 정작 항생제는 먹지 않는다면 어떻게 될까? 경건의 모양만 있고 능력은 없을 것이다. 바로 그게 오늘날 기독교의 실상이다. 종교의 모양에만 얽매인 채 하나님의 실제 치유력은 결여된 상태다!

물세례가 침례에서 간편화된 경위는 쉽게 짐작이 된다. 일부 회심자는 옥에 갇혀 있어 물속에 들어갈 수 없었다. 물이라고는 한 잔밖에 없던 그들은 최대한 의식에 참여하고자 물을 뿌려 달라고 부탁했다.[4] 그런데 상징에 얽매여 그 배후의 실재를 망각한 사람들은 어떤 세례 방식이 옳은 상징인가를 두고 오랜 세월 공방을 벌여 왔다. 마음과 사고와 성품이 예수 그리스도의 실재 속에 잠겨 그분을 닮은 성품으로 거듭나는 한, 물속에 잠기든 물을 뿌리든 그게 정말 중요한가? 우리는 상징 너머로 장성해 그 상징이 가리켜 보이는 실재 속으로 들어가야 한다.

물의 의식을 통과하지 않은 사람도 마음과 사고의 세례를 경험할 수 있음은 이미 예증한 바와 같다(십자가상의 강도). 그러나 여기 더 심각한 질문이 있다. 복음이 전해지거나 성경을 읽어 보거나 예수 그리스도에 대해 들어 본 적이 없는 사람도 하나님이 설계하신 마음에 이를 수 있을까(즉 성령으로 마음의 세례를 받을 수 있을까)?

4단계 이하의 사고는 규칙에 집착하므로 그럴 수 없다고 주장할 것이다. 예수에 대해 듣고 그분의 법적인 대리 상환을 받아들이는 사람만이 법적으로 용서받고 그 결과로 구원받는다는 것이다. 그러나 사고가 5단계 이상인 사람은 인지적 지식이 치유에 반드시 필요하지는 않음을 안다. 굳이 페니실린의 작용 원리를 알아야만 약의 효과를 보는 건 아니다. 이 항생제를 그냥 "묘약"이라 불러도 객관적 약효는 달라지지 않는다. 작용 원리를 알든 모르든 약만 먹으면 효과는 동일하다. 페니실린의 혜택을 보고 싶은 사람이 **꼭 해야** 할 일은 약을 먹는 일이다.

그러나 페니실린이 개발되지 않아 아예 존재하지 않는다면 누구도 그것을 먹고 치료될 수 없다.

성경은 분명히 이렇게 말한다.

- 다른 이로써는 구원을 받을 수 없나니 천하 사람 중에 구원을 받을 만한 다른 이름을 우리에게 주신 일이 없음이라(행 4:12).
- 예수께서 이르시되 "내가 곧 길이요 진리요 생명이니 나로 말미암지 않고는 아버지께로 올 자가 없느니라"(요 14:6).

4단계 이하에서 실정법 개념대로 사고하는 사람은 이런 절대적 선언을 읽으면 다음과 같은 결론을 내린다. 누구나 특정한 고백을 붙들거나 특정한 주문(呪文)이나 기도를 외거나 특정한 단어(이름)를 말해야만 하며 그렇지 않으면 구원받을 수 없다는 것이다.

그러나 성숙한 사람은 하나님의 설계를 알고 실재의 작용 원리를 안다. 그들이 알다시피 하나님은 그분의 목적을 오직 예수를 통해 이루셨다. 그 목적이란 곧 아담의 죄에서 기인한 인류의 문제를 치유하고 고치시는 일이다. 예수는 죄라는 불치병에 걸린 인류에 참여하여 친히 인간이 되셔서 그 병을 고치고 죄를 멸하셨다. 그래서 성경은 그분에 대해 **"온전하게 되셨은즉** 자기에게 순종하는 모든 자에게 영원한 구원의 근원이 되시고"(히 5:9)라고 말한다.

온전하게 되셨다는 말은 무슨 뜻인가? 예수는 늘 온전하신 분이 아닌가? 물론 그분은 늘 죄가 없으셨다. 그러나 성경에서 온전함이란 성숙을 뜻한다. 예수는 한 인간으로서 온전하고 성숙하고 의로운 성품을 기르심으로써 사망의 원인인 죄라는 병을 멸하셨다(딤후 1:9~10). 그리하여 구원의 근원, 즉 죄의 치료책이 되셨다.

요컨대 죄의 치료책은 오직 예수뿐이며, 그분께 참여하는 사람만이 치유되고 새롭게 되어 그분을 닮은 성품으로 변화된다. 그들은 굳은 마음이 제거되고 부드러운 마음이 주어지며, 성령께 마음의 할례를 받고, 마음과 사고에 사랑의 법이 기록되고, 그리스도의 마음을 품게 된다. 이 모두가 예수 그리스도께서 이루신 일 때문에만 가능하다.

그러나 페니실린의 경우처럼 죄의 치료책으로 혜택을 볼 때도 굳이 인지적 지식이 있거나 특정한 의식을 행해야만 하는 건 아니다. **예수**

라는 단어를 꼭 입으로 말하지 않아도 그분께 참여하기만 하면 구원받는다. 이로써 우리는 예수가 다음 말씀을 무슨 뜻으로 하셨는지 깨달을 수 있다.

> 그러므로 내가 너희에게 이르노니 사람에 대한 모든 죄와 모독은 사하심을 얻되 성령을 모독하는 것은 사하심을 얻지 못하겠고 또 누구든지 말로 인자를 거역하면 사하심을 얻되 누구든지 말로 성령을 거역하면 이 세상과 오는 세상에서도 사하심을 얻지 못하리라
> (마 12:31~32).

목숨을 건져 줄 유명상표 약을 환자가 거부한다고 하자. 거부하는 이유는 누군가로부터 그 약이 독이라서 먹으면 죽는다는 말을 들었기 때문이다. 사실은 자신에게 꼭 필요한 약인데도 말이다. 그런데 이 환자가 같은 약의 일반명 제품을 받아들인다면 어떻게 될까? 병이 낫는다!

어떤 사람이 예수(유명상표)를 거부한다고 하자. 거부하는 이유는 그분에 대한 거짓말을 들었기 때문이거나 문화적 편견이 워낙 강해 그분의 참모습을 볼 줄 모르기 때문이다. 그런데 이 사람이 진리와 사랑과 자유의 원리를 중시하며 진리와 사랑의 성령(일반명 버전)을 받아들인다면(예수가 길이요 진리요 생명이며 또 육신으로 오신 말씀임을 잊지 말라) 그의 마음이 어떻게 될까? 성령께서 그를 치유하고 회복시키셔서 사랑의 하나님과 연합하게 하신다!

그러나 치료약을 소지하고 있고 투여할 수 있는 유일한 의사를 환

자가 거부한다면 어떻게 될까? 죽음을 피할 수 없다. 이게 성령을 거부하는 사람에게 벌어지는 일이다.

진리와 사랑의 성령을 악평하는 사람—즉 정직과 충절과 진실을 나약하고 천하게 여기며, 타인을 향한 사랑을 값싼 감상으로 치부하고, 그리하여 이런 원리와 동기를 거부하는 사람—이 동시에 하나님을 믿는다고, 그리고 예수가 값으로 치르신 피를 믿는다고 주장한다면 어떻게 될까?

삼위일체 하나님이나 성령을 믿지 않는다고 말해야만 성령을 모독하는 게 아니라 성령을 사실상 거부하는 행위도 이에 해당한다. 예수가 이루신 온전함을 우리 내면세계(마음과 사고) 속에 들여오시는 분은 성령이다. 그 온전함은 진리와 정직과 성실과 사랑과 충절 등이다. 이를 거부하고 악을 택한다면 그야말로 성령을 확실히 모독하는 행위이며, 이를 치유할 방도가 없다.

이렇게 물을 사람이 있을 것이다. 그게 사실이라면 왜 복음을 들고 세상에 나가 그리스도를 전하는가?

비유로 답해 보자. 페니실린은 곰팡이에서 발견된 항생제다. 사실 고대 문화에서도 때로 곰팡이가 슨 이끼나 기타 소재로 환부를 다스리곤 했다. 그러면 곰팡이에서 페니실린이 분비되어 감염을 면하거나 환자의 감염이 가라앉았다.

그렇다면 자연발생적인 페니실린의 혜택을 사람들이 실제로 누릴 수도 있으니 페니실린의 생산과 보급일랑 접어 두어야 하는가? 항생제의 효능이며 감염된 환자에게 투여하는 법을 가르치지 말아야 하는가? 마찬가지로 사람들은 자연에 계시된 하나님을 볼 수 있고, 자기 마음속에 역사하시는 성령의 혜택을 입을 수 있다. 하지만 하나님이 설계하신 사랑을 마음속에 회복하는 일은 진리를 최대한 밝히 제시할 때 훨씬 더 효과적으로 이루어진다. 핵심 관건은 바로 이 사랑하는 마음이다. 하나님이 설계하신 삶이 우리 마음에 도로 회복되어야 한다.

존 웨슬리가 깨달았듯이 천국에는 교단이 없다. 그리스도께서 재림하실 때 두 집단만이 존재할 것이다.

- 알곡과 가라지.
- 양과 염소.
- 순결한 여인과 창녀.
- 열매 맺는 나무와 말라비틀어진 나무.
- 결혼식 예복을 입은 사람과 그렇지 않은 사람.
- 의인과 악인.
- 구원받은 사람과 잃어진 사람.
- 치유된 사람과 여전히 죄와 허물로 죽어 있는 사람.
- 하나님이 설계하신 마음을 지닌 사람과 마음이 사탄 같은 사람.

아슬란과 에메스

C. S. 루이스(C. S. Lewis)도 《나니아 연대기》(시공주니어 역간) 시리즈의 마지막 책에 동일한 통합적 진리를 가르쳤다. 칼로르멘의 병사 에메스가 사자(獅子) 아슬란과 대면하는 장면인데, 에메스는 타슈 신을 숭배했으므로 아슬란 앞에서 겁에 질린다. 그런데 아슬란의 반응은 어

떠했던가?

"아들아, 너를 환영한다." 하지만 나는 "아 주여, 나는 당신의 아들이 아니라 타슈의 종입니다"라고 말했다. 그러자 그가 대답했다. "아이야, 네가 타슈에게 바친 모든 섬김을 나는 나에게 바친 섬김으로 여기노라."

내가 그 영광스러운 이에게 "주여, 그러면 당신과 타슈는 정말 하나인가요?"라고 묻자 사자는 으르렁거리며 말했다. "그렇지 않다. 그에게 바친 섬김을 나에게 바친 것으로 여기는 이유는 그와 내가 하나여서가 아니라 오히려 서로 반대라서 그렇다. 나와 그는 완전히 달라서 내게는 악한 섬김이 바쳐질 수 없고 그에게는 악하지 않은 섬김이 바쳐질 수 없다. 그러므로 누가 타슈의 이름으로 선한 맹세를 하고 그대로 지킨다면, 본인은 모를지라도 그는 사실 내 이름으로 맹세한 것이며 내가 그에게 보상한다. 하지만 누가 내 이름으로 악을 행한다면 아무리 아슬란의 이름을 불러도 그는 타슈를 섬긴 것이며 타슈가 그 악행을 받는다."

에메스는 한 번 더 묻는다.

"주여, 나는 평생 타슈를 추구했습니다."

그러자 영광스러운 이가 말했다 "사랑하는 자여, 네 갈망이 나를 향한 게 아니었다면 평생 그토록 참으로 구하지 않았을 것이다. 누구나 자기가 참으로 구하는 바를 얻는 법이다."[5]

의식이나 소속 기관보다 더 중요한 건 하나님이 설계하신 마음이다. 그래서 바울은 로마 교인들에게 이렇게 썼다.

> 하나님 앞에서는 율법[성경]을 듣는 자가 의인이 아니요 오직 율법을 행하는 자라야 의롭다 하심을 얻으리니(율법[성경] 없는 **이방인이 본성으로 율법의 일을 행할 때에는** 이 사람은 율법이 없어도 자기가 자기에게 율법이 되나니 이런 이들은 그 양심이 증거가 되어 그 생각들이 서로 혹은 고발하며 혹은 변명하여 **그 마음에 새긴 율법의 행위**[요구]**를 나타내느니라**)(롬 2:13~15).

율법이 요구하는 바는 무엇인가? 치유와 변화다. 이기심을 제하고 온전히 경건한 사랑을 회복하는 일이다. 왜 그런가? 호흡 법칙이 우리에게 숨쉬기를 요구하는 이유와 같다. 하나님이 실제로 삶을 그렇게 작용하도록 지으셨다. 바울의 말대로 이런 이방인은 치유되어 새로워졌으며 율법이 그 마음에 기록되었다. 바로 새 언약의 경험이다. "또 주께서 이르시되 그날 후에 내가 이스라엘 집과 맺을 **언약은 이것이니 내 법을 그들의 생각에 두고 그들의 마음에 이것을 기록하리라.** 나는 그들에게 하나님이 되고 그들은 내게 백성이 되리라"(히 8:10).

바울이 언급한 이방인은 성경을 들어 본 적도 없고 예수의 이름도 아직 모르지만 그 마음에 율법이 기록되어 있다. 어떻게 그런가? 아무도 핑계하지 못하게 하나님의 신성이 그분의 창조세계를 통해 알려졌기 때문이다(롬 1:20). 하나님은 창조주시며 모든 실재는 **자연법인** 그분의 법대로 움직인다. 그래서 자연은 사랑의 법을 계시해 준다. 그리스도 안에 온전히 계시된 하나님의 성품이 자연에도 나타나 있다.

낸시 피어시(Nancy Pearcey)는 자연에 계시된 하나님의 진리를 저서 《완전한 확신》(복있는사람 역간)에 일반 은총이라 칭했다.

> 일반 은총은 끊임없이 하나님의 선하심을 증언한다. 바울은 현재의 터키 지역에서 이방인 청중에게 설교할 때, 하나님이 "자기를 증언하지 아니하신 것이 아니니 곧 여러분에게 하늘로부터 비를 내리시며 결실기를 주시는 선한 일을 하사 음식과 기쁨으로 여러분의 마음에 만족하게 하셨느니라"(행 14:17)라며 일반 은총을 논증했다. 일정불변한 자연 질서가 있기에 인간은 작물을 재배하고 가정을 일구고 기술을 개발하고 일정 수준의 문화적 질서와 시민 사회를 유지할 수 있다. 인간의 모든 노력은 하나님의 일반 은총에 의존해 있다.[6]

하나님의 말씀을 들어 보지 못한 사람이 자연 속에서 하나님의 성품인 사랑에 대한 진리를 보고 또 자기 마음속에 역사하시는 성령의 감화에 반응해 마음을 열어 하나님을 신뢰하면, **그리스도께서 이루신 일을** 성령께서 (영적 페니실린처럼) 취해 그의 마음에 적용해 주신다. 그리하여 그는 치유되고 새로워져 사랑으로 변화된다. 단 그리스도께서 이루신 치료법을 통해서만 그렇게 된다.

일단의 환자 중 누가 페니실린을 먹었는지는 누구나 알 수 있다. 약을 먹은 사람은 낫기 때문이다. 마찬가지로 현재의 종교적 소속과 무관하게 우리 중 누가 예수 그리스도께 참여했는지도 분간할 수 있다. 어떻게 알 수 있을까? "너희가 서로 사랑하면 이로써 모든 사람이 너희가 내 제자인 줄 알리라"(요 13:35).

더 큰 사랑

그런 사랑은 세상을 충격에 빠뜨린다. 그런 사랑은 자연인의 마음과는 이질적이며, 예수 그리스도를 통해 우리 마음에 사랑을 부어 주시는 하나님 안에만 있다(롬 5:5). 누가 이타적으로 사랑한다면 이는 예수 그리스도의 사랑이 그 사람 안에 재생산되기 **때문에만** 가능하다. 1982년 1월 13일에 그런 사랑을 보여 준 사람이 있다.

포토맥강이 꽁꽁 얼어붙은 혹한의 그날, 워싱턴 DC 바로 외곽에서 에어 플로리다 90편 항공기가 차가운 강물 속에 추락했다. 구경꾼들이 경악하며 지켜보는 가운데 뒤틀어진 기체는 천천히 수면 아래로 가라앉고 있었다. 한 명이라도 살아남을 수 있을지 의문이었다. 그런데 한 사람씩 차례로 여섯 명이 얼음물을 뚫고 잔해에서 기어 나왔다. 일단 꼬리날개에 매달린 그들은 골절상을 입은 고통과 손발이 얼어붙는 한기 속에서 살려 달라고 소리를 질렀다.

강둑까지는 아주 가까워 36m밖에 되지 않았으나 사방에 떠 있는 큰 얼음덩이에 길이 막혀 있었다. 사람들이 돕고자 나섰다. 얼음 위로 사다리를 놓아 보았으나 너무 짧았다. 헝겊과 혁대와 옷을 묶어 14번가 다리 아래로 내려뜨려 보았으나 필사적인 생존자들에게 미치지 못했다.

추락 후 20분이 지났다. 해가 기울면서 가망이 다 사라졌다 싶을 무렵 갑자기 어디선가 구조 헬리콥터가 나타났다. 한 생존자의 손에 구명 튜브가 내려와 그는 수면에서 위로 올려졌다. 그때 놀라운 일이 벌어졌다. 사랑이 분출했다. 다음 사람에게 튜브가 내려왔는데 그는 안전한 헬리콥터로 향한 게 아니라 튜브를 옆 사람에게 넘겼다. 헬리콥터는 그녀를 안전하게 달아 올린 다음 되돌아와 아까 그 남자에게 다시 튜브를 내렸다. 그런데 그는 또 양보했고 그 뒤로도 계속 그랬다. 기운이 너무 빠져 자기가 생존하지 못할 걸 틀림없이 알았을 텐데도 말이다. 헬리콥터가 굉음을 내며 다시 왔을 때 그는 온데간데 없었다. 얼음 속으로 사라진 것이다.

46세의 연방 은행 감독관 알랜드 윌리엄스(Arland Williams)는 자기보다 남을 먼저 생각했다.[7] 이는 본성에 어긋나는 일이다. 이런 사랑은 적자생존 방식이 아니라 그리스도의 방식이다. "그가 우리를 위하여 목숨을 버리셨으니 우리가 이로써 사랑을 알고 우리도 형제들을 위하여 목숨을 버리는 것이 마땅하니라"(요일 3:16). 예수 그리스도께서 이루신 일이 사람의 마음과 사고와 성품에 적용될 때에만 그런 사랑이 가능하다.

2007년 4월 16일에도 사랑이 모습을 드러냈다. 그날 유대계 교수 리비우 리브레스쿠(Liviu Librescu)는 여느 날처럼 하루를 시작했다. 수업이 있어 강의하고 문답하러 버지니아 공과대학으로 출근했다. 그런데 그 운명의 아침 9시 45분에 모든 게 달라졌다. 한국 태생의 학부생 조승휘는 그 교수가 가르치던 건물로 들어와 계속 총기를 난사해 32명을 죽이고 17명을 다치게 했다. 범인이 강의실로 접근해 오자 리브레스쿠 교수는 달려가 문을 꽉 닫았다. 조승휘는 진입을 시도했다. 문짝을 뚫고 날아드는 총알에 맞으면서도 교수는 용케 문을 막고 한참을 버텼고, 그 사이에 수강생 23명 중 한 명만 빼고 다 강의실을 빠져나갔다. 이미 다섯 발을 맞은 교수는 머리에 총알이 박히면서 유명을 달리했다.[8] 이런 사랑은 본성이 아니라 초자연적이다. 예수 그리스도 안에 온전히 나타난 하나님의 사랑이 죄인 안에 재생산된 것이다.

존 블렁크(Jon Blunk)와 맷 맥퀸(Matt McQuinn)과 알렉스 테베스(Alex Teves)는 각자의 여자친구를 총격에서 보호해 그리스도를 닮은 사랑을 보여 주었다. 2012년 7월 20일 심야에 세 젊은이는 여자친구들과 함께 콜로라도주 오로라의 16개관 센추리 극장으로 "다크 나이트 라이즈"를 보러 갔다. 복장까지 치밀하게 갖추어 입은 총잡이가 상영관 안에 들어와 총을 쏘기 시작했을 때, 블렁크와 맥퀸과 테베스는 자기 몸으로 여자친구를 가려 보호하다가 목숨을 잃었다.

블렁크의 여자친구 잰슨 영(Jansen Young), 맥퀸의 여자친구 사만사 욜러(Samantha Yowler), 테베스의 여자친구 아만다 린드그렌(Amanda Lindgren)은 남자친구들의 이타적 행위 덕분에 모두 가벼운 상처만 입고 살육의 현장에서 살아 나왔다.

〈뉴욕 데일리 뉴스〉는 존 블렁크에 대한 보도에 이렇게 썼다.

> "존은 영웅입니다. 영원히 잊히지 않을 거예요. 나 대신 총알받이를 자청했어요." 본지와의 인터뷰에서 잰슨 영은 울먹이며 블렁크에 대해 그렇게 말했다.
>
> 그녀가 너무 감정이 북받쳐 더 말을 잇지 못하자 어머니 셸리 영(Shellie Young)은 이전의 관계에서 두 아들을 두었던 25세의 블렁크

를 "신사"라 칭하며 이렇게 말했다.

"사랑이 많은 사람이었어요. 누구나 딸 곁에 두고 싶어 할 그런 남자였지요. 결국, 제 딸은 그가 지켜 준 덕분에 이렇게 살아 있답니다." … 이 어머니에 따르면 검은 옷을 입은 살해범이 극장에 난입해 최루탄을 터뜨리고 무차별 총격을 가하자 블링크는 이타적으로 여자친구를 보호했다. 잰슨을 의자 밑의 바닥으로 떠민 다음 자기가 그 위에 엎드렸다. "키가 188cm에 체격이 아주 좋았거든요. 그래서 딸을 극장 의자 밑으로 밀어 넣을 수 있었지요. 딸을 바닥에 두고 자기 몸으로 덮고 있다가 그만 목숨을 잃었어요."[9]

자기를 희생하는 사랑은 죄인인 우리 인간의 본성이 아니다. 오히려 자기를 보호하려는 게 본성적 욕구다. 이타적 사랑의 실천을 볼 때마다 우리는 예수 그리스도의 능력과 치료법이 역사해 지금도 인간의 마음을 변화시키고 있음을 알 수 있다. 자기를 희생하는 사랑의 실천을 볼 때마다 지금도 세례를 통해 인간의 성품이 정화되어 사랑의 하나님 나라의 실재에 들어가고 있음을 알 수 있다. 이게 실재요 진짜 세례다. 이 세례는 사고의 두려움과 이기심을 깨끗이 씻어내 사랑과 진리 안에 다시 태어나게 한다.

성경에도 "우리를 구원하시되 … 중생의 씻음과 성령의 새롭게 하심으로 하셨나니"(딛 3:5)라고 했다. 이제 우리는 은유와 상징에 만족하던 데서 벗어나 사랑의 하나님 나라의 일원으로서 하나님이 설계하신 마음이라는 온전한 실재를 경험하고자 전진해야 한다!

- 은유와 직유와 비유와 예화가 의미 있으려면 그것이 가리켜 보이는 우주적 실재가 있어야 한다. **배후의 실재가 없는 예화는 은유나 비유가 아니라 망상이다.**
- 성숙한 그리스도인이 되려면 은유를 넘어서서 그 은유가 가리키는 실재와 조화되게 살아야 한다.
- 실재인즉 온 인류는 마음이 죄로 병들어 있어 예수 그리스도 안에만 있는 똑같은 치료법이 필요하다.
- 자기를 희생하는 사랑은 죄인인 우리 인간의 본성이 아니다. 오히려 자기를 보호하려는 게 본성적 욕구다. 이타적 사랑의 실천을 볼 때마다 우리는 예수 그리스도의 능력과 치료법이 역사하여 지금도 인간의 마음을 변화시키고 있음을 알 수 있다.

The
God-Shaped
Heart

10

성경 속의 소극장

훌륭한 가르침은 4분의 1의 준비와
4분의 3의 순전한 연극으로 이루어진다.

— 작자 미상

♥   성경의 모든 은유와 비유와 예화와 직유와 실물 교육과 의식은 다 동일한 우주적 실재를 가리킨다. 바로 하나님의 성품인 사랑이다. 그분이 설계하신 사랑의 법이다. 자기 자녀들을 치유하고 회복시켜 다시 자신과 연합하게 하시려는 계획이다.

성경의 은유에서 가장 오해되어 온 예화 중 하나는 구약의 유대교 성막과 예배 의식이다. 그 전체 경륜 가운데 문자적으로 취해야 할 요소는 단 하나도 없다. 모든 요소가 더 큰 우주적 실재의 상징이다.

의미를 이해하려면 먼저 상징을 정확히 해독해야 한다. 아인슈타인 (Einstein)의 유명한 방정식 $E = mc^2$을 생각해 보라. 에너지(E)는 주어진 물질의 질량(m)에 광속의 제곱(c^2)을 곱한 값이다. 하지만 각 상징의 의미를 모르면 이 방정식은 무의미하다. 의미를 모르는 것보다 더 심각한 상황은 의미를 오해해 그 잘못된 의미를 가르치는 일이다. 상징의 의미를 잘못 읽으면 참뜻을 여전히 모를뿐더러 참뜻을 알려는 노력까지 중단된다. 그리하여 막상 진리가 제시되어도 이해하기가 더 어려워진다.

그리스도께서 당대의 종교 지도자들에게 하신 이 말씀이 바로 그런 뜻이다. "화 있을진저, 외식하는 서기관들과 바리새인들이여. 너희는 교인 한 사람을 얻기 위하여 바다와 육지를 두루 다니다가 생기면 너희보다 배나 더 지옥 자식이 되게 하는도다"(마 23:15). 이런 교인은 진리 없이 무지 속에 살았으므로 본래 지옥 자식이었다. 그런데 이제 넘어야 할 장애물이 둘로 늘었다. 여전히 진리를 받아야 하는 데다 종교 교사들 때문에 사고가 거짓 신념체계로 어두워졌다. 난관이 두 배로 커진 셈이다.

성막 예배의 상징을 바르게 해석하지 못한 결과로 하나님, 그분의 **자연법**, 그분이 계획하신 치유와 회복 등에 대한 비참한 오해가 초래되었다.

2016년 부활절 전 주(前週)에 내가 기독교 라디오 방송을 듣고 있는데, 한 청취자가 전화해 두 게스트 신학자에게 구약 유대교에서 드려진 동물 제사의 취지에 대해 질문했다. 그들의 답변은 실정법의 전염병이 기독교에 얼마나 깊숙이 파고들었는지를 보여 주는 또 하나의 증거다.

첫째 신학자_ 죄에는 죽음의 형벌이 따르게 되어 있습니다. 그래서 레위기 17장에 동물 제사 제도가 제정될 때 10~11절에 이런 말씀이

나옵니다. "이스라엘 집 사람이나 그들 중에 거류하는 거류민 중에 무슨 피든지 먹는 자가 있으면 내가 그 피를 먹는 그 사람에게는 내 얼굴을 대하여 그를 백성 중에서 끊으리니 육체의 생명은 피에 있음이라. 내가 이 피를 너희에게 주어 제단에 뿌려 너희의 생명을 위하여 속죄하게 하였나니 생명이 피에 있으므로 피가 죄를 속하느니라." 보다시피 피는 생명을 상징하고 죄에는 죽음의 형벌이 따르게 되어 있습니다. 그래서 제사 드리는 사람이 살려면 동물이 형벌을 받아 자기 목숨인 피를 주어야 했지요. 이를 대속이라 합니다. 예전에 저를 가르치던 교수는 목숨을 맞바꾸기라고 표현했지요. 동물이 죽어 사람이 삽니다. 바로 이게 구약에서 속죄 제사를 드린 이유입니다.

둘째 신학자 신약에서 두 군데만 보자면, 누가복음에 예수께서 팔리시던 날 밤에 유월절 식사를 하시는 장면이 나옵니다. "저녁 먹은 후에 잔도 그와 같이 하여 이르시되 '이 잔은 내 피로 세우는 새 언약이니 곧 너희를 위하여 붓는 것이라.'" 즉 예수의 사인은 특히 출혈입니다. 출혈로써 그분은 속죄 제물이 되셨습니다. 우리가 구원받으려면 그분이 죽으셔야만 했지요. 바울도 로마서 5장 9절에 그렇게 말합니다. "그러면 이제 우리가 그의 피로 말미암아 의롭다 하심을 받았으니 더욱 그로 말미암아 진노하심에서 구원을 받을 것이니." 그러니까 원리는 똑같습니다. 인간의 죄 문제가 해결되려면 구약에서는 동물이 죽어야 했으나 이제 동물 대신 하나님의 아들이 친히 우리를 위해 죽으십니다. 요컨대 그분은 출혈로써 우리 대신 죽으셨습니다.[1]

이 책을 이쯤 읽었으면 누구나 분간할 수 있겠지만, 이런 개념은 하나님의 법도 인간의 법처럼 작용한다는—즉 형벌을 요구하는 강압적 규칙 체계와 같다는—사고방식에 기초해 있다. 히브리서 저자는 신약 교회를 그런 사고방식에서 탈피하게 하려고 이렇게 상기시켰다. "이에 따라 드리는 예물과 제사는 **섬기는 자를 그 양심상 온전하게 할 수 없나니** 이런 것은 먹고 마시는 것과 여러 가지 씻는 것과 함께 육체의 예법일 뿐이며 개혁할 때까지 맡겨 둔 것이니라. … 그러나 이 제사들에는 해마다 죄를 기억하게 하는 것이 있나니 **이는 황소와 염소의 피가 능히 죄를 없이 하지 못함이라**"(히 9:9~10, 10:3~4).

동물 제사는 인류 역사상 어느 시대에도 죄 문제를 해결하지 못했다. 죄인이 구원받으려면 양심이 깨끗해지고 마음이 변화되고 성품이 새로워져야 하는데 동물 제사로는 그게 불가능하기 때문이다. 하나님은 전체 역사를 통틀어 자신의 대언자들을 통해 이 점을 누차 말씀하셨다.

- 여호와께서 말씀하시되 "너희의 무수한 제물이 내게 무엇이 유익하뇨. 나는 숫양의 번제와 살진 짐승의 기름에 배불렀고 나는 수송아지나 어린 양이나 숫염소의 피를 기뻐하지 아니하노라 … 너희는 스스로 씻으며 스스로 깨끗하게 하여 내 목전에서 너희 악한 행실을 버리며 행악을 그치고 선행을 배우며 정의를 구하며 학대받는 자를 도와주며 고아를 위하여 신원하며 과부를 위하여 변호하라" 하셨느니라(사 1:11,16~17).
- 내가 무엇을 가지고 여호와 앞에 나아가며 높으신 하나님께 경배

할까. 내가 번제물로 일 년 된 송아지를 가지고 그 앞에 나아갈까. 여호와께서 천천의 숫양이나 만만의 강물 같은 기름을 기뻐하실까. 내 허물을 위하여 내 맏아들을, 내 영혼의 죄로 말미암아 내 몸의 열 매를 드릴까. 사람아, 주께서 선한 것이 무엇임을 네게 보이셨나니 여호와께서 네게 구하시는 것은 오직 정의를 행하며 인자를 사랑 하며 겸손하게 네 하나님과 함께 행하는 것이 아니냐(미 6:6~8).

하나님이 원하시는 일, 늘 원하셨고 힘써 이루어 오신 일을 가장 간 명하게 표현한 사람은 호세아일 것이다. "나는 인애를 원하고 제사를 원하지 아니하며 번제보다 하나님을 아는 것을 원하노라"(호 6:6).
동물 제사로 사람을 구원할 수 없다면 구약의 성막 예배의 취지는 무엇인가?

위대한 연극

레위기의 제도는 전체가 한 편의 드라마요 연극이요 공연 작품이 다. 소극장인 셈이다. 이 제도가 주어진 대상은 글을 읽고 쓸 줄 모르는 노예 출신의 교육받지 못한 무리였다. 그래서 하나님은 대규모로 모 세를 통해 그들에게 아주 인상적인 무대(성막과 이후의 성전)를 설치하 고 정교한 의상을 짓도록 지시하셨다. 그리고 아주 자세한 대본을 주 셨다. 이스라엘 자손은 출연진이었다. 인류를 치유하고 구원해 그분의 본래 이상(理想)대로 재창조하시려는 하나님의 계획을 이 극단이 해마다 주기적으로 공연했다. 연극이란 개념이 낯설게 느껴진다면 바울이 고린도 교인들에게 한 말을 생각해 보라. "내가 보기에, 하나님께서는 메시지를 전하는 우리를 아무도 표를 사려고 하지 않는 극장의 무대에 올려놓으신 것 같습니다"(고전 4:9,《메시지》복있는사람 역간).

연극에 출연하는 게 구원-하나님이 설계하신 마음을 받음(거듭남)-의 조건은 아니었다. 구원받기 위해 극단(이스라엘)의 일원이 될 필요는 없었다. 공연이 가리켜 보이는 실재를 경험하기만 하면 누구나 구원받을 수 있었다. 엘리야에게 숙소를 제공한 과부, 나아만, 멜기세덱, 이드로를 생각해 보라. 모두 구원받았지만 아무도 레위기 제도에 참여하지는 않았다. 그러나 본인이 원하면 극단에 가입해 출연진에 속할 수 있었다. 라합과 룻이 그런 경우였다. 일단 출연자(이스라엘의 일원)가 된 사람은 대본대로 따라야 했다. 대본, 즉 성경에 따르기를 거부하는 출연자는 무대에서 퇴출당했다.

브로드웨이 연극에서 배우가 자꾸 대본을 무시하고 말을 듣지 않는다면 감독이 어떻게 할까? 결국, 그 배우를 연극에서 빼지 않을까? 무대에서 퇴출하지 않을까? 구약 시대에 하나님도 대본에 따르기를 거부하는 많은 이들에게 그렇게 하셨다. 그들을 무대에서 퇴출하셨다. 그렇게 퇴장했다 해서 반드시 영원히 없어진다는 뜻은 아니고 다만 연극의 배역을 잃었다. 어떤 때는 전체 출연진이 대본에서 너무 멀리 빗나가 하나님이 극장을 닫고 무대를 해체하셨다(70년간의 포로 생활). 공연을 쉬는 동안에도 그분의 충실한 소수가 여전히 구원받았으나 그 작은 드라마에 출연하지는 않았다(다니엘과 세 친구는 성전 제사를 드리지 않았다).

마침내 배역진은 뼈아픈 교훈을 배운 후 귀국해 무대를 다시 짓고 연극 공연을 재개했다. 에스더와 모르드개는 귀국하지 않았으며 아마 성전 제사에 한 번도 참여하지 않았을 것이다. 그래도 하나님은 그들을 버리지 않으셨다. 왜 그런가? 그분의 관심은 오직 연극이 가리켜 보이는 실재에 있기 때문이다. 에스더와 모르드개는 그 실재―하나님을 신뢰하는 관계―에 참여했다. 그러나 예수가 태어나셨을 때쯤에는 배역진(유대 민족)이 다시금 대본에서 아주 멀리 빗나가, 모든 진리의 근원이요 모든 상징의 성취이신 그분이 앞에 서 계신데도 그분을 알아보지 못했을 뿐 아니라 배척해 죽이기까지 했다. 그래서 하나님은 다시 공연을 끝내고 무대를 해체하셨다. 그리고 그때부터 새로운 조력자들에게 지시해, 그리스도께서 이루신 참된 치료법―여태 그 연극이 가리켜 보였을 뿐인 실재―을 세상에 전하게 하셨다.

이런 배경을 염두에 두고 지금부터 구약의 드라마에 쓰인 몇 가지 상징을 생각하면서 그런 상징으로 대변되는 실재를 알아보자. 이 책의 취지는 성막의 은유를 종합적으로 다 검토하는 게 아니라 다만 상징의 배후에 더 큰 실재가 있다는 사실을 예증하는 데 있다. 상징이 가리켜 보이는 실재를 알면 놀라우신 하나님을 더 깊고 의미 있게 경험할 수 있다.

드라마의 주제는 이렇다. 인류는 죄로 인해 하나님과 분리되었으나 하나님은 우리 마음에 그분의 성품인 사랑을 회복시켜 인류를 다시 자신과 연합하게 하시려고 그리스도를 통해 역사하신다. **자연법**의 렌즈로 보고 하나님을 창조주로 알면 그런 관점으로 귀결된다. 그런데 기독교가 **실정법**의 전염병에 오염된 이후로 많은 이들이 성막의 드라

마를 법적인 형벌을 치러 그분을 달래는 제도로 잘못 알고 있다.

이동 중에 진을 치던 방식

진영의 배치는 인류가 하나님과 그분의 목표인 화목함으로부터 멀어져 있음을 보여 준다. 진영 중앙에 성막이 있고 그 안에 하나님의 처소인 지성소가 있었다. 이스라엘 민족은 성막을 빙 둘러 진을 쳤는데 각각 세 지파씩 사면에 지파별로 배치되었다(이 땅의 사방에서 나아올 인류를 상징한다). 레위인의 자리는 성막과 나머지 지파의 **사이**였다(요셉 지파가 에브라임과 므낫세로 양분되었으므로 레위인을 사이에 두고도 열두 지파가 성막 둘레에 진을 칠 수 있었다).

이 상징으로 대변되는 실재는 무엇인가? 죄인인 인류는 하나님으로부터 분리되어 멀어졌다. 그러나 하나님은 인류를 자신과 화목하게 하시려고 이 땅에 내려와 인류와 함께 "거하셨다"("성막"이란 단어와 어근이 같다). 예수는 성전이다. 중앙, 연결 고리, 통합하는 능력, 사랑과 생명의 근원이다. 그분은 자신의 몸을 가리켜 "너희가 이 성전을 헐라. 내가 사흘 동안에 일으키리라"(요 2:19)라고 말씀하셨다. 궁극적으로 성전은 우리와 함께 살면서 아버지와의 연합을 회복하려고 오신 예수를 대변한다. 레위인은 신자들의 제사장직을 상징한다. 즉 그리스도께 참여한 우리는 세상으로 나가 믿지 않는 세상(열두 지파로 대변되는)에 복음을 전한다. 하나님을 알게 해 세상을 도로 그분과 연합시킨다. 그래서 레위인의 자리는 성전과 나머지 지파 사이였다.

모세는 성육신 이전의 그리스도를 상징한다. 모세는 하나님을 대면해 대화했고, 그분 앞을 떠나 이집트의 통치자와 대결해 이스라엘 백성을 속박에서 구해 냈으며, 구원 계획을 보여 주는 성막을 지었다. 그리스도도 하늘에서 아버지를 대면해 말씀하셨고, 천국을 떠나 이 땅에 오셔서 죄 많은 세상의 통치자와 대결해 인류를 죄의 속박에서 구해 내셨으며(광야에서 사탄과 직접 대결하여 물리치셨다), 지상에 그분의 성막을 지으셨다. 스가랴는 예수에 대해 이렇게 예언했다.

> 말하여 이르기를 만군의 여호와께서 이같이 말씀하시되 "보라, 싹이라 이름하는 사람이 **자기 곳에서 돋아나서 여호와의 전을 건축하리라. 그가 여호와의 전을 건축하고** 영광도 얻고 그 자리에 앉아서 다스릴 것이요 또 제사장이 자기 자리에 있으리니 이 둘 사이에 평화의 **의논이 있으리라**" 하셨다 하고(슥 6:12~13).

이렇듯 모세는 성육신 이전의 예수를 대변한다. 그분은 아버지와 함께 구원 계획을 짜고 시행하셨다.

어린 양(제물로 쓰인 동물)은 이 땅에 사시던 33년 반 동안의 그리스도를 상징한다. 세례 요한이 그분에 대해 "보라, 세상 죄를 지고 가는 하나님의 어린 양이로다"(요 1:29)라고 말한 것과 같다.

제물로 드려진 양의 피는 생명을 상징한다. 레위기에 "육체의 생명은 피에 있음이라"(레 17:11)라고 했다. 동물의 피가 하는 일은 무엇인가? 피는 원을 그리며 순환한다. 우리 인체도 마찬가지다. 이는 사랑의 법의 실천─끝없이 베푸는 원리─을 보여 주는 얼마나 완벽한 상징인가.

오늘날에도 원은 끝없는 사랑을 상징한다. 그래서 결혼식 때도 사랑의 물리적 상징물로 **동그란** 반지를 교환한다. 에스겔은 환상 중에 왕권과 통치를 상징하는 하나님의 보좌를 보았는데, 그 보좌를 떠받치고 있는 게 무엇이었던가? 움직이는 원이었다. 그 안에 돌아가는 바퀴가 있고 다시 그 안에 회전하는 원이 있었다. 하나님의 통치는 살아 있는 사랑의 법 위에 세워져 있다! 피는 바로 이것을 상징한다. 제물로 쓰인 동물의 피는 온전히 사랑하신 예수의 온전하고 죄 없는 삶을 상징한다.

대제사장은 부활해 승천하신 후의 그리스도를 상징한다. "그러므로 우리에게 큰 대제사장이 계시니 승천하신 이 곧 하나님의 아들 예수시라. 우리가 믿는 도리를 굳게 잡을지어다"(히 4:14).

이런 상징의 배후 실재는 예수다!

성막 뜰

바깥뜰에 번제단과 물두멍이 있었는데 둘 다 놋으로 만들어졌다.

상징의 의미를 알려면 상징물과 거기에 담긴 전반적 교훈을 자신이 어떤 관점에서 보고 있는지부터 알아야 한다. **실정법**의 렌즈로 보는가, 아니면 **자연법**의 렌즈로 보는가? 형벌의 표상인가, 아니면 치유라는 실재인가?

전반적으로 성막이 가르치는 교훈은 무엇인가? 하나님과의 화목함이다. 인류를 죄에서 구원하시려는 그분의 계획이다. 이런 맥락에서 아래 질문을 생각해 보자.

죄가 유발한 문제는 무엇인가? 구원 계획은 무엇을 고치려고 설계되었는가? 아담과 하와가 죄를 지었을 때 하나님이 변하셨는가? 그분의 법이 바뀌었는가? 아니면 인류가 변했는가? 죄는 하나님이나 그분의 법 쪽의 결함인가, 아니면 인간 쪽의 결함인가?

요컨대 이런 상징을 볼 때 우리는 하나님을 달래거나 그분의 법을 충족시켜야 한다는 식으로 해석하는가(형벌 관점은 그렇게 가르친다)? 아니면 이 모두의 배후 실재가 그분이 예수를 통해 인류를 치유하고 회복하여 자신과 도로 연합시키시는 데 있음을 아는가(자연법 관점은 그렇게 가르친다)?

번제단

번제단의 기본 재료인 조각목은 부패하기 쉬운 인간을 상징하고, 그 위에 입힌 놋은 불치병으로 판결 또는 진단되는 우리의 결함을 상징한다. 그래서 번제단은 구원 과정의 출발점을 가리킨다. 자신에게 문제가 있음을 인정하는 게 모든 치유 과정의 첫걸음이다. 번제단은 "심판" 내지 진단의 자리다. 뭔가 문제가 있는데 자신의 힘으로는 고칠 수 없음을 인정하는 자리다. 그래서 외부의 치료책인 구주가 우리에게 필요하다. 누구나 엎드려 자신의 병과 죄성, 구주의 필요성을 인정해야 한다. 번제단은 구원과 치유 과정의 첫걸음이요 첫 단계다.

동물을 죽이는 일은 제사장이 아니라 죄인이 직접 했고, 그다음에 제사장이 피를 제단 밑에 쏟고 제단 뿔에 발랐다. 이는 죄인이 그리스도께로 와서 거듭남을 상징한다. 즉 구원과 치유의 기초로서 마음이 온전히 정결해진다. 뿔에 바르는 피는 성품이 변화되기 시작함을 상징한다. 즉 그리스도의 생명(의)이 그리스도인 안에 재생산된다. 우리 생각이 다시 그분과 조화를 이루고, 마음속에 새로운 갈망이 싹튼다. 이런 상징의 실재가 신자 안에 적용됨을 예수가 친히 말씀하셨다. "내가 진실로 진실로 너희에게 이르노니 인자의 살을 먹지 아니하고 인자의 피를 마시지 아니하면 너희 속에 생명이 없느니라. 내 살을 먹고 내 피를 마시는 자는 영생을 가졌고 마지막 날에 내가 그를 다시 살리리니 내 살은 참된 양식이요 내 피는 참된 음료로다"(요 6:53~55).

아울러 희생된 동물 내부의 기름, 즉 내장 주위의 **속에 숨어 있는** 기름은 발라내 번제단 위에 불살라야 했다. 이는 그리스도께서 우리 죄성을 대신 지시고 두려움과 이기심의 병을 멸하시는 일을 상징한다. 그분은 자신을 구원하고픈 유혹에 굴하지 않으셨다. 그리스도는 모든 일에 우리와 똑같이 시험을 받으셨으나 죄는 없으신 분이다(히 4:15). 그런데 우리를 시험하는 건 자기 욕심이다(약 1:14). 다시 말해서 우리의 시험은 안에서 온다. 예수도 우리처럼 시험받으셨다. 겟세마네에서 그분은 자신을 구원하는 쪽으로 행동하려는 인간적 감정을 강하게 경험하셨다. 하지만 그런 이기적인 유혹에 굴하지 않으시고 사랑으로 자신을 내어 주셨다. "이를[내 목숨을] 내게서 빼앗는 자가 있는 것이 아니라 내가 스스로 버리노라"(요 10:18). 사익을 좇으려는 유혹에도 불구하고 그분은 인간인 자신의 뇌로 사랑을 선택하셨다. 그리하여 두려움과 이기심의 병을 멸하고 인류 안에 하나님의 사랑의 법을 회복하셨다. 이를 상징하는 게 곧 내장의 기름을 발라내 태우는 행위다.

기름을 태우는 일은 성경 전체에 주께 "향기로운 냄새"로 표현된다(레 4:31, 17:6, 민 18:17) 이제 그 이유를 알 만하다. 그 일은 하나님의 자녀 안에 있는 육욕의 본성, 이기적 욕망, 죄의 병을 불사름을 상징한다. 당신의 자녀가 백혈병으로 죽어 가던 중에 화학 요법이 암세포를 불살라 자녀를 살려낸다면 당신은 기쁘지 않겠는가? 하나님도 이 땅에 사는 자기 자녀들의 마음과 사고와 성품에서 죄성이 불살라질 때 말할 수 없이 기뻐하신다!

번제단의 뿔은 우리 삶 속에 들러붙은 죄의 위력을 상징한다. 하나님이 그리스도를 통해 우리 삶 속에 역사해 그런 성품의 결함을 제거하고 변화시켜 주셔야 한다. 뿔에 피를 바르는 행위가 이를 상징한다. "내가 오만한 자들에게 오만하게 행하지 말라 하며 악인들에게 뿔을 들지 말라 하였노니 너희 뿔을 높이 들지 말며 교만한 목으로 말하지 말지어다"(시 75:4~5).

제단의 불은 성령 하나님을 상징한다. 제단에 피를 바르기 전의 불은 성령께서 죄를 자각하게 해 죄인을 회심으로 이끄시는 일을 대변한다. 피를 바른 후의 불은 성령께서 새 회심자 안에 변화를 이루시고, 육욕의 본성에서 비롯된 욕심과 동기를 불사르시고, 그리스도를 닮은 마음을 새로 낳으시는 일을 대변한다.

아담과 하와가 범죄한 직후 하나님은 뱀에게 "내가 너로 여자와 원수가 되게 하고 네 후손도 여자의 후손과 원수가 되게 하리니"(창 3:15)라고 말씀하셨다. 그 뒤로 성령은 죄인의 마음과 사고 속에 역사해 죄를 자각하게 하시고 우리를 그분께로 이끌어 오셨다. 진리가 제시될 때면 성령이 곁에서 조명해 마음 깊이 새겨지게 하신다. "길에서 우리에게 말씀하시고 우리에게 성경을 풀어 주실 때에 우리 속에서 마음이 뜨겁지 아니하더냐"(눅 24:32). 또 우리가 진리에 반응해 진리 가운데 마음을 열면 성령이 곁에서 성품의 결함을 불사르시고 우리 안에 하나님이 설계하신 사랑의 마음을 빚어 주신다. "마치 불의 혀처럼 갈라지는 것들이 그들에게 보여 각 사람 위에 하나씩 임하여 있더니 그들이 다 성령의 충만함을 받고 성령이 말하게 하심을 따라 다른 언어들로 말하기를 시작하니라"(행 2:3~4).

물두멍

물두멍은 성령의 씻음을 상징한다. 즉 하나님의 성도를 정결하게 하고 사역의 능력을 입혀 무장시키신다는 의미다. 물두멍의 재료는 여인들이 이집트에서 가지고 나온 거울이었는데(출 38:8), 이는 하나님 말씀의 목적, 곧 우리의 결함을 드러내고 상태를 진단하는 일에 꼭 들어맞는다(약 1:22~25). 물두멍에 채워진 물은 믿는 자에게 정결함과 능력을 주시는 성령 하나님을 상징한다. "우리를 구원하시되 … 중생의 씻음과 성령의 새롭게 하심으로 하셨나니"(딛 3:5). "그리스도께서 교회를 사랑하시고 그 교회를 위하여 자신을 주심 같이 하라. 이는 곧 물로 씻어 말씀으로 깨끗하게 하사 거룩하게 하시고 자기 앞에 영광스러운 교회로 세우사 티나 주름 잡힌 것이나 이런 것들이 없이 거룩하고 흠이 없게 하려 하심이라"(엡 5:25~27).

제사장들과 대제사장만 물두멍에서 씻었다. 이는 그리스도를 믿는 사람만이 성령으로 정결해지고, 말씀에 계시된 진리를 중시하며, 하나님의 목적을 수행하도록 무장된다는 사실을 적절히 상징한다.

하나님의 말씀으로 우리 성품을 깨끗이 씻는다는 이 주제를 예수는 발을 씻어 주시는 섬김으로 이어 가셨다. 발은 우리네 인생 여정을 상징한다. 맨발은 그 인생 여정을 그리스도의 형제자매에게 솔직하게 내보인다는 의미다. 남이 나를 씻어 줌은 내가 여정을 정화하고 삶의 불순한 행실을 제하도록 다른 사람들이 성령의 인도하심을 따라 하나님의 말씀과 방법과 원리로 나를 돕는다는 의미다. 덕분에 나는 성품의 정화를 경험한다. 남의 발을 씻어 줌은 다른 사람들이 하나님의 말씀과 방법과 원리를 적용해 삶과 성품을 정화하도록 내 쪽에서 기꺼이 돕는다는 뜻이다. 인생 여정을 내보이며 자신이 어떻게 죄로 더러워졌는지를 털어놓는 그들에게 말이다.

제물의 피를 바를 때 그 피를 담는 그릇

이 그릇은 하나님에 대한 진리와 그리스도의 성품을 세상에 실어 나르는 신자들을 상징한다. 그 일을 우리는 활동과 행실로, 살아가는 방식으로, 전하는 복음의 메시지로 한다. "주께서 이르시되 '가라, 이 사람[바울]은 내 이름을 이방인과 임금들과 이스라엘 자손들에게 전하기 위하여 택한 나의 그릇이라'"(행 9:15). "큰 집에는 금그릇과 은그릇 뿐 아니라 나무그릇과 질그릇도 있어 귀하게 쓰는 것도 있고 천하게 쓰는 것도 있나니 그러므로 누구든지 이런 것에서 자기를 깨끗하게 하면 귀히 쓰는 그릇이 되어 거룩하고 주인의 쓰심에 합당하며 모든 선한 일에 준비함이 되리라"(딤후 2:20~21).

매일 섬기는 제사장들

흰옷을 입고 성소에 들어가 매일 섬기는 제사장들은 신자의 제사장 직을 상징한다. 신자는 마음이 새롭게 되고 성품이 그리스도를 닮은 사람, 세상에 복음을 나누어 주는 사람이다. 예수는 "아버지께서 나를 보내신 것 같이 나도 너희를 보내노라"(요 20:21)라고 말씀하셨다. 신자는 교회 안에서도 하나님을 위한 직무를 수행한다. 베드로는 "너희도 산돌 같이 신령한 집으로 세워지고 예수 그리스도로 말미암아 하나님이 기쁘게 받으실 신령한 제사를 드릴 거룩한 제사장이 될지니라"(벧전 2:5)고 썼다. 남을 섬길 때 신자를 밝혀 주는 불은 하나님의 말씀이다(등잔대의 불빛). 말씀은 타인의 사역과 설교와 가르침에서도 오고, 스스로 성경을 공부하며 진리를 섭취하기도 한다(진설병을 먹음). 하나님을 신뢰하는 관계 속에서 신자는 그분께 마음을 열고 신의 성품에 참여해 그리스도의 성품을 받는다(포도주를 마심). 불타는 마음으로 아버지께 사랑과 찬양을 쏟아 드리며 하나님의 뜻을 이루기에 힘쓴다(분향단에 향을 피움).

매일 섬기는 제사장들이 입는 흰옷은 신자 안에 재생산되는 그리스도의 온전한 성품을 상징한다.

> 여호수아가 더러운 옷을 입고 천사 앞에 서 있는지라. 여호와께서 자기 앞에 선 자들에게 명령하사 "그 더러운 옷을 벗기라" 하시고 또 여호수아에게 이르시되 "내가 네 죄악을 제거하여 버렸으니 네게 아름다운 옷을 입히리라" 하시기로 내가 말하되 "정결한 관을 그의 머리

에 씌우소서" 하매 곧 정결한 관을 그 머리에 씌우며 옷을 입히고 여호와의 천사는 곁에 섰더라(슥3:3~5).

장로 중 하나가 응답하여 나에게 이르되 "이 흰옷 입은 자들이 누구며 또 어디서 왔느냐."… 그가 나에게 이르되 "이는 큰 환난에서 나오는 자들인데 어린 양의 피에 그 옷을 씻어 희게 하였느니라"(계7:13~14).

성소

금을 입힌 성소는 그리스도의 의와 순금 같은 사랑의 성품(계 3:18)으로 온전하게 정화된 참 교회를 상징한다. 문은 우리의 문이신 그리스도를 상징한다(요10:7). 그분은 아버지와의 연합을 회복하는 관문이요 길이다(요 14:6). 등잔대의 불빛이 문으로 새어 나와 뜰을 비추었는데, 이는 빛이신 그리스도께서 교회로부터 세상을 비추어 만인을 밝히심을 상징한다(요1:4,9).

등잔대

등잔대는 하나님의 말씀-기록된 말씀과 살아 계신 말씀-을 상징한다. "주의 말씀은 내 발에 등이요 내 길에 빛이니이다"(시 119:105).

등잔대의 가운데 기둥과 가지 여섯은 모두 순금으로 만들어졌다. 가운데 기둥은 그리스도를 상징하고, 가지 여섯은 가운데 기둥이신 그리스도께 연합된 인간 교회를 상징한다(6은 인간의 숫자다). 등불은 모두 합하면 완전수인 일곱 개가 된다. 우리는 그리스도와 연합할 때에만 완성되어 빛을 발할 수 있다.

등잔대 맨 위의 잔 여섯은 신자의 마음을 상징한다. 거기서 말씀과 성령이 타오르면서 하나님을 닮은 성품을 재창조하고, 천국 빛을 발하여 하나님을 증언한다. 등잔대에 연결된 잔은 포도나무에 붙어 있는 가지와 같다. 등잔대에 새겨진 살구꽃 형상은 교회 안에 나타나는 성령의 열매를 상징한다.

매일 아침저녁으로 심지를 다듬는 일은 대제사장만이 할 수 있었는데, 이는 그리스도께서 우리 마음속에 역사해 성품의 결함을 잘라내심을 상징한다. 그분을 위해 더 환히 빛날 수 있도록 말이다.

너희는 세상의 빛이라. 산 위에 있는 동네가 숨겨지지 못할 것이요 사람이 등불을 켜서 말 아래에 두지 아니하고 등경 위에 두나니 이러므로 집 안 모든 사람에게 비치느니라. 이같이 너희 빛이 사람 앞에 비치게 하여 그들로 너희 착한 행실을 보고 하늘에 계신 너희 아버지께 영광을 돌리게 하라(마 5:14~16).

등잔대의 기름은 하나님의 영을 상징한다. "사무엘이 기름 뿔 병을 가져다가 그의 형제 중에서 그에게 부었더니 이날 이후로 다윗이 여호와의 영에게 크게 감동되니라"(삼상 16:13).

진설병을 두는 상

이 상은 그리스도를 상징한다. 나무로 만들어 금을 입혔으니 성육신하

233

신 하나님을 상징하기에 제격이다. 예수는 친히 인성(나무)을 취해 이를 완성하셨고(금), 우리는 그분으로부터 모든 영적 양분(빵)을 받는다.

상에는 손바닥 넓이만한 턱 또는 테가 있었는데 성막의 치수 단위 중 여기에만 규빗이 쓰이지 않았다. 열두 개의 빵을 사방으로 두르고 있는 이 턱은 자기 백성의 치료책을 감싸 보호하시는 하나님의 손을 상징한다.

열두 개의 빵은 생명의 떡이신 그리스도를 상징한다. "예수께서 이르시되 '나는 생명의 떡이니 내게 오는 자는 결코 주리지 아니할 터이요 나를 믿는 자는 영원히 목마르지 아니하리라'"(요 6:35). 덩어리나 누룩 없이 고운 밀가루로 만든 빵은 죄가 없이 순결하신 그리스도를 상징한다. 빵은 여섯 개씩 양쪽에 쌓고 그 위에 향을 놓았다가 안식일마다 제사장들이 대제사장과 함께 들어가 우선 대제사장이 그 향을 분향단 위에 사른 다음 모두가 빵을 먹었다. 이는 안식일마다 신자들이 모여 대제사장이신 예수와 연합해 하나님께 기도와 찬송(향)을 올리고 말씀(빵)에 참여함을 상징한다.

포도주는 그리스도의 죄 없는 삶과 온전한 성품을 상징한다. "또 잔을 가지사 감사기도 하시고 그들에게 주시며 이르시되 '너희가 다 이것을 마시라. 이것은 죄 사함을 얻게 하려고 많은 사람을 위하여 흘리는바 나의 피 곧 언약의 피니라. 그러나 너희에게 이르노니 내가 포도나무에서 난 것을 이제부터 내 아버지의 나라에서 새것으로 너희와 함께 마시는 날까지 마시지 아니하리라' 하시니라"(마 26:27~29).

분향단

분향단은 구원받은 사람의 새롭고 깨끗해진 마음을 상징한다. 기도를 올리는 사람은 비신자가 아니라 회심한 사람이며, 향을 사른 곳은 번제단이 아니라 이 분향단이었다. "나의 기도가 주의 앞에 분향함과 같이 되며 나의 손드는 것이 저녁 제사 같이 되게 하소서"(시 141:2). "그 두루마리를 취하시매 네 생물과 이십사 장로들이 그 어린 양 앞에 엎드려 각각 거문고와 향이 가득한 금 대접을 가졌으니 이 향은 성도의 기도들이라"(계 5:8).

향은 또 성도가 실천하는 그리스도를 닮은 성품을 상징하기도 한다. 성소에서 새어 나온 향냄새는 이스라엘 진영 위를 떠다녔다. 향기로운 냄새가 백성을 성막 쪽으로 이끌었다. 하나님께 구원받은 사람의 삶은 세상의 구원받지 못한 이들을 그리스도께로 이끄는 향기로운 냄새가 되어야 한다. "항상 우리를 그리스도 안에서 이기게 하시고 우리로 말미암아 각처에서 그리스도를 아는 냄새를 나타내시는 하나님께 감사하노라. 우리는 구원 받는 자들에게나 망하는 자들에게나 하나님 앞에서 그리스도의 향기니"(고후 2:14~15).

분향단의 불은 성령께서 구원받은 사람의 마음속에 역사해 조명과 변화와 치유와 존귀를 더해 주심을 상징한다. "나는 너희로 회개하게 하기 위하여 물로 세례를 베풀거니와 내 뒤에 오시는 이는 나보다 능력이 많으시니 나는 그의 신을 들기도 감당하지 못하겠노라. 그는 성령과 불로 너희에게 세례를 베푸실 것이요"(마 3:11).

분향단의 뿔은 의인의 마음속에 남은 죄의 흉터, 잔존하는 이기심의 요소, 성품의 나머지 결함을 상징한다. 그들은 성령의 역사로 말미암아 계속 예수를 적용하고 그분께 참여해 씻음과 치유와 정화를 입고 있다. 분향단의 뿔이 번제단의 뿔보다 작음은 그만큼 더 성품이 변화되어 의로워졌음을 상징한다.

제사장이 속죄제를 드릴 때 피를 바르는 곳은 번제단이 아니라 분향단의 뿔이다. 번제단은 제사장 아닌 사람이 제사를 드리는 곳으로, 신자의 마음과 사고 속에 그리스도의 변화의 능력이 계속 필요함을 상징한다. 분향단의 주위에 두른 금테는 그리스도께 받는 승리의 면류관을 상징한다. 번제단은 승리의 마음이 아니라 회심하지 않은 마음을 상징하므로 그런 테가 없다.

지성소 앞의 휘장

천사들을 수놓은 이 휘장은 사탄의 거짓말과 우리 육욕의 본성을 상징한다. 사탄의 거짓말은 우리를 하나님과 분리한다. 또한, 그리스도께서 친히 우리 본성을 취해 십자가에서 멸하셨다.

매일 섬기는 제사장들은 하나님을 더 온전히 보고 싶어 지성소 쪽을 바라보지만 뭔가 시야를 가리는 게 있다. 천사들을 수놓은 휘장에 막혀 하나님을 명확히 볼 수 없다. 이 휘장이 찢겨 나가야만 우리를 하나님과 화목해지지 못하게 막는 장애물이 없어진다. 과연 휘장은 찢어졌다. 상징적인 성막 제도 중 그리스도께서 십자가에서 죽으실 때 하나님이 없애신 요소는 휘장뿐이다. 이는 "죽음의 세력을 잡은 자 곧 마귀"를 멸하신 그리스도의 죽음을 상징하기에 안성맞춤이다(히 2:14).

그리스도는 사탄의 거짓말을 멸하셨고 또 아담의 타락으로부터 물려받은 우리 육욕의 본성을 멸하셨다. 그리하여 휘장 안으로 들어가는 새로운 살 길을 여셨다. "그러므로 형제들아, 우리가 예수의 피를 힘입어 [지]성소에 들어갈 담력을 얻었나니 그 길은 우리를 위하여 휘장 가운데로 열어 놓으신 새로운 살 길이요 휘장은 곧 그의 육체니라"(히 10:19~20). 자신의 죽음으로 그분은 "사망을 폐하시고 … 생명과 썩지 아니할 것을 드러내"셨다(딤후 1:10). 사탄의 거짓말과 인간의 타락한 죄성은 우리를 하나님과 분리하지만, 십자가에 달리신 그분의 육체 곧 우리를 위한 죽음은 이를 뚫고 나가는 새로운 살 길이다. "만일 우리의 복음이 가리었으면 망하는 자들에게 가리어진 것이라. 그 중에 이 세상의 신이 믿지 아니하는 자들의 마음을 혼미하게 하여 그리스도의 영광의 복음의 광채가 비치지 못하게 함이니 그리스도는 하나님의 형상이니라"(고후 4:3~4). 그 가리던 휘장이 그리스도의 죽음을 통해 찢겨 나갔으므로 이제 하나님의 영광의 광채가 다시 우리 마음속에 비쳐든다!

지성소

지성소는 예수 그리스도께서 이루신 일을 통해 죄를 씻김 받고 온전한 사랑과 신뢰로 통일된 우주를 상징한다. 쉐키나 영광은 가까이하지 못할 빛에 거하시는 성부 하나님을 상징한다(딤전 6:16).

언약궤 뚜껑 위의 천사들은 지켜보는 우주를 상징한다. 그들은 천지간의 일을 두루 살필 뿐 아니라 또한 지상의 우리를 섬긴다(고전 4:9, 벧전 1:12, 히 1:14, 마 18:10). 궤 뚜껑 밑의 상자는 다공성(多孔性) 목재로 만들어 완전히 금을 입혔는데, 이는 타락한 인류를 상징한다. 인류는 비록 죄로 손상되었으나 이제 모든 타락이 정화되고 모든 결함이 예수 그리스도의 온전한 의(금)로 메워졌다.

상자 안에 세 가지 물건을 두었는데 그게 들여진 데는 일정한 순서가 있다. 만나가 처음이고 다음은 십계명의 율법이며 아론의 싹 난 지팡이는 맨 나중이다. 이 상징은 심오하며 실재에 놀랍도록 상응한다.

만나는 하늘에서 내려온 생명의 떡이신 예수를 상징한다(요 6:48~51). 구원 과정에서 우리는 먼저 예수를 알고, 그분께 참여하고, 신뢰하는 마음으로 그분께 마음을 열어야 한다. 그러면 그분이 우리 마음과 사고에 자신의 율법을 새겨 주신다. "또 주께서 이르시되 그날 후에 내가 이스라엘 집과 맺을 언약은 이것이니 내 법을 그들의 생각에 두고 그들의 마음에 이것을 기록하리라. 나는 그들에게 하나님이 되고 그들은 내게 백성이 되리라"(히 8:10). 이렇게 신뢰를 통해 그리스도께서 우리 마음에 자신의 사랑의 법을 기록하시면, 죄와 허물로 죽어 있던 우리(엡 2:1)가 그리스도 안에서 살아나 화목한 의의 열매를 맺는다(빌 1:11). 이를 상징하는 게 아론의 죽은 지팡이가 살아나 싹이 나고 꽃이 피어 살구 열매가 맺힌 일이다.

순금으로 만들어진 언약궤 뚜껑은 그리스도의 온전한 성품을 상징하기에 딱 맞는다. 또 아무런 규격이 주어져 있지 않아 그분이 끝없는 사랑과 무한한 능력으로 우리를 치유하고 회복하심을 대변해 준다. 바울은 로마서에 언약궤 뚜껑에 해당하는 헬라어 단어(hilasterion)를 써서 예수를 곧 죄인을 회복해 하나님과 다시 연합하게 하는 장소이자 수단으로 묘사했다. "이 예수를 하나님이 그의 피로써 믿음으로 말미암는 화목제물[화해장소]로 세우셨으니"(롬 3:25).

예수는 온 우주를 하나님과 다시 연합해 화목하게 하는 연결 고리다. 모든 거룩한 존재가 그리스도를 통해 일치단결한다. 구원받은 죄인(상자), 전체 우주의 타락하지 않은 존재(뚜껑 위의 천사들), 삼위일체 하나님(쉐키나), 이 모두가 예수(뚜껑)를 통해 연합한다. "그 뜻의 비밀을 우리에게 알리신 것이요 그의 기뻐하심을 따라 그리스도 안에서 때가 찬 경륜을 위하여 예정하신 것이니 하늘에 있는 것이나 땅에 있는 것이 다 그리스도 안에서 통일되게 하려 하심이라"(엡 1:9~10).

의미의 해석

지금까지 다양한 상징물의 의미를 규정했으니 이제 연극 행위의 의미를 해석할 수 있다. 제사장 아닌 유대인을 위한 속죄제와 제사장을 위한 속죄제를 각각 살펴보자.

제사장 아닌 사람의 속죄제

죄인은 제물을 가져와 그 동물의 머리 위에 자기 죄를 고백한다. 이는 죄가 사고의 문제임을 제대로 상징한다. 동물의 목을 베는 사람은 집전하는 제사장이 아니라 회개하는 죄인 자신이다. 이 단순한 예화는 죄가 사랑과 신뢰의 원을 끊어 죽음을 초래함을 정확히 상징한다. 앞서 보았듯이 생명은 피에 있으며 피는 단순히 체내를 순환한다. 피가 원을 그리며 돌아야 목숨이 부지된다. 이 원(순환)이 뭔가에 막히면 안 된다. 여기 사랑의 법, 베풂의 원리가 나와 있다. 그런데 죄는 하나님이 설계하신 삶인 사랑의 원을 끊는다. 순환을 끊으면 동물이 죽듯이 사랑의 법 또한 어기면 죽음을 초래한다. 이는 간단명료한 실물 교육일 뿐, 여기에 피로 법적인 형벌을 치른다는 개념은 없다.

제물로 바쳐진 동물은 예수를 상징한다. 그분은 죄가 없으시지만, 친히 치료책이 되고자 우리 죄를 대신 지셨다(사 53:4). "하나님이 죄를 알지도 못하신 이를 우리를 대신하여 죄로 삼으신 것은 우리로 하여금 그 안에서 하나님의 의가 되게 하려 하심이라"(고후 5:21). 그러므로 동물이 흘린 피는 죄가 없으신 예수의 온전한 삶과 사랑과 성품을 상징한다. 누구든지 참여하기만 하면 그분이 죄를 깨끗하게 해 주신다!

집전하는 제사장은 피를 그릇에 담아 옮기는데, 제사장과 그릇 둘 다 복음의 메시지를 사람들에게 전하는 신자를 상징한다. 번제단 주위에 붓는 피는 그리스도의 진리와 성품이 아직 회심하지 않은 사람의 마음에 적용됨을 상징한다. 이는 동기에 근본적 변화를 불러일으켜, 이기심이 이타적 사랑으로 변한다. 이게 회심이다. 하나님을 불신하던 마음이 신뢰로 바뀐다. 번제단 뿔에 바르는 피는 그리스도의 생명이 마음을 변화시켜 성품의 악한 요소와 습성을 이겨냄을 상징한다.

내장을 씻음은 하나님 말씀의 진리, 성령의 조명, 새로 주어진 동기로 말미암아 속사람을 하나님에 대한 거짓으로부터 정화함을 상징한다. 내장에서 기름을 발라냄은 대속자 예수께서 이루신 대로 육욕의 본성이 멸하여짐을 상징하고, 또 두려움과 이기심에 지배당하던 우리 마음(속사람)이 해방됨을 상징한다. 내장을 불사름은 속사람이 새롭게 됨—그리스도를 닮은 사고가 재창조됨—과 하나님의 사랑의 법에 조화되지 않던 구습과 조건반사가 제하여짐을 상징한다.

매일 섬기는 제사장들이 먹는 어린 양의 고기는 그리스도의 성품과 진리와 원리와 방법을 내면화함을 상징한다. 또 사람들에게 진리를 나누어 줄수록 우리가 영적으로 더 강건해진다는 의미도 있다.

제사장의 속죄제

회개하는 제사장은 제물을 가져와 그 동물의 머리 위에 자기 죄를 고백한다. 이는 죄가 사고의 문제임을 상징한다. 이어 (집전하는 제사장이 아니라) 회개하는 제사장이 동물의 목을 벤다. 이는 죄가 사랑과 신뢰의 원을 끊어 죽음을 초래함을 상징한다.

제물로 바쳐진 동물은 예수를 상징한다. 그분은 죄가 없으시지만(고후 5:21) 우리 죄를 대신 지시고 치료책이 되셨다(사 53:4).

피는 죄가 없으신 예수의 온전한 삶과 사랑과 성품을 상징한다. 집전하는 제사장은 피를 그릇에 담아 옮기는데, 그 제사장과 피를 담는 그릇 둘 다 복음의 메시지를 사람들에게 전하는 신자를 상징한다.

여기까지는 제사장이나 제사장 아닌 사람이나 과정이 비슷하지만, 이제부터 달라진다. 희생제물의 피를 휘장 앞에 뿌림은 그리스도의 성품(진리와 사랑)을 교회 내에 적용함을 상징한다. 모든 거짓을 제하고 모든 허위를 바로잡고 모든 상처를 치유하기 위해서다. 요컨대 교회를 치유하는 것이다. 그리스도를 믿는 신자가 죄를 지으면 그런 거짓과 허위와 상처가 하나님과 우리의 연합을 방해하기 때문이다. 휘장은 하나님에 대한 거짓말과 우리의 타락한 본성을 상징하며, 둘 다 우리와 하나님을 분리시킨다. 그리스도인이 죄를 지으면 하나님에 대한 진리를 잘못 대변해 휘장의 방해를 가중시킨다. 그래서 휘장 앞에 뿌리는 피는 그리스도의 은혜와 사랑과 생명과 원리와 진리와 방법을 교회 내에 적용한다는 의미이며, 이로써 죄를 이기는 그리스도의 능력을 드러내 준다(롬 5:20).

이어 분향단의 뿔에도 피를 바르는데, 이는 회개하는 신자의 마음에서 성품의 나머지 결함을 제함을 상징한다(분향단의 뿔이 번제단의 뿔보다 훨씬 작음에 주목하라. 그리스도를 믿는 신자의 성품이 그동안 더 자라서, 아직 남아 있는 성품의 결함이나 하나님께 저항하는 마음이 그분을 모르는 사람보다 작기 때문이다).

남은 피는 번제단 밑에 쏟는다. 이는 그리스도인들이 서로 은혜와 용서를 베풀며 주변의 죄인을 살리는 데 힘쓰면, 이로써 십자가에 달리신 그리스도의 능력을 회심하지 않은 세상에 증언해 사람들을 회개로 이끈다는 의미다.

내장에서 기름을 발라냄은 육욕의 본성이 멸해져 두려움과 이기심에 지배당하던 우리 마음(속사람)이 해방됨을 상징한다. 내장을 불사름은 속사람이 새롭게 됨, 그리스도를 닮은 사고가 재창조됨, 하나님의 사랑의 법에 조화되지 않던 구습과 조건반사가 제하여짐을 상징한다.

목표는 연합이다

이 연극 전체의 무대 공연에서 소통되는 메시지는 하나다. 인류는 죄로 인해 하나님과 분리되었으나 하나님은 그리스도를 통해 치료법을 공급하셨고, 자원하는 사람을 치유하고 회복시켜 다시 자신과 온전히 연합하게 하시려고 역사하신다! 이게 실재다! 하나님과 연합하고 죄를 치유하고 그리스도를 닮은 성품으로 회복되는 일은 은유가 아니라 목표다. 우리가 구하는 상(賞)이다. 이제 우리는 미성숙한 상태에서 벗어나 하나님 나라와 우주의 사랑의 실재 안으로 들어가야 한다.

은유에 얽매이고 상징을 고집하며 자꾸 하나님의 말씀을 **실정법**의 렌즈로 보면 우리의 성장과 치유와 하나님이 설계하신 마음을 회복하는 일에 방해가 된다.

다음 장에서도 히브리서 6장에 기술된 초보적 가르침을 더 살펴보면서, 하나님의 아들딸다운 끝없는 성숙을 향해 달려가 보자.

Key-Point

· 성막 예배의 상징을 바르게 해석하지 못한 결과로 하나님, 그분의 **자연법**, 그분이 계획하신 치유와 회복 등에 대한 비참한 오해가 초래되었다.

· 동물 제사는 인류 역사상 어느 시대에도 죄 문제를 해결하지 못했다. 죄인이 구원받으려면 양심이 깨끗해지고 마음이 변화되고 성품이 새로워져야 하는데 동물 제사로는 그게 불가능하기 때문이다.

· 구원은 의식을 수행해서 되는 게 아니라 하나님이 설계하신 마음을 경험하는 데 달려 있다.

The
God-Shaped
Heart

11

사랑과 진리의 힘

모든 사랑은 확장이고 모든 이기심은 수축이다.

그러므로 사랑만이 생명의 법이다.

사랑하는 사람은 살고 이기적인 사람은 죽는다.

사랑만이 생명의 법이니 사랑을 위해서라도 사랑하라.

숨을 쉬어야 사는 이치와 같다.

— 스와미 비베카난다(Swami Vivekananda), 1895년의 편지

♥   지금까지 살펴보았듯이 기독교는 **실정법** 개념으로 병들었고, 이 때문에 선량한 사람들이 중독과 폭력의 악순환을 이겨내지 못한다. 상처를 입어 만신창이인 채로 남아 있는 사람이 너무 많다. 실정법 개념은 권력 사용에 대한 오해를 초래했고, 하나님의 주권에 대한 진리를 변질시켰다. 그 결과 수많은 사람이 우리를 변화시키는 하나님의 사랑의 능력을 경험하지 못한 채 오히려 그분을 두려워하며 살아가고 있다. 어떻게 그런지 이제부터 밝혀 보고자 한다.

힘을 생각하면 무엇이 떠오르는가? 물리적 힘, 에너지, 군사력이 생

각나는가? 대다수 그리스도인은 하나님이 전능하시다는 데 동의하지만 착한 사람에게 나쁜 일이 벌어지면 쩔쩔매기 일쑤다. 하나님이 전능하시다면 어떻게 무죄한 아이들이 고통당할 수 있는가? **실정법의** 관점대로라면 전능하신 하나님은 신민에게 자기 뜻을 강요한다. 매사가 하나님의 지시대로 돌아간다. 누가 병들면 하나님이 내리시는 벌이다. 재난이 발생하면 하나님이 멸하시는 중이다. 웹사이트 www.livescience.com에 따르면 미국인의 56%는 하나님이 지구상의 모든 사건을 통제하신다고 믿고, 44%는 자연재해를 하나님이 일으키신다고 믿고, 29%는 하나님이 소수의 죄 때문에 나라 전체를 벌하신다고 믿는다.[1] 그러나 죄인인 인간의 사고방식을 벗어나 하나님을 예수의 렌즈로 보면 그때 알게 되는 사실이 있다. 사랑은 결코 강요하거나 억지로 시키지 않는다. 사랑은 마음을 얻어내고, 사랑은 자유롭게 둔다.

부의 재분배

2016년 1월에 나는 조지아주 애틀랜타의 주민 회의에 참석해 미국의 의료 정책을 토론하는 특권을 누렸다. 한 토론자는 혜택받지 못한 빈민에게 평등한 의료를 제공하려면 정부가 대규모로 부의 재분배를 법제화해야 한다며 그게 미국에 필요한 일이라고 주장했다. 청중은 이 방안에 열렬한 반응을 보였다.

토론석에 앉은 나는 하나님이 내게서 어떤 발언을 원하실지 생각해 보았다. 물론 예수는 빈민을 돌보아야 한다고 말씀하셨다. 선한 사마리아인의 이야기가 번득 떠올랐다. 탐욕이 하나님의 방법에 어긋남은 두말할 필요도 없다. 확신컨대 하나님은 우리가 불우한 이들을 돕기를 원하신다. 그러나 부의 재분배를 정부가 의무화한다는 이 방안은 뭔가 옳지 않았다. 어떻게 하면 상위 중산층의 이기적인 백인 기득권자로 비치지 않으면서 내 우려를 소통할 수 있을까? **자연법**의 렌즈로 생각하니 무엇이 잘못인지 보였다. 즉 앞서 제안된 방법은 **실정법**의 방식이었다. 일부 토론자는 오로지 정부 정책에만 집중했다. 하지만 나는 정책을 넘어 하나님 나라를 위해 사람들의 마음과 사고에 영향을 미치는 쪽으로 생각했다. 인간 정부의 방법으로는 하나님의 대의를 이루어 낼 수 없다. 그래서 내가 제시한 개념은 다음과 같다.

부를 재분배하는 데는 대체로 두 가지 방법이 있다. 하나는 자선 기부다. 마음에 사랑이 있는 사람은 불우한 이들을 보면 선뜻 자원을 베풀어 빈민을 돕는다. 이는 예수께서 친히 가르치신 하나님의 방법이며, 그 기초는 사랑의 법 곧 베풂의 원리다. "너희가 **거저** 받았으니 **거저** 주라"(마 10:8).

이 방법으로 주는 사람은 베푸는 행위를 통해 사랑과 은혜와 긍휼이 더욱 많아지고 그리스도를 닮은 성품이 계발되는 복을 누린다. 주면 도로 받게 되어 있다(눅 6:38). 사랑의 마음으로 베풀면 본인도 복을 받는다. 아울러 받는 사람 쪽에서는 감사의 복을 누린다. 이 선물이 일의 대가나 권리가 아니라 사랑의 표현임을 알기에 감사로 마음이 따뜻해진다. 그들은 남이 희생해서 복을 베풀 만큼 자신이 귀히 여김 받음을 깨닫는다. 이는 마음에 감사를 불러일으킬 뿐 아니라 자신 또한 사랑을 적용하여 남에게 베풀어야겠다는 의욕을 자아낸다. 사랑은 사랑을 통해 마음속에 깨어나는 법이다. "우리가 사랑함은 그가 먼저 우리를 사랑하셨음이라"(요일 4:19).

그러나 부를 재분배하는 또 다른 방법이 있다. 세상 정부의 방식이다. 성경은 이런 정부를 탐욕스러운 짐승이라 표현한다(단 7장). 그들은 아직 베풀 마음이 없는 사람에게서 강제로 재물을 빼앗아 억지로 베풀게 만든다. 합당한 지원 대상자도 정부가 정한다. 이런 강압적 제도로 재산을 빼앗기는 사람은 베푸는 특권을 강탈당한다. 그래서 마음속에 사랑과 긍휼이 자라기는커녕 오히려 억울하게 착취당하고 이용당한다는 심정이 깊어질 때가 많다. 이런 정책은 돈을 뜯기는 이들의 마음속에 불화의 씨를 뿌리고 사회에 연합 대신 분열을 일으킨다. 재분배되는 부를 받는 쪽에서도 감사하며 고맙게 여기기보다는 마치 자신의 권리인 양 당연히 여길 때가 너무 많다. 오히려 남의 것을 점점 더 많이 요구하다가 더 주어지지 않으면 화내며 따지기 일쑤다. 그럴수록 사회의 분열은 더 심화될 뿐이다. 진정한 연합은 사람들이 자진해서 동의하고 참여할 때에만 이루어진다. 정부 프로그램이 성공하려면 관청이 시민의 동의와 승인을 얻어내야 한다. 그러면 이런 세금과 재분배 프로그램으로 인한 갈등이 줄어들고 더 조화가 이루어진다.

우리 그리스도인이 하나님의 대의(마음의 치유와 변화)를 이루려면 세상 정부의 강압적 방법이 아니라 하나님의 방법(사랑의 법)을 따를 때 가능하다. 정교분리가 이루어져야 하는 데는 그만한 이유가 있다. 인간은 실재—시간, 공간, 물질, 에너지, 생명 등—를 만들 수 없기에 규칙을 만드는데, 규칙을 시행하려면 강압이 요구된다. 정부는 빈민 구제 같은 선한 목표에도 늘 강압적 방법을 쓴다. 정부의 방법은 이를 실천하는 이들의 마음을 치유하는 게 아니라 결국 악영향을 끼친다. 예수는 "내 나라는 이 세상에 속한 것이 아니니라. 만일 내 나라가 이 세상에 속한 것이었더라면 내 종들이 싸워 나로 유대인들에게 넘겨지지 않게 하였으리라. 이제 내 나라는 여기에 속한 것이 아니니라"(요 18:36)라고 말씀하셨다. 하나님 나라가 **실정법**에 기초해 있다면 그분을 따르는 이들도 힘과 권력 같은 강압적 수단을 사용할 것이다. 그러나 하나님 나라는 사랑의 나라이며, 사랑이란 위협과 겁박과 강요와 명령으로는 얻어낼 수 없다.

이 주민 회의를 계기로 나는 힘의 다양한 종류와 그 힘이 쓰이는 방식을 더 깊이 숙고했다. 그러면서 깨달은 사실이 있다. 수많은 사람이 **실정법** 개념을 받아들이고 하나님의 법도 죄인이 제정하는 법과 다를 바 없이 작용한다고 믿은 결과, 하나님의 능력과 주권을 곡해하고 있다.

나는 하나님의 주권을 믿는다. 즉 그분은 최고 통치자, 최종 권위, 최고 책임자시다. 시간, 공간, 물질, 에너지, 생명만 아니라 법도 그분에게서 기원했다. 하나님이 주권자시므로 그분의 법은 모든 창조세계를 지배하는 최고법이다. 혼란은 우리가 **하나님의 자연법**을 **인간의 실정법** 개념으로 대체할 때 발생한다. 그러면 시야가 가려져 하나님의 주권이 또렷이 보이지 않는다.

이런 오해는 기독교 변증론에 다음과 같은 전형적 갈등을 불러왔다. 사랑이시고 전능하신(주권) 하나님이 어떻게 아이가 성희롱을 당하고 무죄한 자가 피살되고 악이 존재하게 두실 수 있는가? 이런 의문이 끈질기게 되풀이되는 이유는 대다수 사람이 잘못된 법 개념에서 헤어나지 못하기 때문이다. 그들의 생각대로라면 하나님의 법도 우리 인간의 법처럼 작용하므로, 그분은 그저 힘과 권력으로 악인을 벌하고 무죄한 자를 구하시기만 하면 된다. 사람들은 하나님이 죄인을 다루실 때도 조지 W. 부시(George W. Bush) 대통령이 2001년 9·11 사태의 테러단을 다루던 방식처럼 하셔야 한다고 생각한다. "적을 잡아다 심판하든 적을 찾아가 심판하든 정의는 반드시 실현될 것입니다."[2]

인간 정부는 힘과 권력으로 강요한다. 하지만 하나님이 우리에게 정말 원하시는 바는 무엇일까? 잘 훈련된 개의 순종 이상이 아닐까? 노예의 복종 이상이 아닐까? 정말 우리의 사랑과 신뢰를 원하지 않으실까? 이런 물음에 답하면서 다음 힘의 종류 중 우리를 향한 하나님의 목표를 능히 이룰 만한 게 무엇일지 생각해 보라. 각 힘이 우리와 그분의 관계에 미칠 영향도 함께 생각해 보라.

강요의 힘

강요의 힘은 온갖 실력 행사로 싫다는 사람을 위협하고 겁박하고 벌하고 압력을 가해 내 뜻에 동조하게 만든다. 하나님이 이런 식으로 권력을 휘둘러 피조물로부터 자신이 원하시는 바를 얻어내실 수 있을까? 나아가 이런 강제력으로 나의 대의에 따를 사람을 확실히 영입할 수 있을까?

사고가 4단계 이하인 사람이 강요를 동원한다. 그들은 벌과 거부와 고통과 법적인 문제를 피하려 한다. 이렇게 강제력으로 회심자를 얻어

내려 한다면, 과연 확실하고 안정되고 믿을 만하고 흔들리지 않는 추종자가 나올까? 협박으로 충절을 얻어낼 수 있을까? 다시 말해서 사람들에게 강제로 나를 따르게 한다면 그들이 온갖 난관에도 불구하고 끝까지 내게 의리와 충절을 지킬까? 강요의 힘이 꺾이면 추종자는 무너져 포기하고 나를 배반할 수밖에 없다. 그럴 만한 원인은 무엇일까?

- 더 큰 위협.
- 솔깃한 회유.
- 거짓을 믿을 때.
- 다른 누구나 무엇을 진정으로 사랑할 때.
- 자유에 대한 희망.

강요의 힘으로는 상대를 확실하고 믿을 만한 사람으로 변화시키지 못한다. 오히려 강요는 하나님이 설계하신 자유의 법칙에 어긋난다. 관계에서 자유를 짓밟아 보라. 그러면 사랑은 언제나 손상되고, 지배당하는 사람의 개성은 서서히 말살되며, 반항심이 싹튼다.

이런 관계를 생각해 보라. 어떤 사람에게 당신의 마음이 끌렸는데 그가 당신에게 강압적으로 부담을 주기 시작한다. "내 말대로 하지 않으면 큰일 날 줄 알아!" 그는 권위를 행사해 당신을 지배하고 자유를 빼앗으려 한다. 외식할 때 무엇을 먹겠느냐고 묻지 않고 일방적으로 주문한다. 당신의 휴대전화를 빼앗고, 이메일 계정을 폐쇄하고, 친구들과 대화해서는 안 된다고 통보한다. 쇼핑할 때면 당신은 영수증을 챙겨와 일 원 한 푼까지 어떻게 썼는지 증명해야 한다. 당신이 그런 관계 속에 있다면 사랑이 깊어질까 식을까? 관계를 유지하고 싶을까 벗어나고 싶을까? 유지할 경우 당신의 지성과 생각은 어떻게 될까? 머잖아 그 복종 대상의 렌즈로만 사고하게 되지 않을까?

물리적 위협과 통제만큼 공공연하지는 않지만, 감정적 지배일 때는 어떨까? 하자는 대로 하지 않으면 상대는 울거나 발을 구르거나 삐치거나 고함을 지르거나 문을 쾅 닫거나 자살을 들먹이거나 그 밖의 감정이 폭발한다. 그게 싫어서 당신은 상대의 심기를 거스르지 않고 무조건 하자는 대로 해야겠다는 부담이 생긴다. 이럴 때 사랑은 어떻게 될까? 당신의 개성은 어떻게 될까?

하나님이 설계하신 관계 원리 중에 자유의 법칙이 있다. 사랑은 자유로운 분위기에서만 존재할 수 있다. 이는 반복 검증이 가능한 명제다. 아무 관계에나 시험해 보면 안다. 어느 관계를 막론하고 자유가 억압되면 사랑은 손상을 거쳐 결국 파괴되고, 지배당하는 사람 속에 반항심이 싹튼다. 그래도 굳이 관계를 유지할 경우 그 사람의 개성은 시간이 가면서 말살된다. 강요의 힘은 파괴적일 뿐 아니라 하나님의 자연법에 어긋난다. 그리하여 그분의 성품인 사랑에도 어긋난다.

실정법은 언제나 강요를 낳는다. 하나님은 결코 강요의 힘을 행사하지 않으신다. 그래서는 그분이 원하시는 바를 얻을 수 없기 때문이다. 하나님은 우리의 사랑과 신뢰를 원하시는데 위협과 강요로는 누구도 사랑과 신뢰를 얻을 수 없다. 성경에 보면 "여호와께서 말씀하시되 이는 힘으로 되지 아니하며 능력으로 되지 아니하고 오직 나의 영으로 되느니라"(슥 4:6)고 했다.

힘의 종류 중 첫째는 이렇듯 강요의 힘이다. 이 힘은 사탄의 지배에서 기원했으며 세상 나라들의 주된 방법이다. 그야말로 짐승 같은 행동이다!

회유의 힘

그다음 종류는 회유의 힘이다. 즉 뇌물, 보상, 승진, 돈, 출세, 칭찬, 추앙 등의 힘이다. 이 방법은 2~3단계에서 사고하는 사람에게 잘 통한다. 그들은 어떻게든 거래를 맺거나 남에게 받아들여지려 한다. 이런 힘을 구사하면 확실하고 안정되고 믿을 만하고 흔들리지 않는 추종자가 나올까? 보상 때문에 당신을 따르는 사람이 온갖 난관에도 불구하고 끝까지 충절을 지킬까? 그들을 무너뜨려 당신을 배반하게 만들 요인은 무엇일까?

- 심각한 위협.
- 더 나은 보상.
- 거짓말.
- 다른 누구나 무엇을 진정으로 사랑할 때.

이 처음 두 종류의 힘이 어떻게 작용하는지 영화 "대부"에 똑똑히 나온다. 이는 불가항력의 거래다. 보상을 취하든지 죽임을 당하든지 둘 중 하나다.

기만의 힘

힘의 또 다른 종류는 거짓과 기만과 사기의 힘이다. 모르는 사람이 많지만, 거짓의 힘이 강요나 회유보다 강하고 위력적이고 확실하다. 거짓에 기초해 따르는 추종자는 —그 거짓을 정말 믿으면— 위협에 흔들리거나 뇌물에 매수되지 않는다. 예컨대 이단 교인이나 각종 테러 단체를 생각해 보라.

회심자를 얻어내는 방법으로 거짓이 위협이나 회유보다 강력하고 확실하긴 하지만, 그런 추종자가 과연 배반하지 않고 충절을 다할까? 거짓에 기초해 따르는 사람이 온갖 난관에도 불구하고 의리를 지킬까? 기만당한 추종자를 무너뜨려 당신을 배반하게 만들 요인은 무엇일까?

- 또 다른 거짓을 믿을 때.
- 진리. 즉 진리 앞에 거짓이 드러나 상대가 진리를 받아들이고 해방될 때(진리는 사실관계를 통해 밝혀질 수도 있고 삶의 경험을 통해 밝혀질 수도 있다).
- 자아보다 다른 누구나 무엇을 사랑할 때.

사랑의 힘

사랑의 힘은 도덕 발달이 5단계 이상인 사람 안에 작용하는 힘이다.

그들은 사랑받을 줄도 알고 진정으로 자기보다 남을 더 사랑할 줄도 안다. 그렇다면 이런 힘에서 확실하고 안정되고 믿을 만하고 흔들리지 않는 결과가 나올까? 사랑에 기초해 따르는 사람은 온갖 난관에도 불구하고 충절을 지킬까?

물론 사랑은 강요와 회유보다 강하다. 그러나 사랑의 힘을 꺾을 수 있고 실제로 꺾은 힘이 하나 있다. 바로 기만의 힘이다. 에덴동산에서 타락한 우리의 첫 조상만 떠올려 보아도 알 수 있다.

사람들에게 거짓의 위력을 공감하도록 돕고자 내가 자주 쓰는 예화가 있다. 당신의 부부관계가 금슬 좋고 건강하다고 하자. 당신과 배우자는 서로 사랑하고 신뢰한다. 그런데 당신이 사랑하고 신뢰하는 또 다른 사람―어쩌면 친형제 자매―이 찾아와 울먹이며 당신의 배우자가 바람을 피우고 있다고 거짓말한다. 딴 사람이 있는 양 컴퓨터로 조작한 사진까지 내보인다. 물론 사실이 아니며 당신의 배우자는 여전히 정절을 지키는 충실한 사람이다. 그래도 **당신이 이 거짓을 믿는다면** 내면에 뭔가 변화가 생기지 않을까?

거짓을 믿을 때 연쇄적으로 뒤따르는 파멸을 잘 보라.

- 거짓을 믿으면 사랑과 신뢰의 원이 깨진다.
- 사랑과 신뢰가 깨지면 두려움과 이기심이 찾아온다. "더는 당신을 믿지 못하겠으니 내가 직접 감시하는 수밖에 없다."
- 두려움과 이기심은 이기적인 행동을 낳는다. "당신한테서 병이 옮을까 두려워 나는 이 집에서 나간다. 그리고 당신보다 먼저 은행에 가서 돈을 찾는다."

- 이기적인 행동은 사고와 몸과 관계를 훼손해 결국 불치의 상태에 이르게 한다. 두려움이 커질수록 스트레스 연쇄반응이 활성화되어 건강을 해치고, 부정적 사고방식을 조장해 관계를 무너뜨린다.

이 예화를 써서 많이 가르치던 중에 최근에 이런 이메일을 받았다.

박사님의 온라인 성경공부 학교에 "다니며" 정말 즐겁게 듣고 있어요. 저는 교회에서 자랐고 대학까지 쭉 교회 부속 사립학교에 다녔습니다.

이 예화를 몇 주 동안 들으며 공감도 되고 마음도 아프네요. 예화 속의 그 사람은 자기 배우자가 외도하고 있다는 거짓말을 믿잖아요. 사실이 아닌데도요.

저랑 제일 친했던(지금은 아닌) 친구가 몇 년 전에 제 남편에게 제가 집안끼리 알고 지내는 어떤 친구와 바람을 피운다고 말했어요. 사실이 아닌데도 남편은 그 말을 믿었지요. 저는 (지금까지도) 결백한데 제 말은 아무 소용이 없었어요. 부부관계는 이혼으로 치달아 진흙탕 싸움이 되고 말았지요. 남편은 내게 삿대질하며 소리를 질렀고, 내 컴퓨터에 소프트웨어를 설치해 염탐했고, 내 이메일과 페이스북 계정에 침입했고, 내 차에 추적 장치를 달았고, 자녀들에게 내가 매춘부라는 말까지 했어요.

교인이 아니던 남편은 설상가상으로 그 거짓말을 제가 다니던 교회의 목사들과 핵심 교인들에게까지 퍼뜨렸어요. 저는 결혼생활과 제일 친했던 친구뿐 아니라 교회 가족들까지 잃었답니다. 목사는 우리를 상담하지도 않고 일언반구도 없이 저를 교사 직분에서 해임하고 교회 내에서 배척하더군요. 그 교회를 떠나 다시는 돌아가지 않았어요. 안타깝게도 이 지역에는 교회가 별로 없어요.

몇 년 사이 목사들이 새로 부임했는데도 여태 그 교회에서 아무도 저한테 연락하거나 다시 나오라고 한 사람이 없어요. 그런데 자기네 교회 서점에서 돈 주고 물건을 사는 건 괜찮다네요.

박사님의 비유를 생각하다가 퍼뜩 깨달아지는 게 있었어요. 전 남편이 그렇게 날름 거짓말을 믿은 이유는 자기가 평소 부부관계를 완전히 등한시한 터라 아내가 외도할 만하다고 쉽게 믿어졌기 때문일 거예요. 결혼한 지 18년이 되도록 둘이 데이트라는 걸 해 본 적이 없었거든요. 생일이나 크리스마스나 기념일이나 밸런타인데이에 선물을 받아 본 적도 없고요. 어머니날이나 기념일이 돌아와도 아무런 계획이 없던 사람이에요. 아이들과 제가 동참하던 모든 행사에도 대체로 부재했고요.

우리가 하나님에 대한 거짓말을 선뜻 믿는 이유도 그분과의 관계를 완전히 등한시해 왔기 때문이 아닐까요. 그분이나 그분의 방법을 모르는 거죠. 거기다 종교가 우리의 뻔한 실수에 대해 부추기는 죄책감까지 더해 보세요. 규칙을 어겼다가는 하나님 손에 목이 날아갈 거라고 절로 믿어지지요.

그 뒤로 재혼했는데 새 남편이 수고스럽게도 제 감정의 상처를 서서히 녹여 주고 있답니다. 온유한 남자라서 얼마나 복인지 몰라요. 때맞추어 따뜻한 말 한마디와 작은 신체 접촉으로 저를 울리거든요. 게다가 남편의 교회에서는 저에게 매주 연락이 와요. 제 딸이 고등학교를 졸업했다는 사실도 용케 알고 이번 주에 목사가 우리 집에 찾아와서 부탁하더군요. 일요일에 교회에서 딸에게 축하 선물을 주고 싶다고요. 그 교회에 가 본 적도 없는 아이인데도요. 이 교회 가족에게서 느껴지는 사랑이 이전 교회에는 한 번도 없었고 지금도 없답니다.

우리가 사랑으로 알려져야 하는 존재일진대 안타깝게도 종말에 그 교회 출신은 아주 적을 것 같네요.

얼마나 슬프고도 감동적인 이야기인가. 아주 귀한 통찰까지 곁들여져 있다. 그렇다. 내 생각에도 근본 문제는 우리가 하나님을 모르는 데 있다. 그분을 제대로 모르고 그분과 함께 시간을 보내지 않기 때문에 그분에 대한 거짓말을 받아들이기가 그만큼 더 쉬워진다. 거짓을 믿으면 사랑과 신뢰의 원이 깨진다. 이제 우리는 하나님에 대한 진리로 돌아가 우리를 변화시키는 그분의 놀라운 사랑의 위력을 경험해야 한다!

사랑과 진리의 힘

꺾일 수 없는 힘이 하나 있으니 바로 진리를 겸비한 사랑의 힘이다. 진리와 사랑이 뭉치면 그 결과는 난공불락이다! 그래서 성령은 진리와 사랑의 영으로 알려져 있다. 그래서 오순절에 제자들은 둘로 갈라진 불을 보았다. 곧 진리의 불과 사랑의 불이다.

진리를 깨닫고 경험하면 거짓이 당해낼 재간이 없다. 진리 위에 세워진 사랑을 두려움이 이길 수 없다! 하나님의 성품인 진리와 사랑에 참여하는 사람만이 흔들리지 않는 존재로 변화된다. 그 성품을 우리는 내주하시는 진리와 사랑의 성령을 통해 받는다. 이런 사람은 하나님의 인(印)을 받았다. 지식과 경험 모두에서 하나님의 진리와 사랑 안에 워낙 확고부동한 상태라서 요동하려야 요동할 수 없다. 바로 7단계에서 살아가는 사람이다.

프랑스인 천주교 수사로서 알제리에서 트라피스트회 티비린 수도원의 원장이었던 크리스티앙 드 셰르제(Christian de Cherge)는 하나님의 사랑이 **실정법**과 다름을 알았다. 몸이 안전하지 못한 상황에서도 그는 자신의 생명과 정체와 개성이 그리스도와 더불어 안전함을 알았다. 1993년에 이슬람 극단주의가 발흥하면서 드 셰르제 신부의 목숨도 위태로워졌다. 하지만 그는 이를 알면서도 알제리를 떠나지 않고 일부러 계속 남아 예수 그리스도의 사랑을 증언했다. 1996년 5월 24일 그는 무슬림 무장단체에 의해 참수되었다. 죽음을 예견한 그는 자신이 피살된 후에 읽도록 가족에게 유언을 남겼다. 다음은 그 유언의 일부다.

이제 테러 행위는 알제리에 거주하는 모든 외국인을 겨냥할 태세가 된 것 같다. 어느 날―오늘일 수도 있다―내가 테러에 희생된다면, 내 목숨이 하나님께와 이 나라에 바쳐졌음을 내 공동체와 교회와 가족이 기억했으면 좋겠다. 부탁하노니 모든 생명의 주인이신 그분도 이런 잔인한 죽임을 당하셨음을 받아들이기 바란다. 또 나를 위해 기도해 주기 바란다. 내 어찌 이런 제물로 합당히 여김을 받을 수 있겠는가? 아울러 이 죽음을 똑같이 횡사였으나 무관심과 익명성 때문에 잊힌 다른 많은 죽음과 연결해 생각해 줄 수 있다면 좋겠다. … 죽기 전에 잠시 시간이 허락된다면 하나님과 모든 동료들에게 용서를 빌고 동시에 나를 죽일 사람을 전심으로 용서하고 싶다. …

내 죽음은 나를 고지식하거나 이상주의자라고 속단한 이들을 분명히 정당화해주는 듯 보일 것이다. "그 신부의 생각이 지금은 어떨지 궁금하군." 그러나 그들은 이로써 내 가장 강한 호기심이 채워지리라는 걸 알아야 한다. 하나님의 뜻이라면 꼭 해내고 싶은 일이 있다. 내 시선이 아버지의 시선에 푹 적셔져 나 또한 그분의 이슬람 자녀들을 그분이 보시듯 그분과 함께 응시하고 싶다. 모두 그리스도의 영광으로 빛나고, 그분의 애정의 열매이며, 성령의 은사로 충만한 존재들로 말이다. 성령의 은밀한 기쁨은 늘 공동체를 이루어 차이를 즐거워하면서 닮음을 다시 빚으시는 데 있다.

내 목숨은 온전히 내 것이면서 또 온전히 그들의 것이니 이 한목숨 바칠 수 있음을 하나님께 감사드린다. … 또 자신이 무엇을 하는지도 모를 내 마지막 순간의 친구, 바로 당신으로 인해서도 감사하며 작별하고 싶다. 당신의 얼굴 속에서 하나님의 얼굴을 보며 당신을 그분께 의탁하고 싶다.

당신과 나의 아버지이신 하나님의 뜻이라면 우리 서로 낙원에서 "좋은 강도"로 행복하게 만나기를 바란다.[3]

이게 진리에 기초해 요동할 수 없는 사랑이다. 이게 하나님이 다스리시는 마음의 형체요 특성이다!

그렇다면 하나님의 주권이란 무엇인가? 바로 하나님이 자신의 우주를 한결같이 지탱시켜 운행하시고, 모든 실재의 설계 원리인 각종 법을 유지하시며, 자신의 설계에서 벗어난 것 일체를 능력으로 치유하고 고치시는 일이다. 단 그분은 항상 자신의 속성이자 성품인 사랑과 조화되게만 행하신다!

억제하는 힘

빠뜨리지 않고 언급해야 할 힘의 종류가 하나 더 있다. 억제하는 힘이다. 이는 부상과 고통과 고생과 파멸과 악을 억제하고 제한하고 줄이고 지체시키고 늦추고 막기 위해 행사하는 힘이다.

억제하는 힘의 예로는 찻길로 뛰어가지 못하게 아이를 막는 부모, 격리를 시행하는 질병통제예방센터 직원, 정신질환자를 강제로 입원시키고 투약하는 정신과 의사, 상습 사기범을 감금하는 건강한 사회, 자신의 치유 계획이 실현될 수 있도록 악의 세력을 막으시는 하나님 등이 있다.

이상 어느 경우든 누군가 억제하지 않으면, 억제가 필요한 사람에게는 물론 종종 다른 사람들에게도 부상과 고통과 고생과 손상이 초래된다. 차에 치인 아이야 물론 다치겠지만 미처 정지하지 못한 운전자가 입을 정신적 손상은 어떤가? 자녀가 에볼라 바이러스에 감염되면 본인의 치료야 당연하지만, 가족에게 옮으면 그들의 고통은 어떤가? 외부의 억제가 없었던 결과로 목숨을 잃어야 한다면, 본인의 마음과 사고는 또 어떻게 되는가? 마찬가지로 산후 정신 질환을 치료받지 않고 있다가 다섯 자녀를 익사시킨 안드리아 예이츠(Andrea Yates)는 누가 자기를 사전에 막아 주기를 얼마나 바랐겠는가?[4] 죄를 범하는 사람을 억제하지 않으면 무죄한 사람들이 다칠 뿐 아니라 범인 자신의 마음과 사고와 성품도 비뚤어지고 완고해지고 무디어진다.

억제한다고 해서 상대의 성품이 바뀌지는 않는다. 억제란 외부인이 사건의 당연한 경과에 개입해 상대의 자율적 선택을 억누르는 행위다. 그렇게라도 막지 않으면 다른 사람에게나 **억제 대상인 본인에게** 막대한 피해가 닥치리라 판단되기 때문이다. 억제하는 힘은 꼭 필요한 최단기간에 최소한의 억제만을 구사한다. 억제 대상에게 최대한 일찍 온전한 자율을 돌려주려 한다.

사랑은 억제하는 힘을 구사한다. 하나님도 늘 그러셨고 지금도 마찬가지다. 하지만 그분도 자기 자녀의 사고와 선택을 잠식하실 수는 없다. 그러면 개성을 말살하는 결과를 낳는다. 하나님이 사람을 치유하고 사고를 회복하고 마음을 재건하시려면 본인의 자발적 협력이 있어야만 가능하다. 그래서 우리는 자진해서 적극 하나님께 동의하고 협력해야 한다. 변화되려면 "자기 마음으로 확정"해야 한다(롬 14:5). 사랑과 진리는 그렇게만 우리를 치유하고 회복할 수 있다. 억제하는 힘으로는 마음을 변화시킬 수 없으므로 때가 되면 이 힘의 용도가 다한다. 반항하는 자녀를 억제하는 부모라면 알겠지만, 일정한 나이가 되면 부모의 억제도 종료되어야 한다. 성경에 보면 하나님도 때가 되어 더는 하실 일이 없게 되면 억제를 거두신다(계 7:1~3, 22:11).

기독교에 엄청난 긴장이 있다. 규칙과 사랑 사이의 긴장, 조직을 구원함과 영혼을 구원함 사이의 긴장이다. 다음 장에서 이 내용을 살펴볼 것이다.

- 인간의 사고방식을 벗어나 하나님을 예수의 렌즈로 보면 그때 알게 되는 사실이 있다. 사랑은 결코 강요하거나 억지로 시키지 않는다. 사랑은 마음을 얻어내고, 사랑은 자유롭게 둔다.

- 이 땅의 방법으로는 하나님의 대의를 이루어 낼 수 없다.

- 하나님 나라가 **실정법**에 기초해 있다면 그분을 따르는 이들도 힘과 권력 같은 강압적 수단을 쓸 것이다. 그러나 하나님 나라는 사랑의 나라이며, 사랑이란 위협과 겁박과 강요와 명령으로는 얻어낼 수 없다.

- 하나님이 주권자시므로 그분의 법은 모든 창조세계를 지배하는 최고법이다. 혼란은 우리가 **하나님의 자연법을 인간의 실정법** 개념으로 대체할 때 발생한다. 그러면 시야가 가려져 하나님의 주권이 또렷이 보이지 않는다.

- 강요의 힘으로는 상대를 확실하고 믿을 만한 사람으로 변화시키지 못한다. 이 힘으로는 사람의 마음을 얻어내 사랑하고 신뢰하게 할 수 없다.

- 꺾일 수 없는 힘이 하나 있으니 바로 사랑과 진리가 결합한 힘이다. 이 힘만이 하나님의 목표대로 죄인을 치유할 수 있다.

- 하나님의 주권이란 바로 그분이 자신의 우주를 한결같이 지탱시켜 운행하시고, 모든 실재의 설계 원리인 각종 법을 유지하시며, 자신의 설계에서 벗어난 것 일체를 능력으로 치유하고 고치시는 일이다. 단 그분은 항상 자신의 속성이자 성품인 사랑과 조화되게만 행하신다.

The
God Shaped
Heart

12

현실세계

:: 율법인가 사랑인가 ?

너희가 여기 내 형제 중에
지극히 작은 자 하나에게 한 것이
곧 내게 한 것이니라.
— 예수 그리스도

♥　　와이오밍대학교에 재학 중이던 21세의 게이 매튜 웨인 셰퍼드(Matthew Wayne Shepherd)는 1998년 10월 7일에 술집에서 애런 맥키니(Aaron McKinney)와 러셀 헨더슨(Russell Henderson)을 만났다. 나중에 맥키니의 여자친구와 헨더슨의 여자친구가 증언한 바에 따르면 두 사람은 아무나 동성애자를 찾아 때려 주려고 술집에 갔다. 그들은 셰퍼드와 친구가 되는 척하면서 집에까지 차로 태워다 주겠다고 했다. 그러고는 소지품을 다 빼앗고 권총으로 실컷 갈긴 뒤 그를 무인지대의 담장 기둥에 묶어 놓았다. 셰퍼드는 18시간 후 자전거를 타고 지나가던 사람에게 발견되었다. 의식을 잃었을 뿐 아니라 두개골이 깨지고 뇌간(腦幹)에 중상을 입고 머리가 여러 군데 찢어져 있었다. 부상이 위

낙심해 수술이 불가능한 상태였다. 결국, 그는 닷새 만인 10월 12일에 사망했다.

체포된 두 범인에게서 피 묻은 총과 셰퍼드의 지갑이 나왔다. 죄를 인정한 헨더슨은 사형을 면하려고 공범에게 불리한 증언을 했다. 유죄 판결을 받은 맥키니에게 배심원이 사형을 평결하려 하자 셰퍼드의 부모가 맥키니를 구명하려고 나서서 협상을 중재했다. 결국, 그는 2회 연속 종신형을 선고받았다.

매튜 셰퍼드의 장례식에서 캔자스주 웨스트보로 침례교회는 이런 문구가 적힌 피켓을 들었다. "맷 셰퍼드는 지옥에서 썩어라." "하나님은 호모를 미워하신다." "호모들은 에이즈에 걸려 죽는다."

동성애를 보는 건강한 기독교적 관점은 무엇인가? 당신은 셰퍼드의 장례식에서 피켓을 들었던 소위 그리스도인들이 예수를 정확히 대변한다고 보는가? 동성애는 벌을 받아야 할 "죄"인가?

앞서 쭉 보았듯이 4단계 이하의 방법으로 옳고 그름을 분간하려면 생각이 전혀 혹은 거의 필요 없다. 행동을 판단하는 기준은 외부의 권위나 규칙일 뿐, 생각도 없고 남을 배려하지도 않는다. 그러나 사고가 5단계 이상인 사람의 동기는 남을 사랑하는 마음, 실제로 무엇이 잘못이고 왜 그런지 알려는 진정한 바람, 하나님의 설계에 조화되게 살면서 그분의 목적을 이루려는 갈망 등이다.

사고가 4단계 이하인 사람은 조사나 사고나 논리를 거의 용납할 줄 모른다. 예외 없이 일괄 적용되는 간단한 설명을 선호한다. 예외는 사고를 요구하고 긴장을 유발하는데 그들은 이런 긴장을 감당할 능력이 개발되지 않았다. 그러나 사고가 5단계 이상인 사람은 일률적 규칙으로는 인간의 복잡한 상황을 설명할 수 없음을 안다. 그래서 하나님의 속성과 설계에 조화되면서도 각각의 개인에게 통하는 해답을 모색한다.

동성애와 이를 대하는 기독교 교회의 방식은 많은 기독교 단체에 큰 갈등을 유발해 왔다. 이런 분열은 다분히 사람들의 도덕 발달 단계가 서로 다르기 때문이 아닐까? 지금부터 동성애 문제와 이에 대한 교회의 반응을 살펴보자.

하나님이 에덴동산에 설계하신 인간은 남자와 여자였고, 인간의 결혼은 한 남자와 한 여자가 진정한 신뢰와 사랑과 애정과 자기희생과 섬김을 통해 평생 해로하는 동반의 관계였다. 그런데 인류가 죄를 지으면서 다양한 결함이 인간 조건 속에 들어왔다. 바울이 로마서 8장에 말했듯이 자연 만물이 죄에 짓눌려 탄식한다(20~22절). 이렇게 하나님 및 그분의 드러난 섭리와의 조화를 잃다 보니 자연계 전체에 많은 변질이 발생했다. 본래 에덴동산에 창조되지 않았던 가시와 엉겅퀴와 독초가 지금은 존재함은 죄가 하나님의 설계를 뒤틀어 놓았기 때문이다. 하지만 그런 식물 자체가 죄를 짓는 건 아니다. 즉 "유죄"로 간주하지 않는다. 마찬가지로 모든 선천성 기형은 죄의 결과이지만, 그렇다고 태어날 때부터 심장 기형이나 척추피열이나 소두증이 있는 아이가 그런 병 때문에 정죄당하지는 않는다. 유방암, 알츠하이머병, 고콜레스테롤혈증 등 각종 질환의 발병률을 높이는 유전적 결함은 죄의 결과이지만, 그 자체가 죄의 행위는 아니다. 모든 인간은 성경의 표현으로 썩을 몸과 죽을 몸으로 태어난다. 구원받은 사람만이 훗날 썩지 않고 죽지 않을 몸으로 변화된다(고전 15:53~54).

하나님의 본래 설계에서 벗어난 것은 다 죄의 결과이며 어떤 식으로든 그분을 잘못 대변한다. 그러나 그분의 원안에 어긋난다 해서 다 죄는 아니다. 예컨대 하나님은 아담과 하와를 "생육하고 번성"하도록 설계하셨는데(창 1:28) 어떤 사람은 선천적 불임증 때문에 자녀를 낳을 수 없다. 이는 하나님의 설계에서 벗어난 상태이며 세상에 죄가 들어온 결과다. 따라서 그분의 의도만큼 그분을 정확히 대변하지 못한다(하나님은 생명을 창조하실 수 있으나 그런 사람은 생명을 출산하지 못한다). 하지만 이런 변질 자체가 죄는 아니다. 선천적으로 아이를 낳지 못하는 사람에게 교회는 치료받고 고치지 않는 한 구원받을 수 없다고 말하지 않는다. 그런 결함이 죄의 결과이지만 죄는 아님을 우리 모두가 안다. 죄는 신체의 문제가 아니라 성품의 문제이다.

제자들이 "랍비여, 이 사람이 맹인으로 난 것이 누구의 죄로 인함이니이까. 자기니이까 그의 부모니이까"라고 여쭙자 예수는 "이 사람이나 그 부모의 죄로 인한 것이 아니라 그에게서 하나님이 하시는 일을 나타내고자 하심이라"고 답하셨다(요 9:2~3). 생물학적 결함에도 불구하고 하나님은 계획대로 역사해 마음을 변화시키고 사고를 치유하신다. 마음을 변화시키는 하나님의 능력은 지금도 예수가 이 땅에 사시던 때와 똑같다.

하나님의 창조세계를 망가뜨리는 죄 때문에 오늘날 많은 사람이 본의 아니게 생물학적 결함을 안고 태어난다. 그렇다면 문제는 이것이다. 무엇이 죄이고 무엇이 단지 죄의 결과일 뿐인가? 이 차이를 탐색하려면 인간의 정상적 발달을 조금 알아야 한다.

안드로겐 불감성 증후군

몇 년 전에 전 세계에 보도된 캐스터 세메냐(Caster Semenya)의 뉴스를 당신도 들었을 것이다. 남아공의 운동선수인 그녀는 세계 육상 대회에서 금메달을 땄다. 그런데 우승 후에 그녀에게 안드로겐 불감성 증후군(AIS)이라는 장애가 있음이 밝혀졌다. 본인도 몰랐던 사실이다. 이는 그녀가 유전적으로는 남성(XY)이지만 건강한 여아로 태어나 평생 여자로 길러졌다는 뜻이다. 어떻게 그럴 수 있을까?

여자에게는 X염색체가 둘이고(XX) 남자에게는 X와 Y가 하나씩 있다(XY). 여자는 X염색체뿐이라서 수정할 때 그것만 줄 수 있으나 남자는 X나 Y 중에서 하나를 준다. 정상적인 배아가 Y염색체를 받으면 정소가 생겨나서 남아가 된다. 배아가 정상적으로 발육할 경우 모든 태아는 여아로 시작하며, 남아가 되려면 남성화를 거쳐야 한다.

Y염색체를 받을 때 생겨나는 정소에서 두 가지 호르몬이 생성된다. 항뮐러호르몬(AMH)은 질과 자궁의 발육을 저지한다. 테스토스테론은 음순과 음핵을 각각 음낭과 음경으로 변하게 하고 뇌를 남성화한다(여아를 남아가 되게 한다). 정상적인 경우라면 그렇다.

그런데 테스토스테론이 남성화 효과를 내려면 수용체가 테스토스테론을 "보고" 거기에 반응해야 한다. 이 수용체는 X염색체에 저장된 유전 정보다. 안드로겐 불감성증후군(AIS)의 문제는 테스토스테론 수용체를 관장하는 유전자에 결함이 있어, 정소에서 호르몬이 제대로 분비되는데도 수용체가 없어 테스토스테론을 보지 못한다는 것이다. 그래서 XY염색체를 지닌 아기가 건강한 "여아"로 태어나

되 온전한 질이나 자궁은 없다. 안드로겐 불감성증후군(AIS) 아기는 출생증명서에 여자로 표시되고 평생 여자로 양육된다. 이 장애는 대개 사춘기 때 발견된다. 월경이 시작되지 않기 때문이다. 이런 소녀에게 대개 의료진은 수술로 질을 확장하고, 암으로 발전하지 않도록 고환을 제거하며, 여성 호르몬인 에스트로겐을 투여한다.

세상의 모든 정부는 이런 여자에게 남자와 결혼할 권리가 있음을 인정한다. 그들은 테스토스테론에 반응할 수 없으므로 뇌로는 여자다. 그러나 항뮐러호르몬(AMH) 때문에 자궁이나 온전한 질이 없어 아이를 낳을 수 없다. 이는 명백히 하나님의 설계에서 벗어난 상태이며 세상의 죄에서 비롯된 결과다. 그러나 그 자체가 죄는 아니다.

스와이어 증후군이라는 장애도 있다. 이 경우는 생식선이 아예 생성되지 않아 남아(XY)의 배아에 정소가 없다. 따라서 항뮐러호르몬(AMH)이나 테스토스테론이 분비되지 않는다. 이런 아기는 질과 자궁과 나팔관을 갖춘 건강한 여아로 태어나지만 난소가 없다. 유전자는 남자(XY)인데 신체는 여자다. 이들은 난소나 정소가 없으므로 불임이지만 자궁이 있으므로 배아를 기증받아 이식하면 임신할 수 있다. XY 염색체를 지닌 이 증후군의 여성이 실제로 배아를 기증받아 임신해 건강한 아기를 출산한 사례가 최소한 네 차례 있었다. 모든 정부는 이런 사람에게 남자와 결혼할 법적 권리가 있음을 인정한다.

이런 생물학적 장애는 그밖에도 많다. 모두 하나님의 본래 설계를 변질시켰고 세상에 죄가 들어온 결과이지만 그 자체가 죄는 아니다. 선천적 시각장애가 죄가 아님과 같다. 일부 예를 들면 다음과 같다.

- 5알파 환원효소 결핍증.

- 음경 무형성증.

- 음핵 비대증.

- 선천성 부신 과형성증.

- 생식선 발생장애.

- 칼만 증후군.

- 클라인펠터 증후군.

- 음경 왜소증.

- 난소 고환.

- 프로게스틴 원인성 남성화.

- 터너 증후군.

- 잠복 고환.

- 베타 수산화스테로이드 탈수소효소 결핍증.

- 모자이크 현상.

북미 간성(間性) 학회에 따르면 사산을 제외한 모든 출생의 1~2%는 성적 정체가 애매하며, 0.1~0.2%는 의료 조치가 불가피할 정도로 결함의 정도가 심각하다.[1]

제인의 사례

이상의 생물학적 결함에도 머리가 혼란스럽지 않다면 제인(Jane)으로 알려진 환자의 사례를 생각해 보라. 1998년에 제인의 세 아들 중 둘에 대해 누구도 믿기 힘든 검사 결과가 나왔다. 52세의 제인은 당황했다. 셋 다 남편과의 성관계를 통해 임신해 낳았고 남편 또한 유전적으로 친부임이 증명되었다. 그런데도 유전자 검사에 따르면 두 아들은 그녀의 친자가 아니었다. 어찌 된 일일까?

의료진은 몇 달째 교착상태에 빠졌다. 설명할 수 있는 사람을 찾고자 재검을 해 결과를 의료계에 공개했다. 그러던 중 제인의 형제자매를 검사하면서 돌파구가 열렸다. 검사 결과 제인의 두 아들은 외삼촌과 표지유전자가 같았다. 이로써 그들이 제인의 핏줄임은 일단 확인되었다. 곧이어 의료진은 제인의 갑상선, 구강, 모발 등 신체 부위별 조직검사를 했다. 결국 제인에게 두 사람의 세포가 섞여 있음이 밝혀졌다! 이른바 이조직(異組織) 공생체였다.

제인의 어머니가 임신했을 때 두 난자가 수정되었다. 정상대로라면 이란성 여자 쌍둥이가 태어났을 것이다. 그런데 배아기에 두 수정란이 하나로 합쳐졌다. 그래서 제인의 몸에는 자신의 세포도 일부 있고 이란성 쌍둥이 언니나 동생의 세포도 일부 있다.[2]

이조직 공생체인 인간은 드물며 아직 정확한 자료는 없다. 대부분 동성 공생체이지만 남녀가 혼합된 사례도 있었다. 이란성 혼성 쌍둥이가 한 사람으로 합쳐진 경우다. 뇌는 남아의 것인데 생식기는 여아의 것이라면 어떻게 될까? 누구의 죄 때문에 이런 아이가 태어난 것일까?

인간의 성

"지구상의 모든 인간은 남자 아니면 여자다"라는 보수 목사들의 말을 나도 들어 보았다. 하지만 과학적 사실은 그와 다르다. 인간의 성은 어떤 사람들이 바라는 것처럼 그렇게 흑백으로 딱 갈리는 문제가 아니다.

그렇다면 사람의 성을 결정짓는 요인은 무엇인가?

- 염색체인가?
- 호르몬인가?
- 생식기인가?
- 정신적 성향, 정체감, 개성인가?
- 행동인가?

동성애를 보는 우리의 관점에 과학은 어떤 의미가 있고, 또 성에 영향을 미치는 다양한 요인은 어떤 의미가 있는가?

위에 말한 여러 결함은 창조세계를 망가뜨린 죄의 결과이다. 하지만 그 자체가 능동적 죄는 아니다. "사람은 외모를 보거니와 나 여호와는 중심을 보느니라"(삼상 16:7). 우리는 남을 비판할 처지가 못된다. 그들의 상황을 우리는 모른다(마 7:1~2).

염색체와 유전자의 구체적 구성에 더해 이제 후성유전적 요인도 밝혀졌는데, 이 또한 인간의 성에 영향을 미친다. 후성유전자란 실제의 유전자를 덮고 있다가 유전자의 발현 방식을 지시하는 화학 표지유전자다.

배아가 발육될 때 인간의 뇌는 처음에 여자로 시작했다가 테스토스테론의 영향으로 남성화된다. 후성유전적 표지유전자는 부모에게서 자녀에게로 전수될 수 있다. 유전자만 아니라 그 유전자의 발현 방식에 대한 지시 사항도 전수된다는 뜻이다. 현재 과학계는 인간 뇌의 성적 특성화에 후성유전학이 개입된다고 본다. 정상적일 경우 후성유전적 표지유전자는 여아의 뇌가 테스토스테론의 영향으로 남성화되지 않도록 보호한다. 반면에 남아의 뇌는 다른 표지유전자의 작용으로 이 부분에 더욱 예민해진다.

엄마의 뇌를 테스토스테론으로부터 보호해 주었던 후성유전적 표지유전자가 있다. 그런데 뭔가 잘못되어 그 표지유전자가 제대로 걸러지지 않고 아들에게로 전수되면, 여자의 뇌를 지닌 남아가 태어날 수 있다. 반대로 딸을 임신했을 때는 엄마의 뇌를 남성화되지 못하게 막아 주었던 후성유전적 표지유전자가 걸러지지 않아야 한다. 그런데 그게 걸러져서 딸에게로 전수되지 않으면 남성화된 뇌를 지닌 여아가 태어날 수 있다. 뇌세포가 수십억 개에 달하는 데다 세포마다 고유의 DNA와 후성유전적 표지유전자가 새겨져 있다 보니 침투 정도도 다 다를 수 있다. 결국, 동성애 성향 외에도 여성적인 이성애자 남자와 남성적인 이성애자 여자가 존재할 수 있다는 말이다.[3]

하지만 아직도 다 끝난 세 아니다. 유전자와 표지유전자만 아니라 환경도 인간의 성에 영향을 미치기 때문이다.

태라의 사례

불면증과 공황장애와 혼란과 악몽에 시달리던 태라(Tara)는 절박한 심정으로 내 상담실을 찾아왔다. 30대 초반에 다섯 살 난 딸이 있었고 초혼으로 현 남편과 결혼한 상태였다. 그런데 그녀는 처음 자기를 소개할 때 양성애자라고 밝혔다. 20대 초반까지는 레즈비언인 줄로 알았는데 나중에 알고 보니 양성애자였다고 했다.

이력을 더듬는 과정에서 그녀는 아주 어려서부터 자기 아버지에게 성희롱을 당했음을 털어놓았다. 그런데 그 성희롱을 강압과 폭력과 겁박과 학대가 아니라 유혹과 사랑과 로맨스로 묘사했다. 아버지가 자기를 어린 공주처럼 대하며 실제로 선물, 여행, 예물, 성생활 등을 통해 둘의 관계를 로맨스로 가꾸었다고 했다. 아버지가 여러모로 딸을 아내처럼 대했다.

유년기에 아버지에게 그런 일을 당하면서 그녀의 사고는 건강한 성과 친밀함에 대해 심각한 혼란에 빠졌다. 본래 아이들은 성적인 흥분이 없는 상태에서 부모를 사랑하고 신뢰하게 되어 있다. 그런데 태라는 그 두 갈망이 뒤섞여 버렸다.

열네 살에 기독교 기숙사학교에 들어간 그녀는 룸메이트와 처음으로 레즈비언 관계를 맺었다. 고등학교와 대학교에서도 몇몇 여자 룸메이트와의 사이에 그런 일이 반복되었다. 그녀는 사랑하는 사람과는 당연히 성관계를 하는 걸로 생각했고, 그래서 사춘기 초반에는 자신이 레즈비언인 줄로 알았다.

그런데 대학에서 남자 몇과 친구가 되어 사랑하고 성관계를 하면서 자신을 보는 눈이 양성애자로 바뀌었다. 결국, 남자와 결혼해 아이도 낳았다. 치료 과정에서 나는 한 번도 그녀의 성적 성향을 직접 거론하지 않았다. 대신 분리, 개체화, 친밀함, 유년기 외상의 처리 등 한 인간으로서의 정체감에 초점을 맞추었다.

아버지에게 겪은 일 때문에 사랑과 신뢰와 성에 대한 갈망이 뒤죽박죽 섞여 있던 태라는 사랑하고 신뢰하는 대상이 생길 때마다 성적으로 흥분되어 대개 성관계까지 갔다. 치료가 1년쯤으로 접어들었을 무렵 그녀가 이런 말을 했다. "제닝스 박사님, 저는 이때까지 친밀했던 사람과 섹스를 하지 않은 적이 없네요." 그 말에 나는 "우리 둘의 경우는 어떻습니까?"라고 되물었다. 심리치료란 치료자에게 자아와 마음과 생각과 영혼과 두려움과 갈망을 여는 매우 친밀한 경험이다. 그러면서도 치료 관계라는 건강한 선은 늘 지켜진다.

태라는 그 말을 듣고 깜짝 놀라 눈이 휘둥그레지더니 한동안 생각에 잠겼다. 그다음 주에 와서는 "제닝스 박사님, 저는 레즈비언도 아니고 양성애자도 아니고 이성애자입니다"라고 말했다. 성적 성향은 여태 그녀도 나도 대화의 주제로 삼은 적이 없었다. 다만 어린 시절에 입었던 상처를 치유하는 데 집중했을 뿐인데, 그 과정에서 그녀의 참 자아가 모습을 드러냈다. 태라 같은 사람들이 치유될 수 있다는 게 나로서는 감사한 일이다. 그러나 고지식한 부류는 동성애 생활방식에서 "해방되었다"라는 태라 같은 사람들의 증언을 듣고는 엉뚱한 결론을 내릴 수 있다. 치료만 받으면 모든 동성애자가 바뀔 수 있다고 말이다. 하지만 이는 잘못된 결론이다.

이 모든 증거의 요지는 성의 복잡성에 있다. 진보 좌익에서는 동성애의 모든 사례를 유전적 결정론으로 보려 한다. 반면에 종교 우익에서는 모든 사례를 본인의 악한 선택이나 치료를 통해 해결될 수 있는 외상 경험의 산물로 보려 한다. 양극단 모두 이 복잡한 상황을 보는 정직하고 유익한 관점이 못된다.

성경과 동성애

이런 고려 사항을 염두에 두고서 성경을 살펴보면 이제 이 난해한 주제를 성숙하게 이해할 수 있다. 로마서 1장에 바울은 하나님에 대한 진리를 거부하면 인간 조건이 퇴폐한다고 지적했다. 어떤 사람들은 하나님을 아는 지식을 보유할 가치가 없다고 여겼다. 그래서 하나님의 진리를 거짓과 바꾸었고, 하나님을 아는 지식보다 자기네 손으로 만든 우상을 더 좋아했다. "이 때문에 하나님께서 그들을 부끄러운 욕심에 내버려 두셨으니 곧 그들의 여자들도 순리대로 쓸 것을 바꾸어 역리로 쓰며 그와 같이 남자들도 순리대로 여자 쓰기를 버리고 서로 향하여 음욕이 불 일듯 하매"(롬 1:26~27).

많은 그리스도인이 이 본문으로 우리 사회와 역사 전반의 동성애를 정죄해 왔다. 그러나 바울이 로마서 1장에 실제로 정죄한 것은 하나님의 진리를 거부하고 거짓을 더 좋아하는 잘못된 예배다. 이런 예배는 온갖 해로운 **결과를** 낳으며, 순리의 관계를 역리로 **바꾸는** 일도 그 중 하나다. 그런데 사람이 자기에게 없는 것을 **바꿀** 수 있는가? 있지도 않은 흰 구두를 검정 구두로 바꿀 수 있는가? 현재 순리의 갈망이 없는 사람이 순리의 관계를 다른 거로 **바꿀** 수 있는가?

현대 사회의 동성애자는 생물학적 변이인 경우가 대부분이다. 바울이 로마서 1장에 지적한 부류는 그런 사람들이 아니라 이성애 욕구를 타고났는데도 해로운 예배 행위를 통해 이를 동성애로 바꾼 사람들이다. 이 결론을 뒷받침해 주는 또 다른 증거는 무엇일까?

기록된 역사를 통틀어 소위 동성애자는 전체 인구의 1~3% 정도로 보고되어 있다. 앞서 살펴보았던 여러 생물학적 기제의 결함과 일치하는 비율이다. 그런데 소돔 성을 보면 성경에 "그 성 사람 곧 소돔 백성[남자]들이 노소를 막론하고 원근에서 다 모여 그 집을 에워싸고"(창 19:4)라고 되어 있다. 남자의 100%가 롯의 집에 찾아온 손님들을 성적으로 욕보이려고 달려든 것이다. 이는 오늘 우리가 말하는 동성애가 **아니라** 전혀 다른 무엇이다. 즉 하나님을 집요하게 거부하고 자아에 탐닉함으로써 정상적인 이성애 욕구를 짓밟은 행위다. 소돔 남자들은 정상적인 이성애 욕구를 서로를 향한 음욕으로 **바꾸었다.** 그리하여 환대해야 할 손님을 오히려 욕보이려 할 정도로 철저히 이기적으로 변했다. 그래서 에스겔은 소돔의 진짜 죄를 이렇게 기술했다. "네 아우 소돔의 죄악은 이러하니 그와 그의 딸들에게 교만함과 음식물의 풍족함과 태평함이 있음이며 또 그가 가난하고 궁핍한 자를 도와주지 아니하며 거만하여 가증한 일을 내 앞에서 행하였음이라"(겔 16:49~50).

하나님을 버린 그들은 사랑도 버렸다. 긍휼을 버리고 방종과 정욕에 빠질대로 빠져 남을 학대했다. 이게 소돔의 진짜 죄다. 롯을 방문한 천사들이 남자가 아닌 여자의 모습으로 왔다면 그래서 그 성의 **모든** 남자가 그들을 강간하려고 달려들었다면, 하나님이 "잘하였도다, 너

희 이성애 남자들아"라고 말씀하셨을까? 정말 그렇게 믿는 사람이 있
는가?

매튜 셰퍼드의 장례식에서 잔인하게 피켓을 들었던 캔자스주 웨스
트보로 침례교회의 소위 그리스도인들이야말로 내가 보기에 현대의
진짜 소돔 사람이다! 그것은 **실정법**의 종교다. 사고가 4단계 이하인
사람들의 종교다. 하나님의 성품인 사랑에 대한 진리를 거짓과 바꾸면
그런 일이 벌어진다!

현대 사회의 진보 원칙은 근로자를 영리와 탐욕에 눈먼 착취와 학
대로부터 보호하려 한다. 그래서 보호 목적의 경고문을 작성하는데,
성경이 하는 일도 그와 똑같다. 예컨대 다음은 미국 노동부에서 용접
공의 눈을 보호하고자 제정한 근로자를 위한 수칙이다.

> 고용주는 모든 해당 종업원에게 여과 렌즈가 장착된 장비를 착용하
> 게 하되 흡광 수치를 각 수행 작업에 적합하게 하여 유해한 방사광(放
> 射光)으로부터 보호할 의무가 있다.[4]

우리 사회는 직간접의 고의로 시각장애를 유발하는 행위를 금지하
고 규탄하며 아예 범죄로 규정한다. 하지만 시각장애인을 범죄자로 여
기지는 않는다. 선천적 시각장애인에 대해서는 더 말할 것도 없다. 선
천적 시각장애인에게 "이렇게 된 게 당신 잘못은 아니지만 그래도 당
신은 눈이 성한 척 살아야 한다."라고 말하는 사람은 없다.

많은 그리스도인이 동성애 문제로 혼란에 빠지는 이유는 **자연법**이
아닌 **실정법**의 렌즈로 보기 때문이다. 그들은 성경의 지침을 잘못 해

석한다. 성경의 지침이 주어진 목적은 해를 자초할 행동에 빠지지 않도록 사람을 보호하고 저지하기 위해서다. 그들은 성경이 뭔가를 정죄한다는 건 아는데 그게 무엇인지를 오해한다.

성경은 무엇을 정죄하는가? 하나님의 설계를 훼손하고 변질시키는 고의적 행위를 정죄한다. 이는 마치 시력이 정상인 사람이 달구어진 쇠로 자기 눈을 쑤시거나 보안경 없이 용접하는 것과 같다. 이런 행위는 시력장애를 유발하므로 정죄되어 마땅하다. 그러나 시각장애인으로 태어난 아이는 정죄 대상이 아니다! 성경은 거짓된 예배와 기복 신앙과 포르노를 정죄한다. 인간의 성품에서 사랑을 파괴하는 행동도 관람과 시청과 가담을 막론하고 다 정죄한다. 예컨대 타인을 예수의 사랑으로 대하지 않고 잔인하게 대하는 그리스도인도 이에 해당한다.

현대의 나병환자

2천 년 전에 나병은 물론 백반증, 건선, 습진 등 각종 피부병이 있는 사람은 다 나병환자로 배척당했다. 그들은 생물학적 병과 싸워야 했을 뿐 아니라 공동체의 외면과 종교 당국의 정죄까지 당했다. 바로 그게 오늘날 우리가 동성애자에게 해 온 일이다!

우리 그리스도인은 그리스도처럼 살며 그분이 사랑하시듯 사랑하도록 부름을 받았다. 그런데 그분은 나병환자를 어떻게 대하셨던가? 명백한 성적 죄의 현장에서 잡혀 온 여인을 어떻게 대하셨던가? "나도 너를 정죄하지 아니하노니"(요 8:11)라고 말씀하셨다.

남의 죄를 지적하는 일은 우리 소관이 아니라 성령의 일이다. 우리가 할 바는 사람들이 그리스도께로 끌리도록 그분을 선명하고 온전하게 드러내는 일이다. 각 사람의 마음속에 변화되어야 할 부분을 그분이 변화시키신다. 회개해야 할 죄를 그분이 깨우쳐 주신다. 그리스도를 닮도록 그분이 사람을 고치신다. 4단계 이하에서 살아가는 그리스도인은 규칙과 행위에 치중하며 어떻게든 조직을 보호하려 한다. 그리하여 고전하는 사람들과 하나님 사이에 엄청난 장벽을 세워 왔다.

하나님은 성숙한 신부를 기다리신다. 그분이 사랑하시듯 사랑하는 장성한 백성을 고대하신다.

Key-Point

· 하나님 및 그분의 섭리와의 조화를 잃다 보니 자연계 전체에 그분의 본래 설계가 많이 변질되었다. 그래서 가시, 엉겅퀴, 잡초, 질병, 장애, 선천성 결함 등이 생겨났다.

· 하나님의 본래 설계에서 벗어난 것은 다 **죄의 결과이며** 어떤 식으로든 그분을 잘못 대변한다. 그러나 그분의 원안에 어긋난다 해서 다 **죄는 아니다.**

· 인간의 성은 어떤 사람들이 바라는 것처럼 그렇게 흑백으로 딱 갈리는 문제가 아니다.

· 생물학적 결함에도 불구하고 하나님은 계획대로 역시해 마음을 변화시키고 사고를 치유하신다.

The
God-Shaped
Heart

13

구약에 나타난
하나님의 행동
∵ 율법인가 사랑인가?

율법주의는 우리가 변화되어야
하나님께 사랑받는다고 말한다.
복음은 하나님이 사랑하시기에
우리를 변화시켜 주신다고 말한다.

— 튤리안 차비진(Tullian Tchividjian)

♥   거대한 전시실에 인파가 쇄도했다. 우리가 배포하는 DVD와 서적과 공부 교재와 펜과 카드는 수요를 따라가기가 힘들었다. 수만 명의 무리가 우리 사역 부스에 몰려들어 무료 자료를 받아갔다. 전 세계 70여 개국의 사람들이 참석한 행사였다. 우리를 찾아와 이 사역 덕분에 삶이 바뀌었다고 울먹이며 말하는 사람들로 인해 우리 마음은 하루에도 몇 번씩 감격에 젖었다. 평생 하나님을 믿었으나 이제야 더는 그분이 무섭지 않고 사랑과 신뢰의 대상이 되었다는 사람이 많았다! 처음으로 진정한 평화도 얻었다고 했다. 또 자기 신념체계의 모순이 마침내 걷혀 이제야 성경이 이해된다며 안도하는 이들도 있었다.

열흘간의 행사 동안 우리 사역기관은 서적 2만5천 권, DVD 3만 장, 성경공부 교재 1만5천 권을 나누어 주었다. 하나님께 받은 것을 거저 줄 수 있어 얼마나 기뻤는지 모른다.

그런데 하루는 행사 도중에 어떤 사람이 걱정스러운 눈빛으로 찾아와 나를 한쪽으로 부르더니 이렇게 말했다. "한 남자가 행사장을 누비며 명함을 나누어 주면서 사람들에게 '제닝스 박사는 잘못된 것을 가르칩니다. 이 웹사이트에서 진리를 배우십시오'라고 말하고 있습니다." 이어 그는 씩 웃으며 "그래서 나도 박사님이 뭐라고 가르치나 보려고 얼른 달려온 겁니다"라고 말했다. 나는 즐거이 그에게 모든 자료를 한 부씩 주었다. 이튿날 나를 잘못 대변하는 그 신사와 우연히 마주쳤다. 그의 우려 사항에 관해 물어 보았다.

그는 나를 똑바로 바라보며 자못 심각하게 되물었다. "우리가 죄를 자백하고 하나님께 용서를 구하면 천국의 책에서 그 죄가 삭제된다고 믿습니까?"

나는 미소를 지으며 답했다. "하나님은 역사를 지우실 생각이 없습니다. 자녀의 마음과 사고와 성품에서 죄를 지우기를 원하실 뿐이지요. 우리가 자백하고 하나님을 마음속에 모시면 성령께서 들어와 우리 성품에서 죄성을 제하십니다. 우리는 새로운 마음과 바른 영을 받고 신의 성품에 참여하게 되며, 그 변화가 천국의 책에 기록되지요. 하지만 역사는 지워지지 않습니다."

그러자 그는 눈을 가느다랗게 뜨며 말했다. "내 그럴 줄 알았습니다. 당신은 성경을 부정하는 거요."

그동안 나는 전 세계를 다니며 하나님과 그분이 설계하신 사랑의 법을 전했다. 그 과정에서 부딪친 가장 큰 장애물은 각종 선입견이다. 이미 하나님을 독재자로 보는 사람은 어휘의 정의, 성경 이야기의 설명 등 모든 신념체계가 **실정법** 개념에 걸러져서 거기에 맞게 형성되어 있다. 이런 사고방식이 굳어져 있으면, 하나님을 사랑으로 보고 그분의 법을 설계 원리로 보는 관점이 많은 이들에게 불편하고 두렵다 못해 불안하게까지 느껴진다. 그래서 우려를 제기할 때가 많다. 그런 관점이 성경에 충실하지 못하거나 성경의 증거를 부정한다는 것이다.

실상인즉 내가 제시하는 하나님상은 성경 자체에 어긋나는 게 아니라 **그들이 생각하는** 성경에 어긋난다. 다시 말해서 그들이 성경의 이야기들을 구분해 성문화한 범주는 하나님을 독재자로 보는 **실정법** 관점에 입각해 있다. 동일한 이야기가 **자연법**을 통해 더 잘 이해됨을 그들은 아직 본 적이 없다. 그래서 이번 장에서는 독재자 하나님관을 부추기는 데 흔히 쓰이는 일부 성경 이야기를 살펴보면서, 사실은 그게 사랑이신 하나님을 계시하는 이야기임을 예증하고자 한다.

우선 창세기 3장에 그런 이야기가 나온다. 하나님이 신적 능력으로 죄에 형벌을 가하신다는 증거로 이 본문이 인용되곤 한다. 벌하시는 하나님을 신봉하는 부류는 죄 때문에 하나님이 땅을 저주하시고 아담에게 죽음의 벌을 내리셨다고 주장한다. 창세기 3장 17~19절을 읽어 보라. 당신의 생각은 어떤가?

> 땅은 너로 말미암아 저주를 받고 너는 네 평생에 수고하여야 그 소산을 먹으리라. 땅이 네게 가시덤불과 엉겅퀴를 낼 것이라. 네가 먹을 것은 밭의 채소인즉 네가 흙으로 돌아갈 때까지 얼굴에 땀을 흘려야

먹을 것을 먹으리니 네가 그것에서 취함을 입었음이라. 너는 흙이니 흙으로 돌아갈 것이니라.

사고가 1~4단계인 사람의 결론은 이렇다. 하나님이 정하신 규칙을 누군가 어겼으니 그분이 벌하여 정의를 시행하셔야만 했다. 그러나 사고가 5~7단계인 사람은 더 큰 실재를 안다. 하나님의 법은 설계 요건이고, 자연계는 그 원리대로 작용함을 안다. 아담이 죄를 지음으로 자연계는 적대 원리로 병들었고, 이제 원수가 하나님의 창조세계를 그분의 설계로부터 이탈(변이)시키려 활동 중이다(마 13:28). 성숙한 사람은 창세기를 볼 때 바울이 로마서에 쓴 대로 자연 만물이 죄에 짓눌려 탄식한다는 사실까지 함께 본다(롬 8:22). 이렇듯 **자연법**을 신봉하는 부류는 하나님이 형벌을 가하신 게 아니라 실재 —아담의 행동이 불러온 당연한 결과—를 정확히 진단해 알려 주셨음을 안다. 즉 이제 자연이 가시와 엉겅퀴와 잡초를 낼 터이므로 뜻대로 작물을 수확하기가 더 힘들어질 것이다. 또 아담은 하나님이 설계하신 삶과의 조화를 잃었고 생명을 주시는 그분의 온전한 임재로부터 단절되었으므로 서서히 쇠퇴해 죽을 것이다.

창세기 3장 16절은 어떤가? "너는 남편을 원하고 남편은 너를 다스릴 것이니라." 당신은 이 말씀을 어떻게 보는가? 미성숙한 사람은 이를 하나님이 여자에게 가하신 벌로 보고, 아내가 남편의 권위주의적 지배에 복종하는 게 그분의 바람이나 뜻이라 결론짓는다. 그러나 성숙한 사람은 마음속의 사랑이 이기심으로 대체될 때 당연히 벌어질 일을 안다. 즉 강자는 약자를 지배하고 약자는 강자를 통해 보호받으려

한다! 이번에도 하나님은 힘으로 결과를 가하신 게 **아니라** 인류의 상태를 정확히 진단하셨고, 이제부터 죄로 병든 마음에 뒤따를 결과를 알려 주셨다.

성경에 기록된 인류 역사를 통틀어, 사랑이신 하나님은 자신의 방법인 사랑과 자유와 진리로 우리를 치유해 회복하려고 일해 오셨다. 반면에 악한 원수는 하나님의 활동에 대한 거짓 해석으로 우리 사고를 병들게 하려고 수를 썼다. 그분이 죄 때문에 사람을 벌하신다는 개념이야말로 그 중에서도 주를 이룬다.

어떤 사람들은 이게 단편적 관점에 불과하다며, **실정법을** 어겨 벌이 가해진 다른 예들을 내가 빠뜨렸다고 주장할 수 있다. 모세가 반석을 친 결과로 약속의 땅 입성을 거부당한 경우처럼 말이다.

그러나 모세는 단순히 규칙을 어긴 게 아니다. 짧은 순간이나마 그는 하나님을 신뢰하는 마음을 잃고 노기와 이기심에 지배당했다. 이는 **자연법에** 어긋난다. 본래 하나님은 인간의 사고를 그렇게 작용하도록 짓지 않으셨다. 이 행위는 백성 앞에 하나님을 잘못 대변했을 뿐 아니라 모세 자신의 마음과 사고와 성품에도 손상을 입혔다. 하나님은 이를 치유하시고자 사랑으로 개입하여 그를 **선택의** 갈림길에 두셨다. 하나님을 신뢰할 것인가, 아니면 그분께 저항해 자아의 뜻대로 행할 것인가? 이게 모세의 싸움이었음을 우리는 안다. 자신의 이기적 욕망과 맞붙은 바로 이 싸움을 통해 그는 결국 이기심을 물리치는 온전한 승리를 경험했고 천국에 합당한 사람이 되었다! 그리하여 예수께서 친히 그를 진정한 약속의 땅으로 데려가셨다!

다윗 왕

다윗 왕의 삶에서 얻는 몇 가지 교훈을 생각해 보라. 생애 초기 그는 신통하게도 사자와 싸워 이기곤 했고 단번의 전투로 거인 골리앗도 무찔렀다. 그런데 훗날 밧세바와 우리아의 일로는 참패를 맛보았다. 사자와 골리앗을 유례없이 이긴 그가 어떻게 그녀 앞에서는 그토록 무참히 실패할 수 있었을까?

밧세바에게 행한 일로 드러난 성품의 결함이 사자나 골리앗을 상대할 때는 존재하지 않았던 것인가? 아니면 생애 초기에도 다윗의 마음에 그 결함이 있었는데 그때는 아직 다 드러나지 않아 뿌리 뽑지 못했을 뿐인가? 사자나 골리앗에 맞선 상황을 밧세바의 일과 비교해 볼 때 가장 중대한 차이는 무엇인가?

사자나 골리앗과 맞붙던 객관적 현실을 생각해 보자. 다윗은 자신 있게 인간의 자력으로 상대를 무찔렀을까, 아니면 두 상황 모두 자기 힘으로 감당하기에는 무리였을까? 상황이 상황이니만큼 거의 자동으로 외부의 도움을 원하지 않았을까? 자기를 믿기보다 하나님을 의지하며 그분께 승리의 능력을 구하지 않았을까? 이런 상황에서 다윗은 정말 자신의 힘이 아니라 하나님을 신뢰했다.

평생 그는 자신의 인간적 힘으로는 역부족인 상황에 수없이 많이 부딪쳤다. 사자와 골리앗뿐 아니라 곰과 싸우거나 몇 년씩 사울을 피해 도망 다니거나 여러 적국과 전쟁할 때도 그랬다. 각 상황에서마다 그는 본능적으로 하나님께 손을 내밀어 도움을 구했다. 속담에도 "전쟁터의 참호 속에는 무신론자가 없다"라고 하지 않던가.

그런데 발코니 너머로 목욕 중인 밧세바가 눈에 들어오던 그때는 다윗의 처지가 달라져 있었다. 이제 그는 왕이었다. 권위, 권력, 외관상의 통제, 안전, 안정, 재력을 다 갖춘 지위에 올랐다. 대중에게 사랑받는 통치자였다. 아마 이런 일쯤 스스로 감당할 수 있다고 생각했으리라. 군이 하나님의 도움이 필요 없었다. 혼자서도 처리할 수 있는 상황이었다(하나님이 그에게 인구조사를 하지 말라고 지시하신 이유도 그래서일 것이다. 진정한 힘이 언제나 하나님께 있었음을 망각한 채 자신의 힘이 창병과 보병과 궁수와 기병에게서 난다고 착각하기 쉬울 테니 말이다). 바로 그때 다윗은 하나님을 붙잡지 못하고 무너졌다. 바로 그때 이기심이 그의 마음을 지배했다.

밧세바를 강탈할 때 드러난 다윗의 이기심은 삶의 이 시점에 갑자기 처음으로 생겨났을까? 아니면 늘 속에 있었는데 시련과 도전과 환난이 다 지나갔다 싶은 지금에야 그 이기심의 악영향이 터져 나와 그가 극도로 취약해진 것일까?

다윗이 구원받으려면—거듭나고, 자아에 대해 죽고, 내면에 새로운 마음과 바른 영이 재창조되고, 속사람이 치유되려면—무엇이 필요했을까? 이 궁극의 회심을 경험한 시점은 언제였을까? 밧세바의 일로 실패하고 나단의 지적을 받은 후가 아니겠는가?

그제야 비로소 다윗은 자신이 마음의 불치병을 안고 태어났으며 스스로는 달라질 수 없음을 깨달았다. 속에서부터 그를 치유하고 변화시켜 주실 하나님이 필요했다. 그가 밧세바에게 저지른 행동은 문제 자체가 아니라 내면 깊은 문제의 외적 증상이요 표출이었다. 그 근본 문제를 도려내지 않으면 결국 그게 다윗을 파멸시킬 것이었다. 자신의 실상에 눈뜬 다윗은 법적인 해법을 구하거나 의식을 행하지 않았다. 그가 마침내 실재를 깨닫고 쓴 시가 시편 51편이다. 이 시를 **자연법**의 렌즈로 읽으면 다윗의 놀라운 지혜가 더할 나위 없이 선명하게 드러난다.

> **1** 하나님이여, 주의 인자를 따라 내게 은혜를 베푸시며 주의 많은 긍휼을 따라 내 죄악을 지워 주소서.

다윗은 자신의 죄가 어디서 지워지기를 원했을까? 기록된 역사에서일까, 아니면 자신의 마음과 사고와 성품에서일까?

> **2** 나의 죄악을 말갛게 씻으시며 나의 죄를 깨끗이 제하소서.

자기 마음의 내면에 뭔가 문제가 있어 정화가 필요함을 그는 깨닫는다.

> **3** 무릇 나는 내 죄과를 아오니 내 죄가 항상 내 앞에 있나이다.
> **4** 내가 주께만 범죄하여 주의 목전에 악을 행하였사오니 주께서 말씀하실 때에 의로우시다 하고 주께서 심판하실 때에 순전하시다 하리이다.

자신이 불치의 상태이며 거기서 도망칠 수 없음을 인정한다. 어디로 가든 죄인인 자아도 그를 따라온다. 그의 불치병에 대한 하나님의 진단은 정확 무오하다.

> ⁵내가 죄악 중에서 출생하였음이여. 어머니가 죄 중에서 나를 잉태하
> 였나이다.

이 문제가 평생 자기 안에 있었음을 깨닫는다. 그는 태어날 때부터
그랬다. 두려움과 이기심으로 병들어 있었다.

> ⁶보소서, 주께서는 중심이 진실함을 원하시오니 내게 지혜를 은밀히
> 가르치시리이다.

자신의 망가진 마음과 사고를 하나님도 치유해 주시기 원하심을 그
는 깨닫는다.

> ⁷우슬초로 나를 정결하게 하소서. 내가 정하리이다. 나의 죄를 씻어
> 주소서. 내가 눈보다 희리이다.

오직 하나님께만 치유의 해법이 있음을 인정한다. 창조주만이 그를
그분이 본래 의도하셨던 모습으로 재창조하실 수 있다.

> ⁸내게 즐겁고 기쁜 소리를 들려주시사 주께서 꺾으신 뼈들도 즐거워
> 하게 하소서.
> ⁹주의 얼굴을 내 죄에서 돌이키시고 내 모든 죄악을 지워 주소서.

자신을 새롭게 해 달라고, 짓누르는 죄책감과 수치심을 마음에서 제해 달라고, 다시 즐겁게 해 달라고, 두려움과 이기심을 성품에서 지워 달라고 간구한다. 어느 날 하나님을 대면해 볼 수 있도록 말이다.

> [10]하나님이여, 내 속에 정한 마음을 창조하시고 내 안에 정직한 영을 새롭게 하소서.

하나님이 자신의 마음을 치유해 주시고 동기를 변화시켜 주시고 사고를 새롭게 해 주셔야만 함을 다시금 인정하고 갈구한다. 그래야만 타인 중심의 사랑이 가능해진다.

> [11]나를 주 앞에서 쫓아내지 마시며 주의 성령을 내게서 거두지 마소서.

하나님의 임재 안에 있고 싶은 마음을 고백한다. 오직 성령만이 자신의 망가진 내면을 고쳐 그 임재 안에 능히 서게 하실 수 있음을 인정한다.

> [12]주의 구원의 즐거움을 내게 회복시켜 주시고 자원하는 심령을 주사 나를 붙드소서.

치유의 기쁨과 힘을 주셔서 하나님의 치료 계획에 계속 순응하게 해 달라고 기도한다.

¹³그리하면 내가 범죄자에게 주의 도를 가르치리니 죄인들이 주께 돌아오리이다.

같은 병으로 죽어 가는 이들에게 하나님의 치료책을 전해야 할 자신의 책임과 특권을 인정한다.

¹⁴하나님이여, 나의 구원의 하나님이여, 피 흘린 죄에서 나를 건지소서. 내 혀가 주의 의를 높이 노래하리이다.

특히 살인으로부터, 하나님의 다른 자녀를 죽이려는 살의로부터 자기 마음을 치유해 달라고 간구한다. 또 그런 자유로부터 기쁨과 찬송이 비롯됨을 안다.

¹⁵주여, 내 입술을 열어 주소서. 내 입이 주를 찬송하여 전파하리이다.

자신의 본성적 마음으로는 하나님을 찬송할 수조차 없으며, 모든 찬송은 자신을 치유하고 변화시켜 주신 하나님의 사랑에서 흘러나오는 결과임을 고백한다.

¹⁶주께서는 제사를 기뻐하지 아니하시나니 그렇지 아니하면 내가 드렸을 것이라. 주는 번제를 기뻐하지 아니하시나이다.

의식이 무의미하며 하나님이 원하지도 않으심을 인정한다.

¹⁷하나님께서 구하시는 제사는 상한 심령이라. 하나님이여, 상하고 통회하는 마음을 주께서 멸시하지 아니하시리이다.

하나님이 자기 자녀들을 치유하고 회복시켜 그분, 그분이 설계하신 사랑, 삶의 원리 등과 다시 조화되게 하시기 원하심을 그는 깨닫는다.

¹⁸주의 은택으로 시온에 선을 행하시고 예루살렘 성을 쌓으소서.

하나님의 일꾼들이 세상을 향해 진리를 밝히고 치료책을 전하는 일을 잘하게 해 달라고 기도한다.

¹⁹그때에 주께서 의로운 제사와 번제와 온전한 번제를 기뻐하시리니 그때에 그들이 수소를 주의 제단에 드리리이다.

다윗은 이스라엘이 하나님을 제대로 대변한다면 의식도 효과적인 교육 도구가 되어, 이를 통해 사람들이 마음과 생각을 열어 진정한 치료책 —세상 죄를 지고 가시는 하나님의 어린 양— 을 누리게 됨을 안다.

성경 어디를 보든 메시지는 동일하다. 인류는 두려움과 이기심으로 병들어 있고(죄), 이는 하나님이 설계하신 삶에서 벗어난 불치병이다 (허물과 죄로 죽어 있음). 하나님은 각 사람을 치유해 자신의 사랑의 마음을 내면에 회복시키려고 그리스도를 통해 일하신다! 바로 이게 하나님이 우리 각자 안에 이루시려는 일이다. 즉 마음의 온전한 변화다.

형벌 신학으로는 답할 수 없는 질문

자연법 곧 사랑의 마음은 혼란과 오해를 바로잡고 불식시키지만, **실정법**은 손상과 애매함을 부른다. **실정법** 개념에 고착된 친구가 있다면 이렇게 물어보라. 밧세바와의 성관계가 다윗에게 더는 죄가 되지 않은 시점은 언제부터인가? 4단계 이하의 사람에게는 이 질문에 정답이 없다. 어떤 답을 내놓든 다 오답이다. 다음은 4단계의 몇 가지 전형적 답변이다.

- 그가 회개했을 때다. 하지만 회개란 죄의 행동으로부터 돌아서는 게 아닌가? 그 뒤로 다윗은 밧세바로부터 돌아섰는가 아니면 다시 그녀에게 갔는가?
- 하나님이 법적으로 용서해 사면하신 시점이다. 그렇다면 오늘 죄 문제—예컨대 간음이나 포르노—가 있는 사람도 일단 하나님께 용서를 구했으면 간음이나 포르노를 계속해도 더는 죄가 아니라는 뜻인가?
- 다윗이 밧세바와 결혼한 때다. 하지만 하나님의 법이 인간의 문화와 전통으로 대체되는가? 현지 관습상 일부다처제가 수용된다 해도 이는 하나님의 법에 어긋나는 일이 아닌가? 오늘날 그리스도인이 일부다처제가 합법인 나라로 이주한다면 아내를 여럿 두어도 괜찮은가? 아니면 여전히 하나님의 법에 어긋나는가?

죄인인 인간(과 4단계 사고방식)은 외모를 보거니와 하나님은 중심을 보신다(삼상 16:7). 주된 관건은 행동이 아니라 마음의 동기다. 다윗과 밧세바의 관계도 마음의 동기가 이기심이었을 때는 죄였다. 다윗이 범한 간음도 이기심 때문이고 우리아를 살해한 일도 이기심 때문이다. 이 모두가 죄였다.

그러나 그가 나단에게 죄를 지적받은 뒤로는 마음의 동기가 참으로 달라졌다. 자아에 대해 죽고 이기적인 마음이 사랑으로 바뀌어 시편 51편을 썼다. 진정으로 자기보다 남을 더 사랑하는 마음이 되자 다윗의 동기는 더는 자신의 쾌락을 위해 밧세바를 이용하려는 게 아니었다. 오히려 자신이 이기적으로 빼앗은 것을 회복시켜 주어 그녀를 치유하려는 데 있었다. 밧세바에게서 그는 무엇을 빼앗았던가? 간음과 남편 살해를 통해 그녀의 이름과 평판과 신분과 생계와 재산과 가정을 빼앗았다. 그대로 둔다면 그녀는 결국 노숙자와 어쩌면 매춘부가 되었을 것이다. 다윗은 또 그녀를 사랑해 애지중지 아껴 주던 사람, 그녀의 삶에 사랑을 쏟아부은 사람을 빼앗았다. 그 사회에서 이 모두를 회복시켜 주려면 그녀와 결혼해 진심으로 사랑해 주는 길밖에 없었다.

이렇듯 진정한 회개란 행동으로부터만 아니라 이기적인 마음으로부터 돌이켜 사랑의 삶을 살아가는 것이다. 4단계 사고에 기초한 형벌신학은 악한 행실에 집중하므로 설상가상의 결과를 부른다. 그 논리대로라면 다윗은 밧세바에게 등을 돌려 그녀를 비참하게 살도록 버려두어야 한다. 그러나 사랑은 치유하고 회복시킨다.

4단계의 사람은 다윗과 밧세바에게서 난 첫아기의 죽음도 오해한다. 실정법 관점의 주장에 따르면 이 이야기는 하나님이 죄를 벌하시는 또 하나의 사례다. 그분이 다윗을 벌하시려고 아기를 죽이셨다는 것이다. 그렇지 않다! 당시의 이스라엘이 하나님의 배우 역할을 맡아, 죄로부터 회복시키시는 그분의 치유 계획을 세상에 예시하던 중임을 잊어서는 안 된다(고전 4:9, 이 책의 10장 참조). 그 중에서도 왕인 다윗은 무대의 중앙에 있었다. 그 뒤로 수천 년에 걸쳐 세상의 눈이 그의 삶을 지켜보았다. 살아남지 못한 아기(삶에 부적합한 무슨 병을 안고 태어나 그 선천적 결함 때문에 죽었다)는 이기심의 산물이었다. 이는 정확한 실물 교육이다. 이기심은 생명을 낳지 못한다. 이기심은 하나님이 설계하신 삶에 어긋나므로 죽음을 초래한다. 그러나 사랑이 마음을 통치하면 생명과 건강과 지혜가 뒤따른다. 다윗의 마음이 변화된 뒤로 밧세바와의 사이에 사랑으로 태어난 솔로몬은 하나님의 지혜를 복으로 받았다!

두 법의 대결

성경에서 **실정법** 준수와 **자연법** 사이에 대결이 벌어질 때마다 하나님은 **자연법**의 편에 서셨다. 예수는 "다윗이 자기와 및 함께한 자들이 먹을 것이 없어 시장할 때에 한 일을 읽지 못하였느냐. 그가 아비아달 대제사장 때에 하나님의 전에 들어가서 제사장 외에는 먹어서는 안 되는 진설병을 먹고 함께한 자들에게도 주지 아니하였느냐"(막 2:25~26)라고 말씀하셨다. 그분이 지적하신 대로 중요한 건 건강 법칙과 사랑의 법(배고픈 동료들을 챙겨 준 다윗)이었지 **실정법**을 지키는 게 아니었다. **실정법**은 참된 실재인 **자연법**을 가르쳐 주는 연극에 불과했다.

예수는 안식일에 사람의 병을 고쳐 주신 뒤 그에게 자리를 들고 집으로 가라고 이르셨다. 그러자 유대인들은 즉시 그분이 법을 어겼다고 비난했다(요 5:8~10). 그들은 규칙 위반이라며 벌을 가하려 했으나 예수는 **자연법**에 집중해 장애인의 육체적, 영적 질환을 치유해 주셨다.

한 여자가 간음 중에 잡혀 그리스도 앞에 끌려왔을 때도 종교 지도자들은 규칙 위반이라며 벌을 가하려 했다. 그러나 예수는 **자연법**에 집중해 치유의 사랑으로 하나님의 딸에게 다가가셨다! "나도 너를 정죄하지 아니하노니 가서 다시는 죄를 범하지 말라"(요 8:11)는 그분의 말씀은 이런 말과 같다. "나도 네가 어디서 오는 길인지 안다. 붙잡혀 내 앞으로 끌려오지 않았다면 너는 고개를 푹 숙이고 몰래 집으로 돌아가 죄책감과 수치심에 시달렸을 것이다. 너 스스로 내가 설계한 관계에 어긋나게 행동했기 때문이다. 그런 행동은 네게 해를 끼친다. 네 행동 자체가 너를 파멸시키니 굳이 내가 너를 정죄할 필요가 없다. 가서 이제부터는 내가 설계한 삶에 조화되게 살아라!"

성경 전체가 그와 같다. 아담이 일부러 하나님의 설계에서 벗어나 자신의 본성을 변질시킨 뒤로 인간은 죄라는 불치병을 안고 태어난다. 하나님은 거기서 우리를 구원해 치유하시고자 일해 오셨다. 그러는 내내 사탄은 우리를 눈멀게 해 그 사실 대신 이런 거짓말을 받아들이게 하려고 수를 썼다. 즉 문제는 우리 죄가 아니라 법적인 데 있다는 것이다. 그 근거로 그가 내세우는 게 그릇된 법 개념이다.

변질된 복음

우리를 능히 견고히 서게 하는 하나님의 능력은 무엇인가? "내가 복음을 부끄러워하지 아니하노니 이 복음은 모든 믿는 자에게 구원을 주시는 하나님의 능력이 됨이라"(롬 1:16).

그렇다면 우리를 치유하고 구원하는 복음(기쁜 소식)과 그 복음의 능력은 무엇인가? 흔히들 내놓는 답이 최근에 우리 집 근처의 어느 교회 설교에서도 제시되었다. 그 내용인즉 이렇다.

> 예수는 갈보리에서 죽으셨습니다. 그러면 묻겠습니다. 이를 통해 하나님이 이루신 일은 무엇일까요?
>
> 이를 신학 용어로 속죄의 "객관적" 측면이라 합니다. 예수의 죽음을 통해 하나님이 이루신 일은 무엇입니까? 하나님이 그 사건에 개입하신 건 분명합니다. 성경에 "하나님께서 그리스도 안에 계시사 세상을 자기와 화목하게 하시며"라고 했으니까요. 그래서 그분이 이루신 일은 무엇입니까? 법적인 문제가 있었습니다. 인간이 법을 어겼는데 형벌은 죽음입니다. 그러면 하나님은 어떻게 자신의 법과 의와 성품을 보존하시면서 동시에 인간을 살리실 수 있을까요? 그게 십자가의 객관적 측면입니다. 하나님이 행하시고 이루신 그 일을 신학자들은 "법적" 측면이라 칭합니다. 법과 관련된다는 뜻이지요. 이 법적인 문제를 하나님이 십자가로 해결하신 겁니다. … 하나님이 십자가로 이루신 일은 무엇입니까? 바로 법적인 문제가 해결되었습니다. 그래서 인류에게 그분과 화목해질 기회가 주어졌습니다.[1]

이게 기쁜 소식인가? 정말인가? 이는 4단계의 사고다. 하나님은 자신의 법이 위반되어 화가 나셨다. 그래서 그 무한한 능력으로 우리를 고통스럽게 죽이셔야 한다. 이를 막으려면 법적 지불금이 필요하다. 이렇게 표현되는 복음은 내가 보기에 전혀 기쁜 소식이 아니라 그릇된 법 개념에 기초한 변질된 복음이다. 사실은 아주 나쁜 소식이다. 사랑의 하나님이 아닌 강요의 하나님으로부터 오히려 우리 자신을 보호해야 하기 때문이다.

하나님이 만일 사탄이 주장하는 그런 존재라면 그런 하나님과 영원을 함께 보낸다는 게 기쁜 소식이겠는가? 영원한 고통과 고난과 죽음의 출처인 전능한 신과 영원히 함께 산다면 당신은 행복하겠는가? 아들 예수께서 곁에서 자신의 피로 벌금을 완전히 갚지 않는 한 분노와 격노로 불타오르는 신인데도 말이다.

이런 거짓 복음은 많은 아름답고 경건한 예화에 대한 왜곡으로 직결된다. 하나님은 하늘의 모든 자원으로 우리를 치유해 구원하시는 영원한 친구시다. 그런데 우리는 그분을 그렇게 보지 않고 기독교 신학을 일련의 정신적 구성개념으로 변질시킨다. 그런 신학은 우리를 하나님과 화목하게 하는 게 아니라 오히려 그분과 분리하는 결과를 낳는다. 기독교 전반에서 흔히들 가르치는 아래의 교리를 생각해 보라. 각 교리마다 어떤 구실을 하는지 자문해 보라. 어떤 식으로든 우리를 하나님으로부터 보호하거나 숨겨 주는 역할을 하는 교리가 그 중 몇인가?

- **의의 옷을 입는다.** 이 은유를 가르치는 취지는 하나님이 죄인의 마

음에서 죄성을 제하고 내면에 그리스도를 닮은 모습을 재창조해 실제로 우리를 "하나님의 의가 되게"(고후 5:21) 하신다는 뜻인가[자연법]? 아니면 이 옷은 하나님 아버지의 시야를 가려 우리 죄를 보지 못하시게 함으로써 우리를 그분으로부터 보호해 주는 가리개 역할을 하는가[실정법]?

- **예수는 아버지 앞에서 우리의 대언자시다.** 이 은유를 가르치는 취지는 예수가 아버지와 **더불어** 우리의 치유와 회복을 위해 악과 죄를 힘써 대적하신다는 뜻인가(롬 8:28~34)[자연법]? 아니면 예수는 하늘의 재판장이 선고해 시행하실 형벌로부터 우리를 보호하려고 그 판사를 **상대로** 자신의 공로와 희생을 내세워 우리를 대변하시는 변호사인가[실정법]?

- **예수는 우리의 중보자시다.** 이 예화를 가르치는 취지는 예수가 **우리를 향한** 아버지의 사신이자 대리인이자 대사로서 우리를 이끌어 아버지와 도로 연합시키시고, 또 아버지의 성품이 자신이 계시하신 그대로임을 우리에게 간곡히 설득하신다는 뜻인가[자연법]? 아니면 예수는 아버지의 분노와 진노로부터 우리를 보호하시려고 **아버지 쪽에** 간청하고 설득해 자비를 구하시는 분인가[실정법]?

- **우리 죄가 지워진다.** 이 은유를 가르치는 취지는 하나님이 자녀의 마음과 사고와 성품에서 죄(죄성)를 지우시고 아들 예수를 닮은 모습으로 재창조하신다는 뜻인가[자연법]? 아니면 우리의 끔찍한 소행을 아버지께서 모르시도록 우리 죄(악한 행위의 이력)가 천국 법정의 전과 기록에서 지워지는 것인가[실정법]?

- **피로 깨끗이 씻음 받는다.** 이 은유를 가르치는 취지는 그리스도의

생명을 통해 각 사람 안에 의와 중생을 이루시는 성령의 능력으로 말미암아, 신자의 마음과 사고와 성품이 거짓말과 이기심과 죄로부터 깨끗해져 마음에 사랑의 법이 새겨지고 그리스도의 사고를 품게 된다는 뜻인가[**자연법**]? 아니면 악한 행실의 이력이 발각되면 하나님이 벌하시겠기에 이 피가 천국의 책에 적용되어 행실의 이력을 지우거나 법적인 형벌을 치러 주는 것인가[**실정법**]?

하나님으로부터 보호해 주는 신학을 만들어 내면 우리를 치유해 주시는 그분의 사랑은 거기에 가로막힌다. 이런 사상에서 비롯되는 종교는 그 기초가 사랑에 있지 않고 두려움에 있다. 그래서 사람들은 자신의 죄와 결함이 알려지면 아무에게도 사랑받을 수 없다고 잘못 믿는다.

이런 사상은 신뢰를 무너뜨려 사람들의 영적 상태를 오히려 악화시킨다. 왜 그럴까? 실제로 인간은 **자연법**인 예배의 법칙―우리는 바라보는 대로 변화된다―에 따라 자신이 예배하는 신처럼 되기 때문이다. 따라서 위와 같은 신념을 품은 사람은 두려움에 빠질 뿐 아니라 마음이 완고해져, 매사를 법으로만 따지는 경직된 정신적 구성개념에서 헤어나지 못한다(현대판 바리새인이 된다). 그 결과 우리를 변화시키는 하나님의 능력으로부터 단절된다.

하나님의 성품인 사랑에 대한 진리는 압도적이리만치 아름답고 한결같고 확실하고 믿을 만하고 마냥 사랑스럽고 매력 있어, 누구든지 하나님을 제대로 알기만 하면 그분을 신뢰할 수밖에 없다. 사탄도 그 사실을 안다. 그래서 사탄은 하나님을 자기 같은 존재―고통과 죽음을 가하는 강압적인 독재자 — 로 왜곡시킨다. 이 모두가 그분을 진정으로 알고 신뢰하지 못하도록 우리를 막기 위해서다.

궁극의 기쁜 소식

결국 기쁜 소식의 관건은 우리가 아니라 하나님이다. 그분은 사탄이 주장하는 그런 존재가 **아니다.** 놀라운 소식은 하나님이 "세상을 이처럼 사랑하사 독생자를 주셨으니" 이는 그분을 신뢰하는 사람마다 멸망하지 않고 그분과 도로 연합해 영원히 살게 하신다는 것이다! 물론 우리 주 예수 그리스도를 통해 — 죽음을 이기신 승리를 통해 — 약속된 영생 자체도 놀랍도록 기쁜 소식이다. 하지만 이는 하나님의 하나님 되심 때문에만 기쁜 소식이다! 하나님에 대한 진리가 곧 궁극의 기쁜 소식이다!

하나님의 능력이란 바로 그분의 성품인 사랑에 대한 기쁜 소식이다. 그 능력이 우리의 신뢰를 얻어 내고, 마음을 변화시키고, 사고를 치유한다. 그리하여 하늘이 무너져도 흔들리지 않는 하나님의 믿을 만한 친구들을 배출해 낸다. 진리와 사랑이야말로 모든 악과 죄와 죽음을 이기는 승리의 능력이다.

건널목에서

길을 건너려고 건널목에 들어섰는데 트럭이 당신 쪽으로 질주해 오고 있다고 상상해 보라. 어떤 감정이 들까? 두려움이다!

이번에는 당신이 세 살배기 첫아이를 데리고 외출했다고 하자. 잠깐 한눈을 팔다 고개를 드니 아이가 도로에 나가 있고 그쪽으로 트럭이 질주해 오고 있다. 당장 쫓아가면 아이를 겨우 길 밖으로 밀쳐 낼 수 있다. 대신 당신이 차에 치일 수밖에 없다. 어찌할 것인가? 물론 당신은 아이를 밀쳐 낸다. 반대쪽 잔디밭에 무사히 몸이 닿는 아이를 보는 순간 당신은 어떤 감정이 들까? 안도와 기쁨이다. 정작 자신은 트럭에 치이면서도 말이다! 보다시피 두 경우 모두 당신은 차에 치인다. 그런데 전자에는 두려움뿐이었으나 후자에는 **당신의 사랑이 두려움을 몰아냈다!**

단지 가상이 아니라 실제로 있었던 일이다. 2016년 4월 2일에 "아기를 밀쳐 내고 대신 SUV에 치인 영웅 보모"라는 뉴스가 보도되었다. 롱아일랜드에 사는 62세의 보모 로레타 펜(Loretta Penn)은 유모차에 탄 생후 9개월의 남아를 밀쳐 내 마주 오던 차량으로부터 구했으나 그 과정에서 본인이 차에 치였다. CBS 뉴스를 인용한다.

> 록빌 센터 경찰국장 찰스 제너리오(Charles Gennario)는 1010 WINS 라디오 방송국에 이렇게 말했다. "목격자들에 따르면 그녀는 건널목을 건너던 중이었는데 차량의 운전기사가 그녀를 보지 못했습니다. 차가 자신을 칠 듯이 달려오자 그녀는 유모차를 안전한 쪽으로 밀쳐

냈습니다. 자기가 대신 치일 줄을 뻔히 알면서도 그렇게 아기를 보호한 겁니다."… 펜 덕분에 위험을 면한 아기는 긁힌 데조차 거의 없었다. 수사관들에 따르면 아기의 부모는 고마워 어쩔 줄 몰랐다.

펜을 보모로 고용한 트와 도허티(Twah Dougherty)는 CBS2의 브라이언 코니비어(Brian Conybeare)에게 "그녀는 우리 식구나 마찬가집니다. 이번 일도 지극히 그녀다운 행동이지요"라고 말했다.

모든 목격자와 경찰관이 하나같이 펜의 행동을 칭송했다.

목격자 알렉스 패드론(Alex Padrone)은 "우리 사회에 꼭 필요한 사람들입니다. 남을 돌볼 줄 아니까요"라고 말했다.[2]

"우리 사회에 꼭 필요한 사람들입니다. 남을 돌볼 줄 아니까요." 그렇다, 바로 이런 사람들이 우리에게 필요하다. 즉 하나님이 설계하신 마음을 갖춘 사람, 자기보다 남을 더 사랑하는 사람, 하나님이 설계하신 삶으로 회복된 사람이다!

사랑은 하나님에게서 기원해 그리스도를 통해 온전히 드러났고 내주하시는 성령께서 우리 마음속에 부으신다. 우리를 두려움과 이기심에서 구출할 힘은 이 사랑뿐이다! 그런데 이 모두는 하나님이 어떤 분이신가에 대한 진리에서 시작된다. 사랑의 붕괴가 하나님에 대한 거짓말로부터 시작되었듯이 치유의 전체 과정에 들어서려면 그분에 대한 진리를 받아들여야 한다! 거짓을 믿으면 사랑과 신뢰의 원이 깨진다.

- 반대로 진리를 믿으면 거짓이 무너지고 신뢰가 회복된다.
- 신뢰가 회복되면 마음이 열리면서 하나님이 우리 마음속에 그분

의 사랑을 부으신다(롬 5:5).

- 사랑과 신뢰는 두려움을 이긴다. 그리하여 의로운 행위, 섬기는 행위, 베푸는 행위, 사랑의 행위를 낳는다.
- 의로운 행위의 결과로 우리는 더욱 경건해지고 하나님 나라를 증언한다. 이런 식으로 치유가 진척된다.

다만 이 모두가 시작되려면 하나님에 대한 진리로 돌아와야 한다! 그 방법밖에 없다. 예수를 맞이할 준비가 되도록 능히 우리를 해방시키고 마음을 변화시켜 줄 능력도 오직 이뿐이다!

진리는 거짓을 이기고 사랑은 두려움과 이기심을 이긴다. 이 싸움에 이기려면 이제부터라도 하나님의 성품과 통치를 –즉 그분이 설계하신 실재와 방법을 –똑바로 알아야 한다. 그분이 어떤 분이시고 어떻게 일하시는가에 대한 진리가 곧 능력이다. 하나님의 사랑을 경험하고 신의 성품에 참여하는 게 곧 능력이다. 이 능력으로 우리는 하나님과 조화되게 살아갈 수 있다.

"영생은 곧 유일하신 참 하나님과 그가 보내신 자 예수 그리스도를 아는 것이니이다"(요 17:3). 권하노니 사랑이신 하나님을 받아들이라!

· 하나님과 그분의 성품인 사랑에 대한 진리를 받아들이지 못하게 막는 주요 장애물 중 하나는 **실정법**에 기초한 신념체계라는 선입견이다.

· 인류 역사를 통틀어, 사랑이신 하나님은 자신의 방법인 사랑과 자유와 진리로 우리를 치유하여 회복시키려 일해 오셨다. 반면에 악한 원수는 하나님의 활동에 대한 거짓 해석으로 우리 사고를 병들게 하려고 수를 썼다. 그분이 죄 때문에 사람을 벌하신다는 개념이야말로 그 중에서도 주를 이룬다.

· 성경 어디를 보든 메시지는 동일하다. 인류는 두려움과 이기심으로 병들어 있고(죄), 이는 하나님이 설계하신 삶에서 벗어난 불치병이다(허물과 죄로 죽어 있음). 하나님은 각 사람을 치유하여 자신의 사랑의 마음을 내면에 회복시키려고 그리스도를 통해 일하신다.

· 진정한 회개란 행동으로부터만 아니라 이기적인 마음으로부터 돌이켜 사랑의 삶을 살아가는 것이다.

· 성경에서 **실정법** 준수와 **자연법** 사이에 대결이 벌어질 때마다 하나님은 **자연법**의 편에 서셨다.

· 하나님으로부터 보호해 주는 신학을 만들어 내면 우리를 치유해 주시는 그분의 사랑은 거기에 가로막힌다.

· 사랑은 하나님에게서 기원해 그리스도를 통해 온전히 드러났고 내주하시는 성령께서 우리 마음속에 부으신다. 우리를 두려움과 이기심에서 해방시킬 수 있는 힘은 이 사랑뿐이다.

· 진리는 거짓을 이기고 사랑은 두려움과 이기심을 이긴다. 이 싸움에 이기려면 이제부터라도 하나님의 성품과 통치를 – 즉 그분이 설계하신 실재와 방법을 – 똑바로 알아야 한다.

The
God-Shaped
Heart

14

사랑과 영원한 심판

어둠은 어둠을 몰아낼 수 없고 빛으로만 가능하다.
미움은 미움을 몰아낼 수 없고 사랑으로만 가능하다.
— 마틴 루터 킹 주니어,《사랑의 힘》(예찬사 역간)

♥　　　리처드(Richard)는 마지못해 내 상담실에 왔다. 고개는 푹 수
그러지고 어깨는 축 처져 있었다. 뭔가에 짓눌려 있는 듯 보였다. 주위
를 거의 의식하지 않는 멍한 눈빛으로 허공을 응시했다. 이윽고 입을
열었을 때도 목소리에 생기와 높낮이라곤 하나도 없이 그저 무기력하
고 공허했다. 그는 패자처럼 절망적인 소리로 "이유가 뭡니까?"라고
물었다.

　무슨 이유를 묻는 건지 궁금했다. 그의 고민은 무엇일까? 무엇에 저
리도 넋이 나가 있을까? 이 질문이야 전에도 많이 들었다. 언제나 실
직, 관계의 파경, 사랑하는 이의 죽음 등 비참한 사건과 연관되어 있었
다. 그런데 이어진 리처드의 말은 전혀 뜻밖이었다.

"무슨 이유로 주님이 재림하지 않으시는 겁니까? 왜 온갖 악과 고통과 고난을 끝장내지 않으시냐고요? 하나님은 왜 세상 모든 악을 그냥 두십니까?"

교회에서 많이 들었고 나 자신도 몇 번쯤 품어 본 의문이다. 하지만 내 상담실에서 들은 적은 거의 없었다. 더욱이 첫마디부터 그 문제를 들고나온 사람은 처음이었다. 리처드는 성경이 진리인지, 주님이 다시 오시기는 하실지 의문이 들기 시작했다.

당신도 그렇게 묻거나 그런 질문을 들어 본 적이 있는가? 그렇다면 당신이 받았거나 들은 답은 무엇인가? 인터넷 검색창에 "예수는 왜 아직 재림하지 않으시는가?"라고 쳐 보았더니 서글프게도 이런 답이 나왔다. 어떤 답은 사뭇 조롱조였다.

- 원래 떠난 적이 없으니까.
- 이제 과학이 충분히 발전해 아무에게도 그의 "수작"이 통하지 않으니까.

더 운명론적이고 무력한 관점도 있었다.

- 우주의 배양 접시로 다른 실험을 하느라 너무 바빠서.
- 자신이 준비되지 않았다.
- 그분이 정해 둔 때가 차지 않았다.
- 성경의 여러 징조가 아직 임하지 않았다.

다행히 동정적인 이유도 나왔다.

- 그분은 사람들이 회개하기를 기다리고 계신다.
- 그분은 복음이 온 세상에 퍼지기를 기다리고 계신다.
- 그분은 사람들이 준비되기를 기다리고 계신다.

다양한 응답자가 내놓은 이유를 읽으면서 거기에 드러난 각자의 하나님관을 엿볼 수 있었다. 신이란 개념 자체를 거부한 이들은 그분이 원래 떠난 적이 없다는 식으로 답했다. 신을 믿기는 믿되 그분을 4단계 이하의 렌즈로 본 이들에게는 그분이 자의적인 권력의 존재였다. 동물 실험을 하는 중이거나, 너무 바빠서 신경 쓰지 못하거나, 정해진 때가 아직 오직 않았다는 식이다.

그러나 성숙한 이들은 하나님을 사랑이신 분으로 보며, 실재가 어떻게 작용하도록 설계되었는지도 더 분명히 안다. 그들이 아는 그분은 우리를 아끼셔서 우리가 잘되고 영원히 치유되기를 바라시는 분이다. 또 힘과 권력을 써서는 자신이 원하시는 바를 얻을 수 없음도 아시는 분이다. 사랑이신 하나님이 원하시는 바는 우리의 사랑과 신뢰이며, 그분이 설계하신 삶으로 우리가 영원히 회복되는 일이다. 그런데 무력과 위협과 통제와 강압으로는 사랑과 신뢰를 얻을 수 없다. 사랑과 신뢰는 자유로운 분위기 속에서 사랑과 진리를 제시할 때에만 얻을 수 있다. 그래서 성경에 "여호와께서 말씀하시되 이는 힘으로 되지 아니하며 능력으로 되지 아니하고 오직 나의 영으로 되느니라"(슥 4:6)고 했다. 그분의 영은 진리와 사랑의 영이다!

하나님이 재림을 미루시는 이유는 아직도 사랑과 신뢰로 돌아올 수 있는 수십억의 사람이 있기 때문이다. 그들이 하나님에 대한 진리를 듣고 그분의 속성과 방법을 깨닫기만 한다면 말이다. "주의 약속은 어떤 이들이 더디다고 생각하는 것 같이 더딘 것이 아니라 오직 주께서는 너희를 대하여 오래 참으사 아무도 멸망하지 아니하고 다 회개하기에 이르기를 원하시느니라"(벧후 3:9).

예수는 "이 천국 복음이 모든 민족에게 증언되기 위하여 온 세상에 전파되리니 그제야 끝이 오리라"(마 24:14)고 말씀하셨다. 천국은 어떤 나라인가? 사랑의 나라가 아닌가? 사랑의 법에 대한 진리를, 즉 삶의 기초인 설계 원리를 보여 주는 사랑의 하나님 나라가 아닌가? 여태 온 세상에 전파된 것은 이 복음인가, 아니면 규칙을 강요하고 불복종에 형벌을 가하는 로마 제국 식의 독재자 신인가?

영원한 심판

히브리서 6장에 기술된 "도의 초보"를 앞서 4장에 열거한 바 있다. 성숙해 의를 경험하려면 그런 초보를 벗어나야 한다. 법을 오해해 의식에 고착되는 문제는 이미 살펴보았으니 이번에는 갓난아기에게 중요한 또 다른 기초적 가르침으로 넘어가 보자. 그들은 그리스도께로 갓 회심해 하나님께 오긴 했으나, 과자통에 손을 넣다 들켜 벌을 두려워하는 아이처럼 아직 자아에 얽매여 있다. 또 자아에 매몰된 아이처럼 매사가 반드시 "공평하기를," 즉 회개하지 않은 사람에게는 응당한 대가가 따르기를 원한다. 그래서 하나님은 장차 최후의 심판이 있다는 확신을 주신다. "걱정하거나 계산하거나 원망을 품지 않아도 된다. 원수를 용서하고 모든 일의 결과를 내게 맡기라. 내가 반드시 사람마다 응당한 결과를 정확히 받게 하리라." 이런 공정함에 대한 확신을 그분은 도처에 말씀하셨다.

> 내가 애굽 땅 광야에서 너희 조상들을 심판한 것 같이 너희를 심판하리라. 주 여호와의 말씀이니라(겔 20:36).

> 네가 어찌하여 네 형제를 비판하느냐. 어찌하여 네 형제를 업신여기느냐. 우리가 다 하나님의 심판대 앞에 서리라(롬 14:10).

> 이는 우리가 다 반드시 그리스도의 심판대 앞에 나타나게 되어 각각 선악 간에 그 몸으로 행한 것을 따라 받으려 함이라(고후 5:10).

> 외모로 보시지 않고 각 사람의 행위대로 심판하시는 이를 너희가 아버지라 부른즉 너희가 나그네로 있을 때를 두려움으로 지내라(벧전 1:17).

> 또 내가 보니 죽은 자들이 큰 자나 작은 자나 그 보좌 앞에 서 있는데 책들이 펴 있고 또 다른 책이 펴졌으니 곧 생명책이라. 죽은 자들이 자기 행위를 따라 책들에 기록된 대로 심판을 받으니(계 20:12).

이런 본문이 당신에게 어떻게 들리는가? 답은 당신이 어떤 법의 렌즈로 (즉 어떤 도덕 발달의 단계에서) 보느냐에 따라 정말 달라진다.

심판을 4단계 이하(실정법)의 렌즈로 보는 사람은 사법 절차를 떠올린다. 즉 책들이 펴져 있고 거기에 평생 저지른 모든 죄와 결점과 악과 나쁜 짓이 그림처럼 자세히 기록되어 있다. 이에 근거해 하나님은 각자의 영원한 운명을 **정하시고** 적절한 형벌을 가하신다. 하지만 걱정할 게 없다. 죄인이 예수의 법적 지불금을 자기 것으로 주장했다면 그분이 곁에서 피고측 변호사 역할을 해 주신다. 천국 법정의 지정 변호인이 되어 하늘의 재판장께 그들의 사건을 변호하신다. 이 모델에서 예수가 하시는 일은 무엇인가? 못자국 난 손을 들어 아버지께 간청하신다. "아버지여, 내 피를 기억하소서! 내가 피로 대가를 치렀으니 그들을 벌하실 수 없습니다. 그 벌을 내가 대신 받았습니다. 모든 분노와 진노를 나에게 쏟으셨음을 기억하소서. 이제 아버지는 그들을 해치실 법적인 권리가 없습니다. 그러니 기록된 책에서 그들의 악행을 그냥 지워 주소서. … 아예 아버지와 모든 천사들과 다른 구원받은 무리의 기억에서도 지워 주소서. 그러면 아버지든 다른 누구든 그들을 볼 때 나를 보듯 사랑으로 볼 수 있습니다. … 아버지여, 나를 보아서라도 부디 그리해 주소서!"

기독교에서 다반사로 가르치는 이런 왜곡은 모두 거짓말을 믿는 데서 비롯된다. 즉 하나님의 법도 죄인인 인간이 제정한 법—사법 절차를 요구하는 실정법—처럼 작용한다는 거짓말이다. 이런 개념은 두려움을 몰아내고 신뢰를 자아내고 마음을 치유하기는커녕 오히려 두려움을 조장하고 신뢰를 허물고 마음을 완고하게 한다.

4단계 너머로 성숙한 사람은 하나님이 사랑이시며 그분의 법이 실재의 설계 원리임을 안다. 나아가 심판이 각 사람의 마음 상태에 대한 정확한 진단에 불과함도 안다. 각 사람은 하나님에 대한 진리를 받아들였는가? 내주하시며 우리 안에 그리스도를 재생산하시는 성령을 마음을 열어 영접했는가? 하나님이 설계하신 마음이 내게 있는지 없는지? 그게 문제다. 하나님의 심판의 한 예를 호세아 4장 17절에서 볼 수 있다. "에브라임이 우상과 연합하였으니 버려두라."

이 경우 하나님의 심판은 무엇인가? 에브라임을 우상에게서 떼어낼 수 없으니 그냥 그대로 두라는 것이다. 이는 마음의 실상에 대한 진단이다.

관건은 실재다. 각 사람의 실상이다. 우리는 하나님이 설계하신 삶으로 회복되어 그분의 임재 안에 살 수 있게 되었거나 그렇지 않거나 둘 중 하나다. 예수의 이 말씀도 바로 그런 뜻이다. "비판을 받지 아니하려거든 비판하지 말라. 너희가 비판하는 그 비판으로 너희가 비판을 받을 것이요 너희가 헤아리는 그 헤아림으로 너희가 헤아림을 받을 것이니라"(마 7:1~2).

세상을 **실정법**의 렌즈로 보는 이들은 이 말씀을 이런 뜻으로 읽는다. 당신이 남들을 어떻게 대하는지 하나님이 잘 보아 두셨다가 당신에게도 그 똑같은 기준을 들이대신다는 것이다. 하지만 하나님의 **자연법**을 아는 이들은 사람의 언행 속에 **자기** 마음의 실상이 드러남을 안다.

백인 우월주의자가 혐오스러운 비명(碑銘)을 외치며 흑인의 앞마당에 십자가를 불사를 때(이 악당들은 자칭 그리스도인이라면서 하필 십자가를 태운다) 누구의 성품이 드러나는가? 그 백인 우월주의자의 마음과 사고와 성품 속에 어떤 일이 벌어지는가? 모든 죄의 행위는 그 죄를 짓는 본인에게 영향을 미친다. 그의 속사람이 달라지고, 양심에 화인을 맞고, 마음이 완고해지고, 도덕적 감수성이 무디어진다. 성품이 비뚤어져 하나님과 그분이 설계하신 사랑에서 점점 더 벗어난다.

그래서 예수는 이렇게 말씀하셨다.

> 나무도 좋고 열매도 좋다 하든지 나무도 좋지 않고 열매도 좋지 않다 하든지 하라. 그 열매로 나무를 아느니라. 독사의 자식들아, 너희는 악하니 어떻게 선한 말을 할 수 있느냐. 이는 마음에 가득한 것을 입으로 말함이라. 선한 사람은 그 쌓은 선에서 선한 것을 내고 악한 사람은 그 쌓은 악에서 악한 것을 내느니라. 내가 너희에게 이르노니 사람이 무슨 무익한 말을 하든지 심판 날에 이에 대하여 심문을 받으리니 네 말로 의롭다 함을 받고 네 말로 정죄함을 받으리라(마 12:33~37).

영적 아기는 이 말씀을 듣고 이렇게 말한다. "보라, 예수는 당신의 악한 언행을 다 기억해 두셨다가 훗날 그 대가를 치르게 하신다." 하지만 성숙하게 장성한 사람은 죄가 그 죄를 짓는 사람에게 해를 끼치며, 성령을 통한 그리스도의 내주를 거부하면 장차 불치병 진단을 받고 버려두어져 자기가 심은 대로 거둠을 안다. **자신의** 말로 정죄함을 받는다. **자신의** 불치병으로부터 멸망을 거둔다. "자기의 육체를 위하여 심는 자는 **육체로부터 썩어질 것[멸망]을 거두고**"(갈 6:8). 이는 자연법이다. 머리에 비닐봉지를 뒤집어쓰면 자신의 그 행동으로부터 멸망을 거둔다는 말과 똑같다. 탄저균에 감염된 환자가 항생제 투여(치료책)를 거부하면 자신의 그 감염으로부터 멸망을 거둔다. 성경에 따르면 하나님의 심판이란 곧 장차 그분이 이렇게 말씀하시는 시점이다. "불의를 행하는 자는 그대로 불의를 행하고 더러운 자는 그대로 더럽고 의로운 자는 그대로 의를 행하고 거룩한 자는 그대로 거룩하게 하라"(계 22:11).

우리의 영원한 운명을 결정짓는 요소는 하나님의 심판이 아니라 그분에 대한 우리의 판단이다. 우리는 그분을 믿을 만한 존재로 판단해 마음을 열거나 그렇지 않거나 둘 중 하나다. 이 선택의 결과로 타인 중심의 사랑이라는 하나님의 원리대로 살기에 합당해지거나 그렇지 않거나 둘 중 하나다. 하나님을 신뢰할 만한 분으로 판단한 사람은 마음을 열므로 성령께서 죄를 치유해 주신다. 그러나 사탄의 거짓말을 받아들여 하나님을 믿지 못할 존재로 판단한 사람은 형벌 신학에 집착해 자신을 하나님으로부터 보호하고 숨겨 줄 교리를 쌓아 올린다. 그 사이에 부단히 종교의식을 지키지만, 마음이 계속 닫혀 있어 결국은 그분의 치유로부터 완전히 멀어진다.

그 이유가 무엇인가? 하나님이 실재를 자연법대로 작용하도록 지으셨기 때문이다. 그분은 죄 없는 완전한 삶을 창조하실 수는 있으나 충절과 신뢰와 사랑을 강압적으로 만들어 내실 수는 없다. 말 잘 듣도록 프로그램된 로봇을 창조하실 수는 있으나 로봇은 충절을 다하거나 자진해서 헌신하지 않는다. 로봇은 신뢰하지 않으며 사랑할 줄도 모른다. 지정의를 갖춘 인격체의 속사람 안에 하나님이 성숙한 성품을 억지로 지어내실 수는 없다. 성숙한 성품은 각자의 선택을 통해 형성되고 개발되어야 한다. 하지만 아담이 죄를 지은 뒤로 그런 위업을 이룰 수 있는 인간은 아무도 없었다. 그래서 예수가 오셔서 우리가 못하는 일을 해 주셨다. 인간 예수는 자진해서 온전히 사랑하셨고, 자진해서 인류 안에 하나님의 설계를 회복하셨다.

하나님의 최종 목표는 연합이다. 끝없는 사랑과 신뢰로 통일된 우주다. 이 일은 그분의 방법인 진리와 사랑과 자유를 통해서만 이루어질 수 있다. 모든 지성적 존재는 각각 자기 마음으로 확정해야 한다(롬 14:5). 누구를 신뢰할지 각자 선택해야 한다. 개성을 잃지 않으면서 성품이 치유되고 마음이 변화되는 길은 이뿐이다.

마틴 루터 킹 주니어(Martin Luther King Jr.)는 이 실재를 이렇게 표현했다. "어둠은 어둠을 몰아낼 수 없고 빛으로만 가능하다. 미움은 미움을 몰아낼 수 없고 사랑으로만 가능하다."[1] 이기심은 이기심을 몰아낼 수 없고 사랑으로만 가능하다. 하나님은 힘과 권력과 위협을 구사해서는 죄인의 마음에서 두려움과 이기심을 몰아내실 수 없다. 그 일은 이타적인 사랑과 부동의 신임으로만 가능하다. 우리에게 필요한 치료법을 예수가 주신다. 즉 진리로 우리를 거짓으로부터 해방시키시고 새로운 성품으로 우리 속사람을 치유하신다. 그분은 하나님의 참된 속성과 성품을 보여 주시는 산 증거이시다. 하나님은 전능하시지만 절대권력으로 부패하신 분은 아니다. 예수는 힘으로 우리를 통제하고 강압하고 자유를 빼앗느니 차라리 피조물의 손에 죽임을 당하시는 쪽을 택하셨고, 이 사실을 온 우주 앞에 똑똑히 보여 주셨다.

십자가에서 입증되었듯이 하나님의 성품인 이타적 사랑은 절대적으로 신뢰할 만하다. 그분은 결코 권력을 남용하지 않으신다. 우주의 연합과 통일을 회복하는 길은 이뿐이다. 마음을 변화시키는 길도 이뿐이다. "오직 사랑 안에서 참된 것을 하여 범사에 그에게까지 자랄지라. 그는 머리니 곧 그리스도라"(엡 4:15). 강요나 위협 없이 사랑과 자유 안에서 말하는 진리, 그것만이 마음을 변화시키는 유일한 수단이요 하나님의 우주에 연합을 회복할 수 있는 유일한 방법이다. 그런데 사람들의 도덕 발달 단계가 다르다 보니 그리스도께서 이루신 놀라운 일에 대한 이해도 각기 다르다. 히브리서 저자의 말대로 젖을 떼지 못한 미성숙한 사람은 의의 말씀을 경험하지 못했다. 그들은 그리스도께서 죽으셔야만 했던 이유를, 즉 속죄의 의미를 다르게 설명한다. 여기서 예수가 왜 죽으셔야 했는지를 7가지 발달 단계별로 살펴보자.

1단계 **상벌** 인간은 불순종해 하나님이 하지 말라 하신 일을 했다. 그래서 그분을 욕되게 했다. 심기가 상하신 그분은 불순종한 자들을 처형해 자신의 격노를 충족하고자 정의와 성난 복수로 반응하셨다. 그런데 예수께서 개입해 인간의 대속물이 되셨다. 하나님은 우리 대신 그분을 죽이셨고 이로써 자신의 명예와 정의가 수호된 데 만족하셨다. 이를 속죄의 "충족 이론"이라 한다.

2단계 **교환 가치** 이제 땅과 인류는 법적으로 사탄의 소유이므로 마귀는 이 땅과 및 아담과 하와의 자손의 목숨에 대한 법적 권리를 주장했다. 그래서 하나님은 마귀와 거래를 맺어 그리스도의 목숨과 나머지 인류의 목숨을 맞바꾸셨다. 이를 속죄의 "속전 이론"이라 한다.

3단계 **사회적 동조** 죄와 죄인을 다루시는 방식에서 하나님이 공정해 보이려면 누군가 값을 치러야만 했다. 그 값을 예수가 치르셨다. 이를 속죄의 "통치 이론"이라 한다.

4단계 법과 질서 이 관점에 따르면 예수는 율법이 요구하고 하늘의 재판장께서 부과하신 법적 벌금을 치르려고 죽으셨다. 법은 지켜져야 한다. 그런데 인간이 법을 어겼으므로 응당한 형벌이 가해져야 정의가 이루어진다. 누군가 처형되어 법적 벌금을 치러야 했다. 예수가 대속물이 되셔서 (의로우신 재판장이신 아버지께) 우리 대신 처형당해 그 벌금을 치르셨다. 이로써 법의 위상은 흠결 없이 유지되었고 죄인은 예수의 법적 지불금을 자기 것으로 주장하면 용서받을 수 있다. 이를 속죄의 "형벌 대속 이론"이라 한다.

5단계 타인을 향한 사랑 죄가 우리를 하나님과 떼어 놓고 마음을 타락시킨 결과로 우리는 더는 하나님을 신뢰하지 않았다. 그러나 하나님은 우리를 한없이 사랑하시기에 그냥 두지 않으셨다. 그리스도의 죽음을 통해 사랑으로 우리에게 다가오셔서 그분을 신뢰하는 마음을 회복시켜 주신다. 이를 속죄의 "도덕적 영향 이론"이라 한다.

6단계 순리에 따르는 삶 이 관점에 따르면 그리스도의 삶과 죽음과 부활은 죄로 망가진 하나님의 창조세계를 고치는 유일한 수단이다. 인류는 죄를 지음으로써 상태가 변해 하나님과 그분이 설계하신 삶에서 벗어났다. 이제 인류는 하나님에 대한 사탄의 거짓말, 자신의 죄성(육욕의 본성), 불치의 상태(죽음) 등에 속박되어 있다. 그리스도가 오셔서 이런 세력을 꺾으시고 죄로 망가진 창조세계를 고치신다. 그래서 "하나님이 죄를 알지도 못하신 이를 우리를 대신하여 죄로 삼으신 것은 우리로 하여금 그 안에서 하나님의 의가 되게 하려 하심"이다(고후 5:21). 이를 속죄의 "회복 이론" 또는 "승리자 그리스도 이론"이라 한다.

7단계 하나님 마음에 합한 사람 이 단계에서는 구원 계획에 인류의 구속만 아니라 더 깊고 넓은 목적이 있다고 본다.

5단계의 관점도 여기에 포함된다. 즉 인류는 하나님에 대한 거짓말에 속박되어 있어 그분을 신뢰하기가 어려워졌다. 하나님은 우리를 한없이 사랑하시기에 그냥 두지 않으시고 예수를 보내셨다. 예수는 사명의 일부로 진리를 계시하셨고(요 8:32), 그리하여 사탄의 거짓말을 멸하시고(히 2:14) 우리의 신뢰를 도로 얻으신다(즉 도덕적 영향을 미치신다).

7단계에는 6단계 관점의 요소도 모두 포함된다. 인류는 사탄의 거짓말에만 아니라 자기 육욕의(이기적) 본성에도 속박되어 있다. 하나님은 그리스도를 통해 사탄의 거짓말과 마귀의 세력을 멸하시고(히 2:14, 요일 3:8) 육욕의 본성과 사망을 멸하셨을 뿐 아니라 인류 안에 그분의 성품인 사랑의 법을 온전히 회복하셨다. 그리하여 인류를 완성하시고 생명과 썩지 아니할 것을 드러내셨다(딤후 1:9~10, 히 5:8~9). 초대교회 교부들의 말마따나 예수는 아담 때문에 산산이 조각난 인류를 주워 담아 도로 완성품을 만드셨다.

그러나 7단계에서 보는 하나님의 목적은 인류의 구원보다 크다. 그분은 타락하지 않은 존재들로부터도 자신을 향한 확신과 신뢰와 충절을 힘써 확보하신다. 즉 그들이 돌아서지 않도록 보호하시고 영원히 안전하게 지키신다. **하늘과 땅의 만물이 십자가에서 그리스도와 화목하게 된다** (골 1:20). 7단계의 속죄는 진정한 성경적 의미의 연합이다. 즉 우주가 하나님과 그분이 설계하신 사랑에서 조금도 벗어나지 않고 온전히 그분과 하나가 된 상태다. 예수가 십자가를 지시기 전에 친히 기도하신 대로다. "내가 비옵는 것은 … 그들의 말로 말미암아 나를 믿는 사람들도 위함이니 **아버지여, 아버지께서 내 안에, 내가 아버지 안에 있는 것 같이 그들도 다 하나가 되[게] … 하옵소서**"(요 17:20~21).

이 연합은 하나님의 신비다. 이 비밀 계획대로 하나님은 그분을 신뢰하는 모든 사람을 치유하심과 동시에 그분의 설계에서 벗어난 모든 것(죄와 회개하지 않는 죄인)을 제하신다. 그리하여 모든 구원받은 무리와 타락하지 않은 존재를 사랑과 신뢰의 흔들림 없는 연합으로 결속하신다. 이는 예수 그리스도께서 이루신 일을 통해서만 가능하다.

> 그 뜻의 **비밀을** 우리에게 알리신 것이요 그의 기뻐하심을 따라 그리스도 안에서 때가 찬 경륜을 위하여 예정하신 것이니 **하늘에 있는 것이나 땅에 있는 것이 다 그리스도 안에서 통일되게 하려 하심이라** (엡 1:9~10).

바로 이게 하나님이 계획하신 치유와 속죄다. 1~4단계 이론에서 입증되듯이 실정법은 분열을 낳는다. 그러나 자연법으로 돌아가면 참된 연합과 진정한 하나됨이 이루어진다. 7단계의 렌즈로 보면 다양한 7가지 속죄 이론의 은유도 똑같이 아름다운 치유의 메시지를 발한다.

1단계. 충족을 창조세계가 삶의 원리에서 벗어나 죄와 허물로 죽어 있다는 맥락에서 본다. 상태가 그렇다 보니 하나님도 죽어 가는 자녀를 둔 부모처럼 창조세계가 치유되고 회복되어야만 만족하신다. 이런 관점에서 보면 하나님이 기꺼이 그리스도를 상하게 하신 이유를 알 수 있다. 자녀를 구원할 치료책이 그분의 죽음을 통해서만 얻어질 수 있기 때문이다(사 53:10). 자녀의 온전한 치유가 아니고는 그 무엇도 그분을 충족시킬 수 없다. "그가 자기 영혼의 수고한 것을 보고 만족하게 여길 것이라"(사 53:11).

2단계. 속전이란 속박된 사람을 해방시킬 때 필요한 돈이다. 7단계의 관점대로 죄인은 하나님에 대한 거짓말과 자기 육욕의 본성에 속박되어 있다. 그리스도는 온전한 삶과 이타적 죽음과 부활을 통해 하나님에 대한 진리를 계시해 사탄의 거짓말을 멸하셨고(히 2:14), 우리를 해방시켜 하나님을 신뢰하게 하셨다. 우리가 신뢰해 마음을 열면 성령께서 그리스도의 온전한 성품을 우리 안에 재생산하신다(요 16:14~15, 고전 2:16, 히 5:9). 우리는 새로운 존재가 되어(고후 5:17) 육욕의 본성의 속박에서 해방된다. 신의 성품에 참여한다(벧후 1:4)!

3단계. 통치 이론을 제대로 이해한다면 이는 하나님이 공정하게 통치하시되 **자연법**대로 하신다는 뜻이다. 그분의 설계에서 벗어난 상태를 고치시고자 하나님은 친히 책임지고 치유와 회복의 방책을 내놓으셨다. 하나님은 그분의 방법인 진리와 사랑과 자유를 통해서만 지성적 피조물의 충절과 사랑과 헌신과 신뢰를 얻어 내신다. 우주가 영원토록 안전함은 천사들이 길모퉁이마다 화염검을 들고 서서 주민을 단속하기 때문이 아니라 예수의 성품을 닮은 이들만 그곳에 거주하기 때문이다. 그들은 추호도 의심 없이 하나님의 통치 방법을 확신한다.

4단계.   법과 질서의 관점에서 보면 하나님은 창조주시고 설계 원리는 그분의 법이다. 그러나 자비의 하나님이 성문화된 법을 더하신 목적은 바로 죄인인 인간을 보호하고 진단해 그분께로 돌아와 치유되게 하시기 위해서다. 하나님의 법은 사랑이신 그분의 마음과 성품에서 기원했기에 영구불변하다. 사랑이신 하나님은 모든 실재를 자신의 성품인 사랑과 조화되게 작용하도록 지으셨다. 인간의 **실정법** 개념은 사라지고 만물을 붙들고 계신 창조주 하나님의 진면목이 드러난다.

5단계.   도덕적 영향도 엄연한 실재이며 치유 계획의 일환이다. 인간은 죄의 어둠과 절망 속에서 생존에 쫓기며 두렵게 살아간다. 그 혼미한 사고를 뚫고 들어가 영향을 미쳐서 도로 하나님께로 부르고 이끌려면 사랑과 진리가 필요하다. 그러나 도덕적 영향만으로는 죄로 인한 손상을 고치기에 부족하다. 죄인 안에 하나님이 설계하신 마음을 회복하려면 참된 치료책도 함께 필요하다!

6단계.   승리자 그리스도와 회복은 그리스도가 자신의 방법에 대항하는 모든 요소를 물리치신다는 뜻이다. 진리는 거짓을 이기고 사랑은 이기심을 이긴다. 예수는 인간으로서 의지를 구사해 두려움과 이기심을 극복하셨고, 하나님이 설계하신 삶—하나님의 사랑의 법—에 조화되는 온전한 성품을 기르셨다. 그분은 죄에 상하고 깨진 인성을 취해 이를 완성하셨다. 그분을 통해 인류는 사랑의 하나님 나라 안에서 본래의 제자리로 회복된다.

7단계. 하늘과 땅의 만물이 머리 되신 예수 그리스도 아래 연합한다. 이것이야말로 속죄를 통한 진정한 연합이다. 제대로만 이해하면 모든 은유가 동일한 실재를 가르쳐 준다!

하나님의 심판

어느 날 모든 지성적 존재가 하나님 앞에 서고 그들의 실상이 드러날 것이다. 이게 하나님의 심판이다. 즉 각 사람에 대한 그분의 정확한 진단이다. 우리의 영원한 운명을 결정짓는 건 바로 각자의 상태 자체다. 우리는 스스로 선해질 수 없다. 우리 안에 역사하시는 하나님의 능력으로만 선해질 수 있다. 하나님의 치유력을 우리 마음과 사고 속에 경험할지는 각자가 그분을 신뢰하고 마음을 열지에 달려 있다.

요한은 계시를 통해 역사의 종말을 내다보며, 그리스도의 재림 이전에 벌어질 여러 사건을 기술했다. 다음은 지구 역사의 이 시기를 살아가는 이들을 향해 그의 붓에서 흘러나온 놀라운 메시지다.

또 보니 다른 천사가 공중에 날아가는데 땅에 거주하는 자들 곧 모든 민족과 종족과 방언과 백성에게 전할 영원한 복음을 가졌더라. 그가 큰 음성으로 이르되 "하나님을 두려워하며 그에게 영광을 돌리라. 이는 그의 심판의 시간이 이르렀음이니 하늘과 땅과 바다와 물들의 근원을 만드신 이를 경배하라" 하더라(계 14:6~7).

종말에 영원한 복음의 메시지가 온 세상으로 퍼져 나갈 것이다. 이 **영원한** 기쁜 소식은 세상에 죄가 들어오기도 전인 영원한 과거에서부터 이미 진리였다. 죄인을 위한 구주의 죽음이 필요하기도 전부터 존재했던 그 기쁜 소식이란 무엇인가? 바로 하나님의 놀라운 성품인 사랑에 대한 진리다! 하나님은 규칙을 만들어 내서 형벌을 가하는 자의적 독재자가 아니다. 그분은 우리가 무서워해야 할 적이 아니라 우리의 치유와 구원을 위해 꼭 필요한 죽음조차 불사하신 영원한 친구시다.

이 책 전체에서 보았듯이 사람들은 성경과 주변 세상을 두 가지 법의 렌즈로 볼 수 있다. **실정법의 렌즈**는 강제로 시행하는 규칙이고, 자연법의 렌즈는 실재의 피륙 속에 짜인 사랑의 원리다. 삶을 계속 실정법의 렌즈로 해석하는 사람은 요한계시록 14장 7절을 이렇게 읽는다.

떨며 하나님을 두려워하고 행여 찬송을 빠뜨리지 말라. 막강하신 그분이 자신의 규칙을 어긴 자들을 심판하실 때가 되었다. 예배 방식과 형태도 바르고 의식도 바르게 지켜서 그분을 창조주로 인정하는 게 좋다. 그래야 그분이 출제하시는 충절의 시험에 합격할 수 있다.

그러나 도덕 발달이 4단계 너머로 성장한 사람은 사도 바울처럼 이렇게 고백한다. "사람은 다 거짓되되 오직 하나님은 참되시다 할지어다. 기록된바 '주께서 주의 말씀에 의롭다 함을 얻으시고 **판단 받으실 때에 이기려 하심이라**' 함과 같으니라"(롬 3:4). 성숙한 사람은 하나님에 대한 거짓말을 알며, 장차 그분에 대한 진리가 불가항력적으로 명확히 제시되어 누구나 그분에 대해 바르게 판단할 때가 꼭 오리라는 것도 안다. 그들은 요한계시록 14장 7절을 다르게 읽는다.

> 하나님의 놀라운 성품과 방법인 사랑에 압도되어 그분을 경외하라. 그분의 방법을 당신의 삶에 실천해 그 사랑의 성품을 드러내라(그분께 영광을 돌리라). 누구나 그분에 대해 바르게 판단해야 할 때가 지구 역사에 이르렀다. 여태 그분은 거짓말로 잘못 대변되어 왔다. 하나님을 독재자로 보는 관점 때문에 수십억 인간의 사고가 어두워졌고, 그런 관점은 그릇된 **실정법** 개념에서 비롯되었다. "하늘과 땅과 바다[를] … 만드신 이"를 경배하라. 창조주요 설계자이신 그분을 예배하고 독재자 하나님관을 배격하라. 하나님이 설계하신 사랑의 법을 받아들이고 **실정법** 개념을 배격하라.

이제 하나님을 참으로 예배하는 이들이 일어나 유일하신 참 하나님, 성품이 예수와 같으신 그분을 드러내야 한다. 그분이 창조하신 우주, 즉 공간과 시간과 물질과 에너지와 생명과 모든 실재는 친히 설계하신 사랑의 법에 따라 운행된다. 우리가 그분을 드러내어야 나머지 세상이 그분을 믿을 만한 분으로 판단하고, 평생 들었던 거짓말을 배격하고, 그분께로 돌이켜 영원한 치유와 회복을 얻을 수 있다.

"너희가 서로 사랑하면 이로써 모든 사람이 너희가 내 제자인 줄 알리라"(요 13:35).

하나님의 대언자가 되라

그렇다면 하나님은 무엇을 기다리고 계시는가? 왜 아직 재림하지 않으시는가? 치료될 수 있는 수십억의 자녀가 아직 그분의 참된 치료책을 듣지 못했기 때문이다. 그들은 법적인 종교의 덫에 갇혀 있다. 이 종교는 경건의 모양만 있을 뿐 사랑으로 변화시키는 능력은 없다! 사랑의 나라의 복음은 아직 온 세상으로 퍼져 나가지 못했다. 대신 실정법을 바탕으로 독재자 신을 내세우는 거짓 복음이 세상에 퍼졌다. 그 신은 형벌을 가하는 주체이므로 우리 자신을 그로부터 보호해야만 한다.

하나님은 지구 역사의 마지막 사건을 보류하신 채 어떤 놀라운 일이 벌어지기를 기다리고 계신다. 역사의 종말이 이르러 이 땅의 질서가 풀어질 무렵 그분은 하늘에서 천사를 보내, 재앙의 바람을 붙잡고 있는 네 천사에게 긴급한 메시지를 전하실 것이다. 어떤 구체적인 일이 벌어질 때까지 즉 "하나님의 종들의 이마에 인치기까지" 바람을 놓지 말고 보류하라는 지시다 (계 7:1~3).

성경의 어법에서 하나님의 "종들"은 곧 그분의 선지자다. "주 여호와께서는 자기의 비밀을 **그 종 선지자들에게** 보이지 아니하시고는 결코 행하심이 없으시리라"(암 3:7). 선지자의 주요 역할은 미래의 사건을 예측하는 예언이 아니라 하나님의 대언자가 되어 백성이 꼭 들어야 할 진리를 말하는 일이었다. 즉 그 시대를 향한 하나님의 메시지를 백성에게 전하는 일이었다.

마찬가지로 종말에 하나님은 그분의 대언자들—그분에 대한 진리를 말할 사람들—이 이마에 인을 받을 때까지, 이 땅에 전개될 최종 사건을 보류하신다. 이 인은 물리적 표시가 아니라 영적 도장이다. 우리 성품이 그리스도를 닮아 그분과 연합되었다는 뜻이다. 이마 바로 안쪽의 뇌 부위인 전전두피질과 전두대상피질은 우리가 논리적으로 사고하고, 진리를 깨우치고, 예배하고, 타인 중심의 사랑을 경험하고, 누구를 섬길지를 선택하는 부위다. 요한계시록의 이 은유에 아름답게 예시되어 있듯이 우리 사고와 마음속에 하나님의 도장이 찍혀야 한다.

앞서 말했듯이 우리는 지금 마음 쟁탈전 중이며, 그 구심점은 하나님을 아는 지식이다(고후 10:3~5). 그런 맥락에서 보면 도장의 은유가 충분히 이해가 된다. 도장의 역할은 무엇인가? 뭔가를 그 상태로 완성해 종결짓는다는 "확정"의 의미다. 서찰은 한번 봉인하면 끝이다. 문건에 도장을 찍으면 완성본이 된다. 마찬가지로 인침을 받은 대언자들은 하나님에 대한 진리 안에 확고부동해져 그 무엇도 그들을 흔들 수 없다. 그들의 충절과 헌신은 견고하며, 실재를 보는 눈이나 그분의 방법을 실천함에서도 마찬가지다. 자아에 대해 죽었고 내면에 하나님의 온전한 성품인 사랑이 회복되었다. 이들이야말로 "죽기까지 자기들의 생명을 아끼지 아니"하는 부류다(계 12:11). 두려움과 이기심은 하나님의 성품인 희생적 사랑으로 대체되었다. 그러므로 이 놀라운 무리의 이마에 어린 양과 아버지의 이름(성품)이 기록되어 있음은 당연하다(계 14:1)! 요컨대 하나님의 도장을 받고 하나님이 설계하신 마음(성품)을 품은 사람들이다!

하나님은 지구별의 마지막 사건을 보류하신 채 자신의 친구들이 진정한 대언자로 준비되기를 기다리고 계신다. 우리가 세상을 향해 그분에 대한 진리를 말하고 그 사랑의 나라의 참된 기쁜 소식을 전하면, 그제야 그분의 허락 하에 사방의 바람이 불어올 것이다. 사방의 바람이 풀려나면 여러 끔찍한 재앙이 전대미문의 강도와 속도로 온 땅에 벌어진다. 왜 그런가? 사고가 4단계 이하인 사람은 하나님이 악과 죄 때문에 세상을 벌하신다고 주장할 것이다. 그러나 성숙한 사람은 전혀 다른 일이 벌어지는 것임을 안다.

성숙한 사람은 알거니와 수십억의 사람이 삶의 일과에 푹 파묻혀 있어―그저 애써 연명하고, 돈 내고, 끼니를 찾고, 일하고, 바보처럼 오락에 빠져 지내느라―하나님에 대한 진리와 자신의 불치병을 모른다. 자연계가 해체되면 그제야 그들은 영적 잠에서 깨어나 무슨 사태인지 묻는다. 그때 진리 안에 견고히 선 하나님의 대언자들이 이미 현장에 퍼져 있다가 그들에게 하나님에 대한 진리를 제시한다. 그리하여 "각 나라와 족속과 백성과 방언에서 아무도 능히 셀 수 없는 큰 무리"(계 7:9)가 반응하여 구원받는다.

주님이 오래 지체되시는 한 원인은 하나님의 백성인 온 세상의 교회가 여태 장성하지 않아 그분이 고대하시는 성숙한 신부가 되지 못했기 때문이 아닐까? 만일 그렇다면 그 성장과 인치심을 막는 요인은 무엇인가? 왜 교회는 무엇에도 흔들리지 않을 만큼 하나님의 진리 안에 견고히 서지 못하는가? 하나님 자신에 대한 여러 왜곡된 개념이 그분에 대한 우리의 신뢰를 무너뜨리기 때문이 아닐까? 그 중에서도 주된 개념은 하나님의 법이 실정법이라는 거짓말이 아닐까?

요한계시록 14장 6~7절에 따르면 지금도 하나님은 그분에 대한 진리를 말할 대언자들을 준비하려고 일하고 계신다. 이 일이 이루어져야 그들에게 늦은 비가 내리고 땅은 하나님을 아는 지식으로 깨어나 비로소 그리스도께서 재림하신다!

우리는 영원의 문턱에 서 있다. 죄와의 장기전이 끝날 날을 온 하늘이 학수고대하고 있다. 그러나 이 땅의 네 모퉁이에 선 천사들에게 주시는 하나님의 메시지는 아직도 붙잡고 있으라는 것이다. 그분이 당신과 내게 주시는 메시지는 이렇다.

"이제 선택하고 판단하라. 그동안 사탄이 나에 대한 거짓을 퍼뜨렸다. 나로부터 보호받아야 한다며 나를 너희가 무서워할 대상으로 제시했다. 이제 우주 역사에 너희가 결단할 때가 왔다. 원수의 거짓말과 내 아들의 증언 중 어느 쪽을 믿겠느냐? 내 아들과 내가 하나이며, 무엇이든 너희가 예수에게서 본 대로 나 또한 그러함을 믿겠느냐(요 10:38, 14:9)? 내가 너희를 직접 사랑하므로 너희를 위해 자신이 대신 기도할 필요가 없다던 내 아들의 말을 믿겠느냐(요 16:26)? 사실 나는 너희를 한없이 사랑해 내 아들을 보냈다(요 3:16)! 너희를 회복시켜 도로 나와 연합하게 하려고 내 아들 안에서 역사한 나를 믿겠느냐(고후 5:19)? 내가 늘 너희를 위했고 지금도 그러함을 믿겠느냐(롬 8:31)? 내가 너희 마음 문을 두드리는 소리가 들리지 않느냐? 마음 문을 열고 나를 신뢰하지 않겠느냐? 나를 안으로 들이지 않겠느냐? 부디 그러기를 바란다. 내가 너희를 치유하리라. 너희 마음속에 내 사랑을 부으리라(롬 5:5). 죄책감을 제하고, 수치심을 뿌리 뽑고, 사고를 깨끗하게 하고, 갈망을 정화하며, 내가 설계한 삶(사랑의 법)을 너희 속사람 안에 기록하리라 (히 8:10)! '새 마음을 너희에게 주'겠다고 한 내 약속을 부디 잊지 말라 (겔 36:26). 나는 너희를 사랑한다! 내가 너희를 다시 빚어 변화시키고 재창조하고 중생하게 해도 되겠느냐? 너희 안에 창조주인 내가 설계한 마음을 회복시켜도 되겠느냐?"

Key-Point

- 무력과 위협과 통제와 강압으로는 사랑과 신뢰를 얻을 수 없다. 사랑과 신뢰는 자유로운 분위기 속에서 사랑과 진리를 제시할 때에만 얻을 수 있다.
- 우리의 영원한 운명을 결정짓는 요소는 하나님의 심판이 아니라 그분에 대한 우리의 판단이다. 그분을 믿을 만한 존재로 판단해 마음을 열거나 그렇지 않거나 둘 중 하나다. 이 선택의 결과로 타인 중심의 사랑이라는 하나님의 원리대로 살기에 합당해지거나 그렇지 않거나 둘 중 하나다.
- 성품은 각자의 선택을 통해 형성되고 개발되어야 한다. 하지만 아담이 죄를 지은 뒤로 그런 위업을 이룰 수 있는 인간은 아무도 없었다. 그래서 예수가 오셔서 우리가 못하는 일을 해 주셨다. 인간 예수는 자진해서 온전히 사랑하셨고, 자진해서 인류 안에 하나님의 설계를 회복하셨다.

· 하나님은 힘과 권력과 위협을 구사해서는 죄인의 마음에서 두
려움과 이기심을 몰아내실 수 없다. 그 일은 이타적인 사랑과 부
동의 신임으로만 가능하다. 바로 그 일을 예수가 하신다. 그분은
우리에게 치료법을 주신다. 즉 진리로 우리를 거짓으로부터 해방
시키시고 새로운 성품으로 우리 속사람을 치유하신다.

· 강요나 위협 없이 사랑과 자유 안에서 말하는 진리, 그것만이 마
음을 변화시키는 유일한 수단이요 하나님의 우주에 연합을 회복
할 수 있는 유일한 방법이다.

· 7단계의 속죄는 진정한 성경적 의미의 연합이다. 즉 우주가 하
나님과 그분이 설계하신 사랑에서 조금도 벗어나지 않고 온전히
그분과 하나가 된 상태다.

· 이제 하나님을 참으로 예배하는 이들이 일어나 유일하신 참 하
나님, 성품이 예수와 같으신 그분을 드러내야 한다. 그분이 창조
하신 우주, 즉 공간과 시간과 물질과 에너지와 생명과 모든 실재
는 친히 설계하신 사랑의 법에 따라 운행된다. 우리가 그분을 드
러내야 나머지 세상이 그분을 믿을 만한 분으로 판단하고, 평생
들었던 거짓말을 배격하고, 그분께로 돌이켜 영원한 치유와 회
복을 얻을 수 있다.

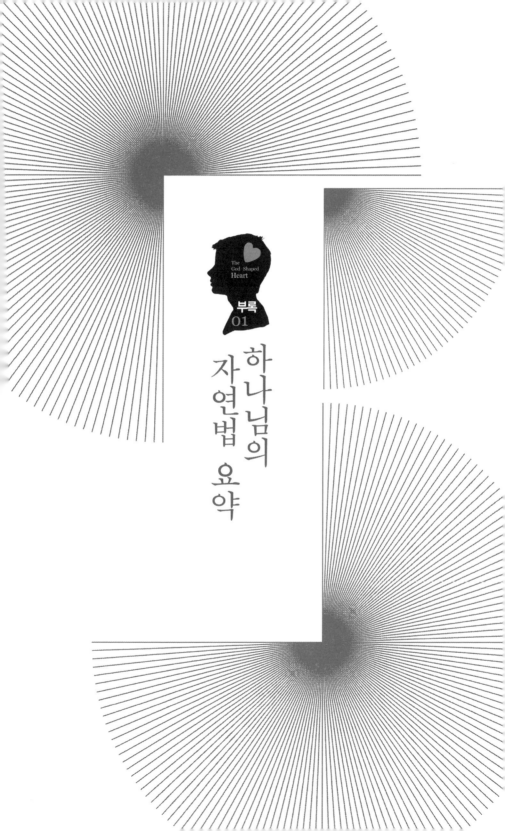

The
God-Shaped
Heart

부록
01

하나님의
자연법 요약

♥　　이 책 전체에 걸쳐 우리는 하나님의 법(자연법)과 **실정법**을 명확히 구분했다. 실재는 하나님의 법 위에 지어졌다. 실정법은 인간이 제정하여 시행하는 법으로 형벌이 수반된다.

　하나님의 **자연법**을 일부 간략히 요약하면 아래와 같다. 이게 전부는 아니지만 쉽게 참고할 만한 간단한 지침이다.

사랑의 법

베풂의 원리다. 온 우주를 아우르는 생명의 법이기도 하다. 모든 생명체와 생명계는 이 법대로 작용한다. 무엇이든 살아 있으면 베푼다. 이 법을 어기면 건강을 해치고, 끝내 해결하지 않으면 죽음을 부른다. 예를 들면 다음과 같다.

- 호흡(우리는 이탄화탄소를 주고 식물은 산소를 준다).
- 물의 순환(바다는 구름에 주고, 구름은 호수와 강과 시내에 주고, 이 모두는 다시 바다에 돌려준다).
- 수분(식물은 꽃가루를 주고 곤충은 수분시켜 준다).

베풀기를 멈추는 순간 죽음이 임한다. 이게 죄와 사망의 법칙이다.

자유의 법칙

해방의 원리다. 사랑은 자유로운 분위기에서만 존재한다. 관계에서 자유를 어기면 항상 세 가지 당연한 결과가 발생한다.

❶ 사랑이 손상되어 결국 파괴된다.

❷ (자유를 되찾으려는) 반항이 싹튼다.

❸ 이런 관계 속에 일부러 남아 있으면 개성이 서서히 말살되고 자율성을 잃는다.

예를 들어 젊은 남자가 여자에게 청혼한다고 하자. 여자가 망설이자 그는 목에 칼을 들이대며, 승낙하지 않으면 죽이겠다고 위협한다. 그러면 어떻게 될까? 그를 향한 그녀의 사랑은 그나마 있던 것마저 손상된다. 반항해 벗어나려는 욕구가 싹튼다. 이 관계 속에 일부러 남아 있으면 시간이 가면서 그녀는 독립적인 사고력과 논리력을 잃고 남자가 바라는 대로만 생각하게 된다.

예배의 법칙

우리는 바라보는 대로 변화된다. 모델링이라고도 한다. 무엇이든 자신이 시간을 들여 흠모하고 중시하고 생각하고 숭배하고 존중하는 대상처럼 된다는 원리다. 예를 들면 다음과 같다.

• 연예 오락물은 정서 회로를 활성화하고, 논리 회로의 활동을 위축시키며, 주의력 결핍과 폭력 성향을 부추긴다. 오락물의 등급이 미성년자 관람불가이든 전체 관람가이든 관계없다.

- 사랑의 하나님을 묵상하면 뇌의 사랑 회로가 활성화되고 두려움 회로가 진정된다. 불과 30일 만에 뇌의 긍정적 변화가 관찰된다.
- 우리는 사고(소프트웨어)가 선택하는 대로 집중하고 믿고 중시하고 행동한다. 그런 선택에 따라 어떤 신경회로가 활성화될지 결정되고, 그 결과 실제로 뇌 구조와 유전자의 발현이 달라진다.

노력의 법칙

연습해야 힘이 생겨난다. 강해지고 싶으면 그 부분을 구사해야 한다. 쓰지 않으면 없어진다. 예를 들면 다음과 같다.

- 체력—근육이 탄탄해지려면 운동해야 한다.
- 기술—골프 실력을 키우려면 연습해야 한다.
- 지성—수학 실력을 높이려면 문제를 풀어야 한다.

파종과 수확의 법칙

심은 대로 거둔다. 예를 들면 다음과 같다.

- 농사 — 밀을 심으면 밀을 거둔다.
- 성품 — 습관적인 거짓말과 기만과 속임수를 심으면 신뢰받지 못할 성품을 거둔다.
- 건강 — 몸에 나쁜 음식을 먹고 실내에 틀어박혀 지내며 운동하지 않으면 건강 악화를 거둔다. 건강식을 먹고 밖으로 나가 꾸준히 운동하면 건강 호전을 거둔다.

물리 법칙

물리적 우주는 일정한 법칙대로 작용한다. 예를 들면 다음과 같다.

- 운동 법칙.
- 열역학 법칙.
- 마찰 법칙.
- 중력 법칙.

건강 법칙

생물계도 불변의 요건대로 작용하도록 설계되었다. 예를 들면 다음과 같다.

- 수분 공급.
- 영양분.
- 호흡(맑은 공기).
- 독소를 피할 것.
- 햇빛.
- 휴식.

유전 법칙

나를 통해 태어나는 존재는 나의 형상과 특성과 강점과 약점을 물려받는다. 유전 정보, 유전자의 특정한 배열 순서, 그 배열 순서의 발현 방식을 지시하는 후성유전자 등이 세대 간에 전수된다. 예를 들면 다음과 같다.

- 머리 색깔, 눈 색깔, 혈액형, 키 등의 신체적 속성.

- 유방암, 알츠하이머병 등 다양한 질환의 발병률.
- 각종 중독에 빠질 성향.
- 수명, 미각, 후각, 뇌 발달 등에 영향을 미치는 후성유전적 변수.

수학 법칙

수학도 불변의 원리대로 작용한다. 예를 들면 다음과 같다.

- 덧셈 교환 법칙: 어떤 순서로 더하든 관계없이 같은 숫자들을 합한 총계는 언제나 똑같다.
- 곱셈 교환 법칙: 숫자들을 어떤 순서로 곱하든 관계없이 답은 언제나 똑같다.

The
God-Shaped
Heart

부록
02

보충 자료 《치료책》

♥   이 책에 보았듯이 **실정법** 개념은 기독교를 병들게 하고, 많은 선량한 그리스도인의 하나님관을 바꾸어 놓았다.

많은 사람이 성경을 읽을 때 고전하는 이유는 **실정법** 개념을 뒷받침하는 듯한 표현이 많이 나오기 때문이다. 이는 다음 사실에서 비롯된 결과다. 성경이 현대어로 번역될 즈음에는 **실정법** 개념이 정통 속에 이미 깊숙이 배어 있어, 대다수 번역가가 그런 정통을 사실로 받아들였다. 모든 성경 역본은 콘스탄티누스가 회심한 후에 제작되었으므로 **실정법** 개념이 정통으로 간주되었다. 선의의 정직한 성경 번역자들이 많은 법률 용어를 번역 속에 도입하는 바람에, 하나님에 대해 두려움을 자아내는 개념들이 거기에 딸려 왔다는 뜻이다. 원저자들이 대개 의도하지 않았던 법적 절차가 **정의, 의롭다 함**(칭의)**, 죗값, 속죄** 같은 용어에 하나같이 암시되어 있다.

나는 성경의 영감을 이렇게 이해한다. 하나님은 인간 대행자들에게 감화해 지혜와 통찰을 주셨고, 그들은 어휘를 선택해 성경을 기록했다. 성경에 하나님은 저자로 나와 있지 않다. 따라서 영감의 산물은 성경의 구체적 어휘가 아니라 성경 속에 담긴 개념과 사상과 진리다. 그래서 모든 성경 역본은 다 정당하다. 원어인 히브리어와 헬라어와 아람어의 어휘에 특수한 가치나 영감이 없어 새 언어의 어휘로 대체될 수 있기 때문이다. 동일한 진리와 사상과 개념이 새 어휘로 최대한 분명하고 정확하게 전달되는 한 말이다. 그런데 원어에 없던 (4단계의) 법적 사고가 안타깝게도 많은 현대 역본에 도입되어 있다.

그래서 나는 12년에 걸쳐 **자연법**–하나님의 사랑의 법–의 렌즈로 신약성경을 체계적으로 풀어 썼다. 신약을 확장해서 풀어 쓴 《치료책》(*The Remedy*, 4장의 주1 참조, 아직 번역 출간되지는 않음 -역주)은 수많은 역본에 나오는 **실정법**의 편견에 대한 대안이다. 내가 보는 하나님은 실재를 지으신 창조주요 설계자시다. 우주를 지으실 때 그분은 자신의 속성인 사랑과 조화롭게 작용하도록 지으셨다. 그래서 하나님의 법은 **실정법** 규칙이 아니라 하나님의 설계 요건이다. 그분이 지으신 생명은 그 요건대로 존재한다. 《치료책》은 그리스도인의 사고의 방향을 조정하는 데 일부러 초점을 맞추었다. 그 방향이란 곧 하나님의 성품인 사랑이고, 또 초대교회의 가르침대로 인류를 치유하고 회복시켜 도로 자신과 연합하게 하시는 그분의 사명이다.

신학 학위도 없는 일개 의사가 신약성경을 풀어 썼으니 어떤 사람은 나의 자격에 의문이 들 수 있다. 그들에게 신약성경의 27%는 신학교를 나오지 않은 의사 누가가 썼음을 상기시키고 싶다. 신약성경의 23%를 쓴 신학자 바울도 광야에서 3년간 성령께 재교육을 받은 후에야 썼다(갈 1:15~18). 역시 신학교에 다닌바 없는 어부 요한도 20%를 썼다.[1] 하나님은 인간의 학문으로 인정받은 사람들이 아니라 마음을 열고 성령의 인도하심에 따르는 사람들을 늘 쓰셨다. 나도 하나님의 치유의 진리를 최대한 효과적으로 전하고자 겸손하고 정직한 마음으로 성령의 인도하심을 구했을 뿐(행 4:13), 그 이상의 특별 계시나 통찰을 받은 건 아니다.

당신이 하나님을 신뢰하는 관계를 가꾸는 데 이《치료책》이 도움이 되기를 바란다. 그리하여 마침내 당신도 하나님의 영원한 치료책인 예수 그리스도께 참여하는 사람이 되기를 바란다!

|주|

01 기독교의 마음병: 뭔가 잘못되었다

1. R. D. Drumm 외, "Intimate Partner Violence in a Conservative Christian Denomination: Prevalence and Types," *Social Work & Christianity* 33, no.3 (2006): 233~251. P. Tjaden & N. Thonnes, *Full Report of the Prevalence, Incidence, and Consequences of Violence against Women Research Report: Findings from the National Violence against Women Survey* (Washington, DC: U.S. Department of Justice/Centers for Disease Control and Prevention, 2000년 11월). A. L. Coker 외, "Frequency and Correlates of Intimate Partner Violence by Type: Physical, Sexual, and Psychological Battering," *American Journal of Public Health* 90, no.4 (2000): 553~559. J. Schaefer, R. Caetano, & C. L. Clark, "Rates of Intimate Partner Violence in the United States," *American Journal of Public Health* 88, no.11 (1998): 1702~1704.

2. Nate Cohn, "Big Drop in Share of Americans Calling Themselves Christian," *New York Times*, 2015년 5월 12일, http://www.nytimes.com/2015/05/12/upshot/big-drop-in-share-of-americans-calling-themselves-christian.html?_r=0. Baylor University Religion Survey, 2006년 9월, http://www.baylor.edu/mediacommunications/news.php?action=story&story=41678. Frank Newport, "In U.S., 77% Identify as Christian," 2012년 12월 24일, http://www.gallup.com/poll/159548/identify-christian.aspx.

3. Centers for Disease Control and Prevention, "Youth Risk Behavior

Surveillance—United States, 2007," *Surveillance Summaries* 58, no.SS-4 (2008 년 6월 6일).

4. *Drug and Alcohol Dependence* 74, no.3 (2004년 6월 11일): 223~234.

5. "Christian Views on Alcohol," Barna, 2013년 12월 22일, https://www.barna. com/research/christian-views-on-alcohol/.

6. S. Dein, "Religion and Mental Health: A Critical Appraisal of the Literature," *World Cultural Psychiatry Research Review* (2014년 6월): 42~46, https://www. wcprr.org/wp-content/uploads/2014/06/2014.02.42-46.pdf. J. Park(박종 익) 외, "The Relationship between Religion and Mental Disorders in a Korean Population," *Psychiatry Investigation* 9, no.1 (2012): 29~35, https://www.ncbi. nlm.nih.gov/pmc/articles/PMC3285738/.

7. "New Research Explores the Changing Shape of Temptation," Barna, 2013 년 1월 25일, https://www.barna.com/research/new-research-explores-the- changing-shape-of-temptation/.

8. Proven Men, 바나 그룹에 의뢰해 실시한 포르노 중독 조사, 2014년, www. provenmen.org/2014pornsurvey/pronography-use-and-addiction.

9. Boz Tchividjian, "Startling Statistics: Child Sexual Abuse and What the Church Can Begin Doing about It," Religion News Society, 2014년 1월 9일, http://boz. religionnews.com/2014/01/09/startling-statistics/.

10. David B. Barrett, George T. Kurian, & Todd M. Johnson, *World Christian Encyclopedia*, 재판 (New York: Oxford University Press, 2001), 1:16~18, http://www.philvaz.com/apologetics/a106.htm.

02 마음을 해치는 전염병의 실체

1. J. H. Hay, "A British Medical Association Lecture on the Significance of a Raised Blood Pressure," *British Medical Journal* 2, no.3679 (1931년 7월 11일): 43~47, doi:10.1136/bmj.2.3679.43 PMC2314188, PMID 20776269.

2. Paul D. White, Heart Disease, 재판 (New York: MacMillan, 1937), 326.

3. A. J. Crum 외, "Mind over Milkshakes: Mindsets, Not Just Nutrients, Determine Ghrelin Response," *Health Psychology* 30, no.4 (2011년 7월): 429, http://psycnet.apa.org/index.cfm?fa=buy.optionTo Buy&id=2011-13978-002.

4. C. Gaser & G. Schlaug, "Brain Structures Differ between Musicians and Non-Musicians," *Journal of Neuroscience* 23, no.27 (2003년 10월 8일): 9240~9245.

5. A. Ai 외, "Prayers, Spiritual Support, and Positive Attitudes in Coping with the September 11 National Crisis," *Journal of Personality* 73, no.3 (2005년 6월): 763~792. A. Ai 외, "Wartime Faith-Based Reactions among Traumatized Kosovar and Bosnian Refugees in the United States," *Mental Health, Religion & Culture* 8, no.4 (2005): 291~308.

6. S. van der Oord 외, "The Effectiveness of Mindfulness Training for Children with ADHD and Mindful Parenting for their Parents," *Journal of Child and Family Studies* 21, no.1 (2012년 2월): 139~147.

7. R. Teper & M. Inzlicht, "Meditation, Mindfulness and Executive Control: The Improvement of Emotional Acceptance and Brain-Based Performance Monitoring," *Social Cognitive and Affective Neuroscience* 8, no.1 (2013년 1월): 85~92, doi:10.1093/scan/nss045.

8. "Reported Prank Call Leads to Business Damage at Morro Bay Burger King," KSBY6, 2016년 1월 31일 업데이트, http://www.ksby.com/story/31102605/

reported-prank-call-leads-to-business-damage-at-morro-bay-burger-king.

9. S. L. Greenslade, *Church and State from Constantine to Theodosius* (London: SCM Press, 1954), 10, 강조 추가.

10. Thomas Lindsay, *A History of the Reformation*, International Theological Library (Edinburgh: T&T Clark, 1906), 168, 강조 추가. (《종교개혁사》 한국장로교출판사 역간)

03 마음의 기제를 알면 해결책이 보인다

1. "Time Magazine Cover of Breastfeeding Mom Sparks Intense Debate on 'Attachment Parenting,'" CBS News, 2012년 5월 11일, http://www.cbsnews.com/news/time-magazine-cover-of-breastfeeding-mom-sparks-intense-debate-on-attachment-parenting/.

2. M. Mercer, "Officer Put on Leave after Chase Arrest," *Chattanooga Times Free Press*, 2010년 6월 22일, http://www.timesfreepress.com/news/news/story/2010/jun/22/officer-put-leave/21018/.

3. Anne Colby & Lawrence Kohlberg, *The Measurement of Moral Judgment*, 제 1권 (New York: Cambridge University Press, 1987), 20~31. 비교하자면 콜버그의 도덕 발달 6단계는 다음과 같다.

1단계: 타율적 도덕

2단계: 개인주의, 수단용, 교환

3단계: 상호 기대와 동조, 대인관계

4단계: 사회제도, 양심

5단계: 사회계약이나 공리, 개인의 권리

6단계: 만인보편의 도덕규범, 일반 윤리의 원리

4. "Pakistani Family Stones Daughter to Death for Marrying Man She Loved," *Daily News*, 2014년 3월 27일, http://www.nydailynews.com/news/world/pakistani-woman-stoned-death-family-article-1.1806700.

5. "Daily Quote from Pope Paul VI," Integrated Catholic Life, 2010년 10월 17일, http://www.integratedcatholiclife.org/2010/10/daily-quote-from-pope-paul-vi-4/.

6. Stephen King, 페이스북 게시물, 2013년 12월 23일, https://www.facebook.com/OfficialStephenKing/posts/345033688969553. 런던에서 발행되는 다음 잡지와의 인터뷰에서 한 말이다. *The Independent on Sunday*, 1996년 3월 10일.

04 영적 성장 장애

1. T. Jennings, *The Remedy: A New Testament Expanded Paraphrase in Everyday English* (Chattanooga: Lennox Publishing, 2015).

2. 같은 책, 로마서 3:19~20.

05 치유의 사랑이 막히는 이유

1. "Debate about the Mass and Transubstantiation," Amazing Discoveries, 2012년 10월 24일, http://amazingdiscoveries.org/12.10.24-debate-about-the-mass-and-transubstantiation (내가 직접 필기했다).

2. "Police: Parents Beat Son to Death in Church 'Counseling Session,'" *CBS News*, 2015년 10월 14일, http://www.cbsnews.com/news/police-parents-beat-son-to-death-in-church-counseling-session/.

3. John Kekis, "Teen Brutally Beaten to Death by Parents, Sister and Church Members in Bid to Expose Sins, Police Say," *National Post*, 2015년 10월 14일,

http://news.nationalpost.com/news/world/teen-brutally-beaten-to-death-by-parents-sister-and-church-members-in-bid-to-expose-sins-police-say.

4. Baylor University Religion Survey.

5. Timothy Longman, *Christianity and Genocide in Rwanda* (Cambridge: Cambridge University Press, 2010), 6~7.

6. *Wikipedia*, "Four Chaplains" 항목, https//en.wikipeida.org/wiki/Four_Chaplains.

7. "Felix Manz: Anabaptist Radical Reformer and Martyr," Christian History for Everyman, http://www.christian-history.org/felix-manz-martyrdom.html.

06 잘못된 하나님관 바로잡기

1. Robert Sungenis, *Not By Faith Alone* (Santa Barbara, CA: Queenship, 1997), 107~108, 강조 추가. 저자 선제니스는 천주교변증학 국제출판(Catholic Apologetics International Publishing)의 설립자 겸 대표다.

2. D. Neff, "A Call to Evangelical Unity," *Christianity Today*, 1999년 6월 14일, 강조 추가.

3. Guy P. Duffield & Nathaniel M. Van Cleave, *Foundations of Pentecostal Theology* (Los Angeles: LIFE Bible College, 1983), 188, 강조 추가. 《오순절신학》성광문화사 역간)

4. Albert Mohler, "The Wrath of God Was Satisfied," 2013년 8월 12일, 강조 추가, http://www.albertmohler.com/2013/08/12/the-wrath-of-god-was-satisfied-substitutionary-atonement-and-the-conservative-resurgence-in-the-southern-baptist-convention/.

5. David King, "God Isn't Looking at Us with an Angry Face," *Chattanooga Times Free Press*, 2015년 12월 5일, E-1면, 강조 추가.

6. Ministerial Association General Conference of Seventh-Day Adventists, *Seventh-day Adventists Believe: A Biblical Exposition of 27 Fundamental Doctrines* (Hagerstown, MD: Review and Herald Publishing Association, 1988), 111, 강조 추가.

7. Woodrow W. Whidden, "Sinners in the Hands of God," *Ministry Magazine*, 2007년 2월, 강조 추가, http://www.ministrymagazine.org/archive/2007/February/sinners-in-the-hands-of-god.html.

8. A. Rodriguez, "The Revelation of Salvation," *Adventist World Review*, 2007년 12월, 26, 강조 추가.

9. Joseph Fielding Smith, *Doctrines of Salvation*, 제1권 (Salt Lake City: Bookcraft, 1954~1956), 84, 강조 추가.

10. Brigham Young, *Journal of Discourses*, 제4권 (Liverpool: S. W. Richards, 1857), 53~54, 강조 추가, http://scriptures.byu.edu/jod/jodhtml.php?vol=04&disc=10.

11. 나는 지금 만인구원론을 가르치거나 값싼 은혜를 옹호하거나 죄에 대한 벌이 없다고 주장하는 게 아니다. 영원히 타오르는 소멸하는 불이 없다는 말도 아니다. 다만 이 모든 개념이 왜곡된 **실정법** 개념을 통해 잘못 해석되어 왔고, 그 결과로 우리가 실재를, 그리고 하나님의 성품인 사랑의 실상을 오해하게 되었다고 말하는 것뿐이다. 하나님의 성품을 죄인인 인간 판사와 다를 바 없다고 보는 사람이 너무 많다.

12. Max Lucado, *When Christ Comes* (Nashville: Thomas Nelson, 1999), 117. (《소망 있는 기다림》 좋은씨앗 역간)

13. 크리스 패브리 라이브(Chris Fabry Live) 프로그램에서 엘리자베스 스미스 (Elizabeth Smith)를 인터뷰한 내용, Moody Bible Institute, 2015년 3월 5일. 내가 직접 필기했다.

14. Ben Carson, *America the Beautiful* (Grand Rapids: Zondervan, 2012), 29.

15. Derek Flood, *Healing the Gospel: A Radical Vision for Grace, Justice, and the Cross* (Eugene, OR: Wipf and Stock, 2012), 8, 강조 추가.

16. "J. B. Phillips," World of Quotes, http://www.worldofquotes.com/author/J.+B.+Phillips/1/index.html.

17. "Bart Whitaker Talks about Killing Family, Death Row Complaints," Click2Houston, 2012년 8월 2일, http://www.click2houston.com/news/bart-whitaker-talks-about-killing-family-death-row-complaints_20151124160736126.

18. 키이스 존슨은 교정과 대안교육으로 석사학위를 받고 34년 동안 연방, 주(州), 카운티, 사설 등의 감옥과 소년원에서 일했다. 그의 허락을 받고 게재한다.

19. Augustine, *On the Trinity*, 13.4.15, 강조 추가. 《삼위일체론》 크리스천다이제스트 역간)

07 왜곡된 신관념은 왜곡된 행위를 낳는다

1. Tjaden & Thonnes, *Full Report of the Prevalence, Incidence, and Consequences of Violence against Women*, Coker 외, "Frequency and Correlates of Intimate Partner Violence by Type." Schaefer, Caetano, & Clark, "Rates of Intimate Partner Violence in the United States."

2. Jurgen Moltmann, *Sun of Righteousness, Arise: God's Future for Humanity and the Earth* (Minneapolis: Fortress, 2010), 86. 《하나님의 이름은 정의이다》 21세

기교회와신학포럼 역간)

3. Philip Yancey, *The Jesus I Never Knew* (Grand Rapids: Zondervan, 1967), 267. (《내가 알지 못했던 예수》IVP 역간)

4. Moltmann, *Sun of Righteousness, Arise*, 89.

5. J. Decety 외, "The Negative Association between Religiousness and Children's Altruism across the World," *Current Biology* 25, no.22 (2015년 11월 16일): 2951~2955.

6. *Wikipedia*, "Murder of David Gunn" 항목, 2016년 12월 11일 수정, https://en.wikipedia.org/wiki/Murder_of_David_Gunn.

7. Jared Malsin, "Christians Mourn Their Relatives Beheaded by ISIS," *TIME*, 2015년 2월 23일, http://time.com/3718470/isis-copts-egypt/.

8. *New Bible Dictionary*, 제3판, "baal (deity)" 항목.

9. 같은 책.

10. 바알 숭배가 잘못인 이유를 섬뜩하고 쾌락주의적인 행위 때문이라 주장할 사람도 있을 것이다. 우리가 믿기로 그런 악습은 예배하는 신을 달래거나 진정시키거나 비위를 맞추어야 하는 데서 파생된 결과다. 중세 암흑기에는 그런 신을 예배하는 흉측한 행위가 종교재판과 화형으로 나타났다. 이런 섬뜩한 예배를 초래한 진짜 문제는 그들이 잘못된 신을 받아들인 데 있었다. 그 신은 제물로 값을 치러야만 복을 주는 신, 제물을 바치지 않으면 벌을 내리는 신이다. 요한계시록에 나와 있듯이 이런 하나님관을 고수하는 이들은 앞으로 또 신의 이름으로 사람을 고문하고 죽일 것이다.

11. W. A. Elwell & P. W. Comfort 편집, *Tyndale Bible Dictionary* (Wheaton: Tyndale, 2001), Logos Bible Software 전자책, "baal (Deity)" 항목.

12. P. J. Achtemeier 편집, Harper's Bible Dictionary (San Francisco: Harper &

Row, 1985), Logos Bible Software 전자책, "baal (Deity)" 항목.

13. 나는 예수의 죽음으로 하나님 아버지를 달래고 진정시키고 비위를 맞출 필요가 없었다고 주장한다. 하지만 그렇다고 해서 그리스도의 죽음 없이도 인류가 구원받을 수 있다거나 그리스도의 죽음이 우리의 구원에 필요 없다는 말이라고 단정하지는 말라. 절대로 그렇지 않다! 그리스도의 성육신과 삶과 죽음과 부활이 없이는 우리는 구원받을 수 없다. 그분의 죽음은 인류 구원의 절대적 필요조건이다. 다만 그 죽음으로 아버지께나 하나님의 법에 뭔가를 해 드릴 필요는 없었다는 말이다. 아버지나 그분의 법은 아무런 문제가 없기 때문이다. 그분의 죽음은 다른 이유들로 필요했으며, 그 모든 이유는 하나님의 성품인 사랑과 조화를 이룬다.

08 조직인가, 사람인가?

1. Oswald Chambers, "The Spiritually Self-Seeking Church," My Utmost for His Highest, http://utmost.org/the-spiritually-self-seeking-church/. (《주님은 나의 최고봉》 두란노 역간)

2. Erica Ritz, "Tenn. Church under Fire after Allegedly Forcing Mother of Lesbian to Choose between the Church and Her Daughter," the blaze, 2013년 8월 23일, http://www.theblaze.com/stories/2013/08/23/tenn-church-under-fire-after-allegedly-forcing-mother-of-lesbian-to-choose-between-the-church-and-her-daughter/.

3. "John Wesley's Dream," CRYOUT!, http://www.cryoutreach.com/john-wesleys-dream.html.

4. John Wesley, "The Character of a Methodist," Global Ministries, http://www.umcmission.org/Find-Resources/John-Wesley-Sermons/The-

Wesleys-and-Their-Times/The-Character-of-a-Methodist.

5. Barrett, Kurian, & Johnson, *World Christian Encyclopedia*, 1:16~18, http://www.philvaz.com/apologetics/a106htm.

09 의식, 은유, 상징

1. William Bennett, *Tried by Fire: The Story of Christianity's First Thousand Years* (Nashville: Thomas Nelson, 2016), 339.

2. Online Etymology Dictionary, "hocus-pocus" 항목, http://www.etymonline.com/index.php?term=hocus-pocus.

3. P. Pugliatti, *English Renaissance Scenes from Canon to Margins* (Oxford: Peter Lang, 2008), 340.

4. Tom J. Nettles 외, *Understanding Four Views on Baptism* (Grand Rapids: Zondervan, 2007).

5. C. S. Lewis, *The Last Battle* (New York: HarperCollins, 2005), 164~165. (《마지막 전투》시공주니어 역간)

6. Nancy Pearcey, *Finding Truth* (Colorado Springs: David C. Cook, 2015), 30. (《완전한 확신》복있는사람 역간)

7. Christopher Mcdougall, "The Hidden Cost of Heroism," nbcnews.com, 2007년 11월 26일 업데이트, http://www.nbcnews.com/id/21902983/ns/health-behavior/t/hidden-cost-heroism/#.UPAaY2eP9uY. 이 외의 감동적 사연들은 다음 웹사이트를 참조하라. http://listverse.com/2013/01/15/the-top-10-most-inspiring-self-sacrifices/.

8. *Wikipedia*, "Liviu Librescu" 항목, https://en.wikipedia.org/wiki/Liviu_Librescu.

9. Judith Crosson, Kerry Wills, & Bill Hutchinson, "Dark Knight Rises' Shooting: Three Heroes Died in Aurora Taking Bullets for Their Girlfriends," *New York Daily News*, 2012년 7월 23일 업데이트, http://www.nydailynews.com/news/national/aurora-shooting-died-bullets-sweeties-article-1.1119395#ixzz21TPAUdXi.

10 성경 속의 소극장

1. 크리스 패브리 라이브(Chris Fabry Live) 프로그램에서 마이클 밴래닝엄(Michael Vanlaningham)과 마이클 라이들닉(Michael Rydelnik)을 인터뷰한 내용, Moody Radio, 둘째 시간 12:25, 2016년 3월 23일, 내가 직접 필기했다, http://www.moodyradio.org/Chris-Fabry-Live/2016/03-2016/2016-03-23···The-Centurion···Bible-Q···A/, 강조 추가.

11 사랑과 진리의 힘

1. Stephanie Pappas, "God's Hand?," LiveScience, 2011년 3월 25일, http://www.livescience.com/13422-americans-natural-disasters-god.html.

2. 상하 양원 합동회의에서 한 국정연설, The Guardian, 2001년 9월 21일, https://www.theguardian.com/world/2001/sep/21/september11.usa13.

3. Christian de Cherge, "Last Testament," Eternal Word Television Network, http://www.ewtn.com/library/MARY/LASTTEST.HTM.

4. Wikipedia, "Andrea Yates," 항목, https://en.wikipedia.org/wiki/Andrea_Yates.

12 현실세계: 율법인가 사랑인가?

1. "How Common Is Intersex?," Intersex Society of North America, http://www.isna.org/faq/frequency.

2. Claire Ainsworth, "The Stranger Within," *New Scientist* 180, no.2421 (2003): 34. https://www.newscientist.com/article/mg18024215-100-the-stranger-within/.

3. W. R. Rice, U. Friberg, & S. Gavrilets, "Homosexuality as a Consequence of Epigenetically Canalized Sexual Development," *The Quarterly Review of Biology* 87, no.4 (2012), http://www.jstor.org/stable/10.1086/668167?seq=1#page_scan_tab_contents. W. R. Rice U. Friberg, & S. Gavrilets, "Homosexality Via Canalized Sexual Development: A Testing Protocol for a New Epigenetic Model," BioEssays 35, no.9 (2013), https://www.ncbi.nlm.nih.gov/pubmed/23868698.

4. "Personal Protective Equipment," 1910.133(a)(5), Occupational Safety and Health Administration, https://www.osha.gov/pls/oshaweb/owadisp.show_document?p_table=STANDARDS&p_id=9778.

13 구약에 나타난 하나님의 행동: 율법인가 사랑인가?

1. http://s3-us-west-2.amazonaws.com/audio.collegedalecommunity.com/2016/EN-2016-01-30-Faith-and-Works.mp3.

2. "Hero Nanny Pushes Baby Out of SUV's Path, Gets Hit Herself," CBS News, 2016년 4월 2일, http://www.cbsnews.com/news/hero-nanny-loretta-penn-pushes-baby-out-of-suvs-path-gets-hit-herself/.

14 사랑과 영원한 심판

1. Martin Luther King, Jr., *Where Do We Go from Here: Chaos or Community?* (Boston: Beacon Press, 1968), 67. (《우리는 어디로 가는가?: 혼돈이냐 공동체냐?》 대한기독교서회 역간)

부록2 | 보충 자료 《치료책》

1. "Who Wrote Most of the New Testament?," ApoLogika, 2014년 5월 3일, http://apologika.blogspot.com/2014/05/who-wrote-most-of-new-testament.html.

하나님의 사랑은

어떻게 우리의 지각과 삶을

변화시키는가!